地域づくりのヒント

Hints for Co-Creation development

地域創生を進めるためのガイドブック

牧瀬稔

学校法人 先端教育機構
社会情報大学院大学出版部

はじめに

本書は、地域づくり（地域創生）を進めるための基本的な視点を紹介しています。基本的な視点は、地域づくりを成功に導く要素となります。何事もそうですが、基本を押さえて進めていけば、ある程度は成功することができます。また、本書は「地域づくりを進めるヒント」という意図も考え、執筆しました。

地域づくりを進める主体は、地方自治体という行政だけではありません（地方自治体の中には地方議会も含まれます）。地域づくりは、地域で活動する全ての主体が関係者となります。地域に存在する多様な主体が「地域づくりを開始しよう！」と考えた時、本書は役立つと思います。

本書の意図を明記した上で、次に、やや長い「はじめに」を記します。

国が開始した地方創生は、現在第2ステージを進んでいます。地方創生は2060年を見据えた取り組みとも言えます。そのため、現時点の評価を出すことは、時期尚早かもしれません。しかし、筆者の評価は「地方創生の闇は深くなっている」です。

今まで、筆者は多くの地方自治体に入ってきました。そして地域づくりを後方支援してきました。現在も一定数の地方自治体に関わり、地域づくりを進めています。地域づくりの一視点に、国の地方創生と地方自治体の地域創生があります。地方自治体は真摯に地域創生に取り組み進めているものの、多くのケースは日ごとに闇が深くなっています（「闇が深くなる」要因は本書で言及しています）。


一方で、地域創生に関して、よい成果を出している地方自治体があります。筆者の関係している地方自治体は、比較的、よい数字を創出しています（国の進める地方創生の全体的な評価は、本書をご確認いただければ幸いです）。

しかしながら、大多数の地方自治体は、地域創生を成功の軌道に乗せることができていません。実態は、苦悩しながら取り組んでいます。苦悩とは、設定した目標に近づけるために努力をしている現れとも言えます。地方自治体の現場がそのような状況ですから、国の地方創生の闇が広がりつつあります。

地方自治体の中には、国の地方創生に見切りをつけようとする事例も登場してきました。国の意図する地方創生とは別の地域創生を模索する地方自治体も存在しつつあります。

どのような方向に進もうとも、地域づくりは必須です。地域づくりを捨ててしまっては、地域の未来は閉ざされてしまいます。本書は、地域づくりを成功させていくためのポイントを例示しています。

なお、筆者は「地方創生」と「地域創生」を分けて使用しています。2つの概念とも、目指す方向性は同じです。ただ、厳密に分けるとしたら、地方創生は「国や地方自治体が実施する創生活動」と捉えています。地域創生は「自治体の区域という地域における創生活動」と考えています。

後者の地域創生には、多様な主体が関係してきます。地域住民や地元事業者、金融機関、NPO法人や大学などがあります。近年は「産学官金労言士」という言葉も登場しています（詳細は本書の39頁に記しています）。やや曖昧な箇所もありますが、地方創生と地域創生を区別しています。

繰り返しになりますが、地域づくりは、地方自治体だけで実現できるものではありません。多様な関係者との共創が求められます。地域づくりを進める産学官金労言士の各主体においても、本書の視点が役立つと考えています。

地方創生の闇は色濃くなりつつありますが、一筋の光もあります。それは、「地域おこし協力隊」の存在です。国は地方創生を進める主体として「地域おこし協力隊」制度を設計しました。同制度は、地方自治体が都市地域からの移住者を「地域おこし協力隊員」として任命し、地域づくりを進めながら、当該地域への定住を図る取り組みです（国が費用の全額を拠出しています）。

2020年度は約5500名の隊員が全国で活躍しています。国は地域おこし協力隊員を2024年度に8000人に増やすという目標を掲げています。同隊員の活躍が地方創生を成功に近づけるための起爆剤になるかもしれません。

さらに、国は2021年度からは「地域プロジェクトマネージャー」制度を始めました。同制度は、地域づくりの経験者やコンサルタントなどの専門性の高い方が地方自治体に入り、地域おこしプロジェクトを進める取り組みです（同制度も国が費用の全額を拠出しています）。

本書は、地域おこし協力隊員や地域プロジェクトマネージャーも念頭に入れて執筆しました。実践的に地域づくりを進めていくためのガイドブックという位置づけでもあります。

近年、地域づくりを担う目新しい取り組みにも言及します。地方自治体は、民間企業から副業（複業）人材を採用し、地域づくりを展開しつつあります。一例として、美郷町（島根県）は地域づくりに関して、民間企業から3名を副業（複業）人材として活用しています。

美郷町は、東京都心から片道8時間の位置にあります。今までは、副業（複業）で関わろうとしても限界がありました。しかし、オンラインにより、美郷町と東京圏の人材がつながることができるようになりました。今後、このような副業（複業）人材は多くなっていくでしょう。地域づくりに関する副業（複業）人材は、求められつつあります。しかし、彼ら彼女らに寄与する図書は少ないという現状がありました。そこで本書では、筆者が実際に関わってきた事例から、地域づくりのヒントの提供、あるいは具体的に進めるためのノウハウの要素を抽出し、まとめています。

本書の流れは、次の通りです。本書は第Ⅰ部、第Ⅱ部、第Ⅲ部に分かれています。

第Ⅰ部は、本書の「総論」の位置づけです。地域づくりの具体的視点をまとめています。5
記事を用意しています。関心のある記事から読んでください。

第Ⅱ部は、地域づくりを進める上で、基本的なキーワードを記しています。筆者が大学の「地域協働論」という科目で紹介している用語です。本当に基本的な用語ですから、改めて確認していただけると嬉しいです（大学生が理解できるように記しています）。

第Ⅲ部は、筆者が地域づくりに関して尋ねられることを「Q＆A形式」でまとめています。質問を、カテゴリーにわけて記しています。

各部はそれぞれ独立していますから、関心のある部分から読み進めてください。なお、本書は月刊『事業構想』をはじめ、数誌で連載した記事を改めて加筆・削除等の修正をしてまとめています。連載や寄稿の機会をくださった各誌には感謝いたします。

最後になります。本書は今年度（2021年度）に出版します。ところが、当初は2022年度以降に出そうと考えていました。その理由は、現在、筆者が大学（学部）の教務主任という役職についており、慣れない日々の仕事に（想定以上に）忙殺されているからです（実態は周囲に迷惑をかけながら進めています。「なんで教務主任になったのか」と自問自答する日々です。今年度で教務主任は終わります）。

本書の内容は、地域づくりを進める上で有益と自負しているため、教務主任の任期が終わったら、世に問いたいと思っていました。

ところが、あることがきっかけとなり、「2021年度のうちに出版しよう」と決意しました。そして、4月から出版の準備に取り掛かりました。急なお願いであったのにも関わらず、月刊『事業構想』編集部（学校法人先端教育機構）の織田竜輔様、小宮理恵子様に多大なご協力をいただき、2021年度の早い時期に出版することができました。記して感謝申し上げます。

2021年7月
牧瀬　稔

目次

第Ⅲ部　地域創生のQ&A

第1章　地域イノベーションの視点

第9章　議会のあり方

第 I 部

地域創生の論点

第Ⅰ部は、本書の「総論」の位置づけです。第1章では、簡単に国が進める地方創生の意図と総括を述べています。

第2章は、筆者が携わった地域創生の具体的事例を紹介します。

第3章は、地方創生を成功させていく一視点として、公民連携とオープンイノベーションを紹介しています。

第4章は、第2期地方創生と切り離せないSDGsに言及しています。

第5章は、これからの地方創生の展望です。特に第5章は、読者に対する問題提起という意味があります。人口減少を前提とした地方創生のあり方を記しています。読者が地域創生を進めるヒントになれば、とても嬉しいです。

第１章

地方創生の総括

「地方創生」を理解している読者は多いと思います。ただ、一概に「地方創生」と言っても、多様な文脈で使われています。改めて本書における「地方創生」を確認します。

また、現在（２０２１年）の地方創生は第２期に入っています。そこで第１期の地方創生を振り返ります。なお、第１期地方創生は２０１５年度から２０１９年度までです。

そして、第２期地方創生を成功の軌道に乗せるための一視点を述べます。本章は読者に対する情報提供に加え、問題提起の意味もあります。

1　地方創生とは何か

国の考える地方創生

国の考える地方創生は「まち・ひと・しごと創生法」(通称「地方創生法」)に明記されています(図表1)。同法は2014年11月28日に公布されました。

法律名に「まち・ひと・しごと」とあります。参考までに、それぞれの意図を記します。まちとは「国民一人一人が夢や希望を持ち、潤いのある豊かな生活を安心して営める地域社会の形成」を意味しています。ひととは「地域社会を担う個性豊かで多様な人材の確保」を指しています。しごととは「地域における魅力ある多様な就業の機会の創出」です。そして、創生は辞書を確認すると「初めて生み出すこと。初めて作ること」とあります。

図表1にある目的規定(第1条)が、地方創生の目的になります。しかし、多くの読者は条文を読んだだけでは、すぐには理解できないと思います(実は、筆者も一読してすぐに把握できませんでした)。

筆者なりに図表1を分けて考えると、①日本の急速な少子高齢化の進展に的確に対応し、②人口の減少に歯止めをかける、③東京圏への人口の過度の集中を是正し、④それぞれの地域で

図表1　まち・ひと・しごと創生法第１条

> 第１条　この法律は、我が国における急速な少子高齢化の進展に的確に対応し、人口の減少に歯止めをかけるとともに、東京圏への人口の過度の集中を是正し、それぞれの地域で住みよい環境を確保して、将来にわたって活力ある日本社会を維持していくためには、国民一人一人が夢や希望を持ち、潤いのある豊かな生活を安心して営むことができる地域社会の形成、地域社会を担う個性豊かで多様な人材の確保及び地域における魅力ある多様な就業の機会の創出を一体的に推進することが重要となっていることに鑑み、まち・ひと・しごと創生について、基本理念、国等の責務、政府が講ずべきまち・ひと・しごと創生に関する施策を総合的かつ計画的に実施するための計画の作成等について定めるとともに、まち・ひと・しごと創生本部を設置することにより、まち・ひと・しごと創生に関する施策を総合的かつ計画的に実施することを目的とする。

出典：「まち・ひと・しごと創生法」

住みよい環境を確保して、⑤将来にわたって活力ある日本社会を維持していく、⑥国民一人一人が夢や希望を持ち、⑦潤いのある豊かな生活を安心して営むことができる地域社会の形成をする、⑧地域社会を担う個性豊かで多様な人材を確保し、⑨地域における魅力ある多様な就業の機会の創出を一体的に推進する、⑩まち・ひと・しごと創生に関する施策を総合的かつ計画的に実施するための計画の作成等を行い、⑪まち・ひと・しごと創生本部を設置する、⑫まち・ひと・しごと創生に関する施策を総合的かつ計画的に実施する、という12点の政策目標が明記されていることがわかります（ここでは12点にしていますが、もっと分解できるかもしれません）。

国は「地方創生により12点を実現したい」と明記しています。これは「あれもこれも」という思想です。このような状態では、地方創生の論点がぼやけているように感じます。要は政策目標が多すぎて、「本当は何を実施したいのか」や「何が重点項目なのか」がぼやけているように感じます。

筆者が捉える地方創生

地方創生法の条文からですと、地方創生の意味がぼやけてしまいます。そこで別の観点から考えます。地方創生は「まち・ひと・しごと創生本部」が担当です。同本部のホームページには「人口急減・超高齢化という我が国が直面する大きな課題に対し、政府一体となって取り組み、各地域がそれぞれの特徴を活かした自律的で持続的な社会を創生することを目指します」とあります。この文章を読むと、地方創生法第1条の目的規定よりは、地方創生の意味が理解しやすく感じます。

さらに「まち・ひと・しごと創生本部」の英語表記を確認します。それは「Headquarters for Overcoming Population Decline and Vitalizing Local Economy in Japan」とありました。

前者の「Headquarters」は本部という意味です。そして「Overcoming Population Decline」は「人口減少を克服する」と訳すことができます。後半の「Vitalizing Local Economy in Japan」は「日本の地域経済に生命を与えること」と捉えます。すなわち、地方創生とは「人口減少を克服」し、「地域経済を活性化」するための取り組みと指摘することができるでしょう。

地方創生の方程式は〈地方創生＝人口減少の克服×地域経済の活性化〉となります。個人的には、「＋」（たす）ではなく「×」（かける）と捉えています。×ですので、どちらか片方がゼロになると、地方創生はゼロになるということです。

地方創生の政策目標は、「人口減少を克服」と「地域経済を活性化」です。それらの政策目標の前に、人口急減・超高齢化をはじめ、東京圏への人口の過度の集中などの課題があると理解できます。これらの課題に一つずつ対応することで、地方創生が実現されると考えます。

人口減少が進展している状況や地域経済が停滞、縮小している実情は、多くの読者は何となく肌感覚で得ていると思います。また、日常のニュースをはじめ、あらゆる機会に目にしたり、耳にしたりすることがあると思います。そこで、本書においては省略します（※1）。

ただ、地方創生が開始される一つの契機となった「消滅可能性都市」だけは、触れておきたいと思います。

※1　人口が減少していく現状や地域経済が停滞していく現実は、多くの文献において触れられています。筆者も次の図書で詳述しています。関心がありましたら、ご一読ください。
牧瀬稔（２０１７）『地域創生を成功させた20の方法』秀和システム
牧瀬稔・中西規之編（２００９）『人口減少時代における地域政策のヒント』東京法令出版

「消滅可能性都市」の衝撃

２０１４年5月に、民間研究機関「日本創成会議」（座長・増田寛也元総務相）が発表した調査結果が多くの自治体に衝撃を与えました。調査結果は「増田レポート」と称されています。なお増田レポートを発した同会議は、現在は休止中です。

増田レポートは２０４０年までに全国の計８９６自治体（地域）で20〜39歳の女性が半減するとし、そのような地域を「消滅可能性都市」と表現しました。図表2の黒・灰色が塗られている地域が消滅可能性都市になります（福島県は対象外のため、全域が白くなっています）。

消滅可能性都市として、自治体名を挙げて具体的に示された衝撃は大きいものがありました。そして、多くの自治体は危機感を持つようになりました。国は「このような状況はいけない」として、地方創生が始まった経緯があります。

増田レポートは「消滅可能性都市」の定義をしていません。筆者は、「消滅」の意味を「地図からの名称の消滅」と考えています（地域の消滅ではなく、法人名の消滅と考えています）。図表3は、都道府県における消滅可能性都市の存在する割合です。例えば北海道は、道内の市町村のうち80・1％が消滅可能性都市と指定されたことを意味します。

消滅可能性都市と名指しされた自治体の多くは、これから単独での自治体運営は厳しくなるでしょう。その結果、少なくない自治体は市町村合併の道を歩むことになると推察されます。

図表２　消滅可能性都市

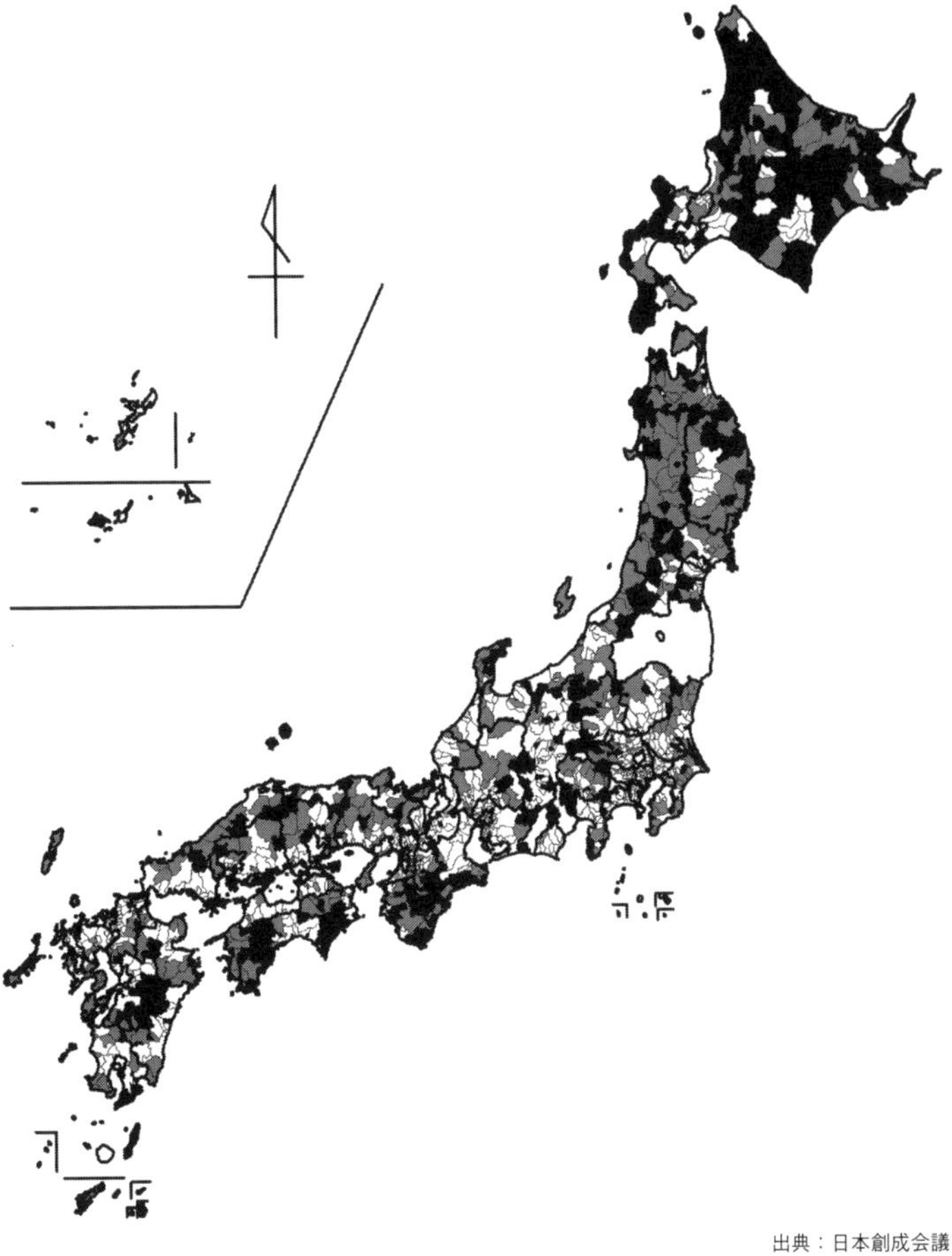

出典：日本創成会議

図表３　都道府県別にみた消滅可能性都市の割合

消滅可能性都市の割合			
北海道	80.1%	滋賀県	15.8%
青森県	87.5%	京都府	50.0%
岩手県	81.8%	大阪府	20.9%
宮城県	65.7%	兵庫県	48.8%
秋田県	96.0%	奈良県	64.1%
山形県	80.0%	和歌山県	76.7%
福島県	—	鳥取県	68.4%
茨城県	40.9%	島根県	84.2%
栃木県	26.9%	岡山県	51.9%
群馬県	57.1%	広島県	47.8%
埼玉県	33.3%	山口県	36.8%
千葉県	48.1%	徳島県	66.7%
東京都	17.7%	香川県	52.9%
神奈川県	27.3%	愛媛県	65.0%
新潟県	60.0%	高知県	67.6%
富山県	33.3%	福岡県	33.3%
石川県	47.4%	佐賀県	40.0%
福井県	52.9%	長崎県	61.9%
山梨県	59.3%	熊本県	57.8%
長野県	44.2%	大分県	61.1%
岐阜県	40.5%	宮崎県	57.7%
静岡県	31.4%	鹿児島県	69.8%
愛知県	13.0%	沖縄県	22.0%
三重県	48.3%		

出典：日本創成会議の資料をもとに筆者作成

そして合併することにより、自治体名は消滅することになります（すなわち、地図から自治体名が消えます）。この事実を「消滅」と考えます。その意味では、たとえ自治体名がなくなっても、当該地域に住む人々の生活がなくなるということではないと思います。

増田レポート以前においても、地域の消滅は議論されてきました。２００７年8月に国土交通省と総務省が共同で実施した「国土形成計画策定のための集落の状況に関する現況把握調査」があります。同調査は、65歳以上の高齢者の割合が50％を超える集落の数は、７８７８に達することを明らかにしています。そして、それらの集落の中で「10年以内に消滅」する集落は４２３と報告しています。同調査において「集落の消滅」を明言していますが、具体的な集落名は明記していません。そのため、現実的な危機感を抱くまではいきませんでした。

しかし、増田レポートは、具体的に自治体名を例示しています。しかも、それらの自治体を「消滅可能性都市」とセンセーショナルに記しています。名指しされた自治体の多くは危機感を抱くようになりました。増田レポートの賛否は多々ありますが、自治体に危機感を抱かせるという意味では、一定の成果があったと考えます（しかし、「喉元過ぎれば熱さを忘れる」という感じで、今でも危機感を抱いている自治体は少ないように感じます）。

2　日本全体の第1期地方創生の成果

現在、1741市区町村があります。1741自治体それぞれに、第1期地方創生の成果があるでしょう。個別の成果ではなく、日本という全体の観点から地方創生を総括してみます（※2）。

話すのが遅くなりましたが、国は地方創生の目標値を定めています。日本の人口はどんどん減っていき、2060年には約8674万人となります。国が進めている地方創生は、2060年の人口「約1億人」の確保と政策目標を定めています（図表4）。国は「2060年に約8674万人でやっていく」とは言っていません（※3）。

話はややそれますが、図表4は2014年12月27日にまち・ひと・しごと創生本部が発表した「まち・ひと・しごと創生長期ビジョン」に記載されています。同ビジョンは2019年12月20日に改訂されています（まち・ひと・しごと創生本部「まち・ひと・しごと創生長期ビジョン」令和元年改訂版）。図表5は、改訂版に記されている長期的な見通しです。図表4も図表5も2060年の人口目標である約1億人は変わっていません。

しかし、2060年の将来人口推計が変わっています。図表4は約8674万人であり、図表5は約9284万人です。地方創生が始まり、5年間で数字が約610万人改善しているのです。この改善した意味を、丁寧に説明しなくてはいけないでしょう。それぞれ脚注に推計方法が書いてありますが、正直、よくわかりません。

後述しますが、地方創生が進んできた5年間で合計特殊出生率は低下しています。普通に考えると、図表4から図表5へ数字（将来人口推計）が改善することは考えられません。そうなると、数字が改善したのは、平均寿命が長寿化したか、外国人移入者が増加したか、くらいしか想定できません。失礼な言い方になりますが、「なんか騙されている」という感じを持ってしまいます（※4）。

話を戻します。すでに言及していますが、本書においては地方創生を、①人口減少の克服

※2　まち・ひと・しごと創生本部「まち・ひと・しごと創生長期ビジョン」（令和元年改訂版）の中で、第1期地方創生の総括があります。国は、基本目標1の「地方にしごとをつくり、安心して働けるようにする」と、基本目標4の「時代に合った地域をつくり、安心なくらしを守るとともに、地域と地域を連携する」は、「目標達成に向けて進捗している」と評価しています。一方で、基本目標2の「地方への新しいひとの流れをつくる」と、基本目標3の「若い世代の結婚・出産・子育ての希望をかなえる」は、「各施策の進捗の効果が現時点では十分に発現するまでに至っていない」と結論付けています。個人的には、自治体同士の連携ではなく競争が起きているし、国の言う「発現」はないと思っています。

※3　国が進める地方創生の「地域経済の活性化」の目標もあります。国は「戦後最大の経済・豊かさGDP600兆円を目指す」を掲げています。

※4　地域創生に携わる方は、数字をしっかり捉え、その根拠を自分なりに考えることが大事と思います。

図表4　我が国の人口推移と長期的な見通し（第１期地方創生）

○　国立社会保障・人口問題研究所「日本の将来推計人口（平成24年1月推計）」（出生中位（死亡中位））によると、2060年の総人口は約8,700万人まで減少すると見通されている。
○　仮に、合計特殊出生率が2030年に1.8程度、2040年に2.07程度（2020年には1.6程度）まで上昇すると、2060年の人口は約1億200万人となり、長期的には9,000万人程度で概ね安定的に推移するものと推計される。
○　なお、仮に、合計特殊出生率が1.8や2.07となる年次が5年ずつ遅くなると、将来の定常人口が概ね300万人程度少なくなると推計される。

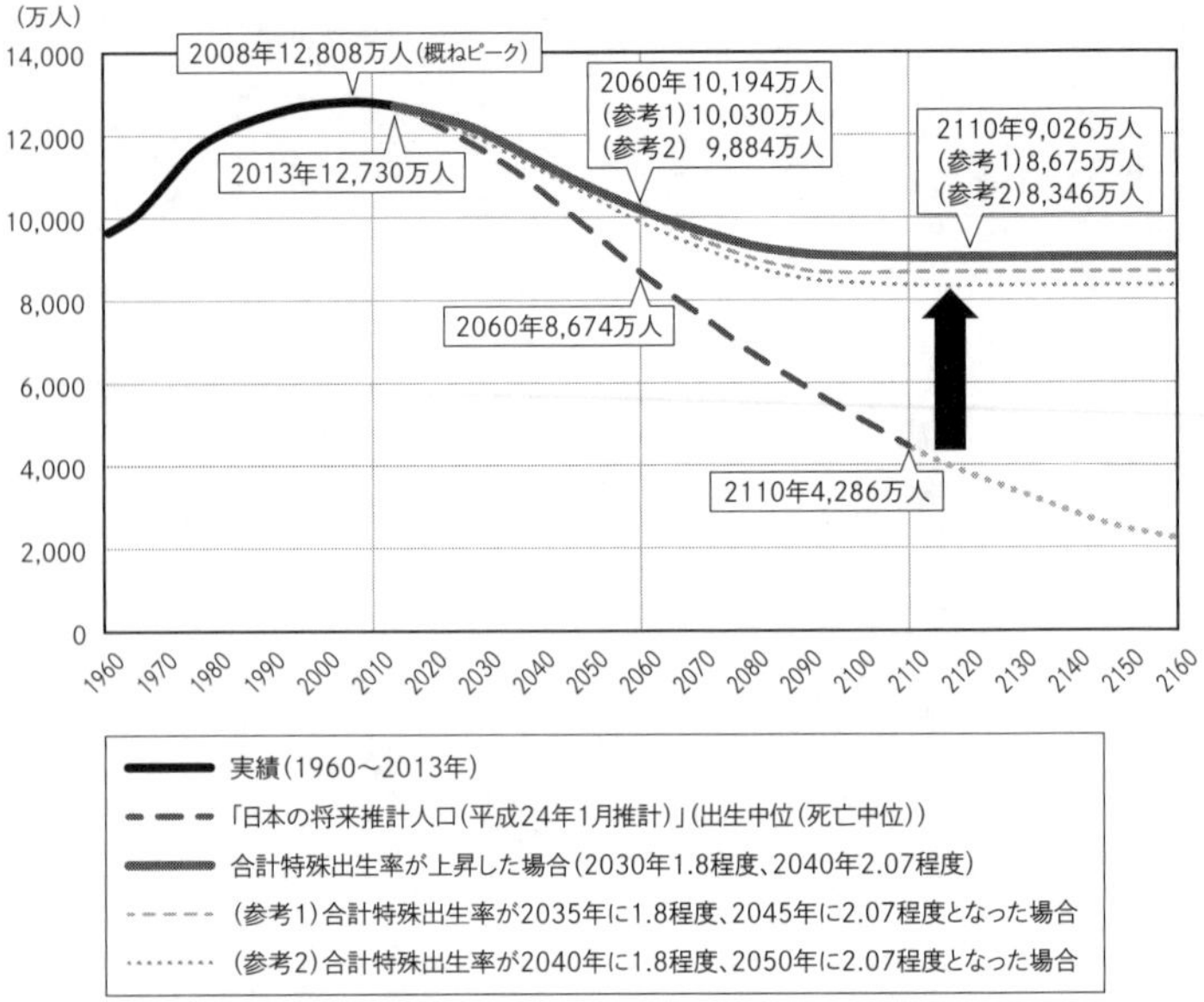

（注1）実績は、総務省統計局「国勢調査」等による（各年10月1日現在の人口）。国立社会保障・人口問題研究所「日本の将来推計人口（平成24年1月推計）」は出生中位（死亡中位）の仮定による。2110〜2160年の点線は2110年までの仮定等をもとに、まち・ひと・しごと創生本部事務局において機械的に延長したものである。

（注2）「合計特殊出生率が上昇した場合」は、経済財政諮問会議専門調査会「選択する未来」委員会における人口の将来推計を参考にしながら、合計特殊出生率が2030年に1.8程度、2040年に2.07程度（2020年には1.6程度）となった場合について、まち・ひと・しごと創生本部事務局において推計を行ったものである。

出典：まち・ひと・しごと創生本部「まち・ひと・しごと創生長期ビジョン」（平成26年12月27日）

図表5　我が国の人口推移と長期的な見通し（第2期地方創生）

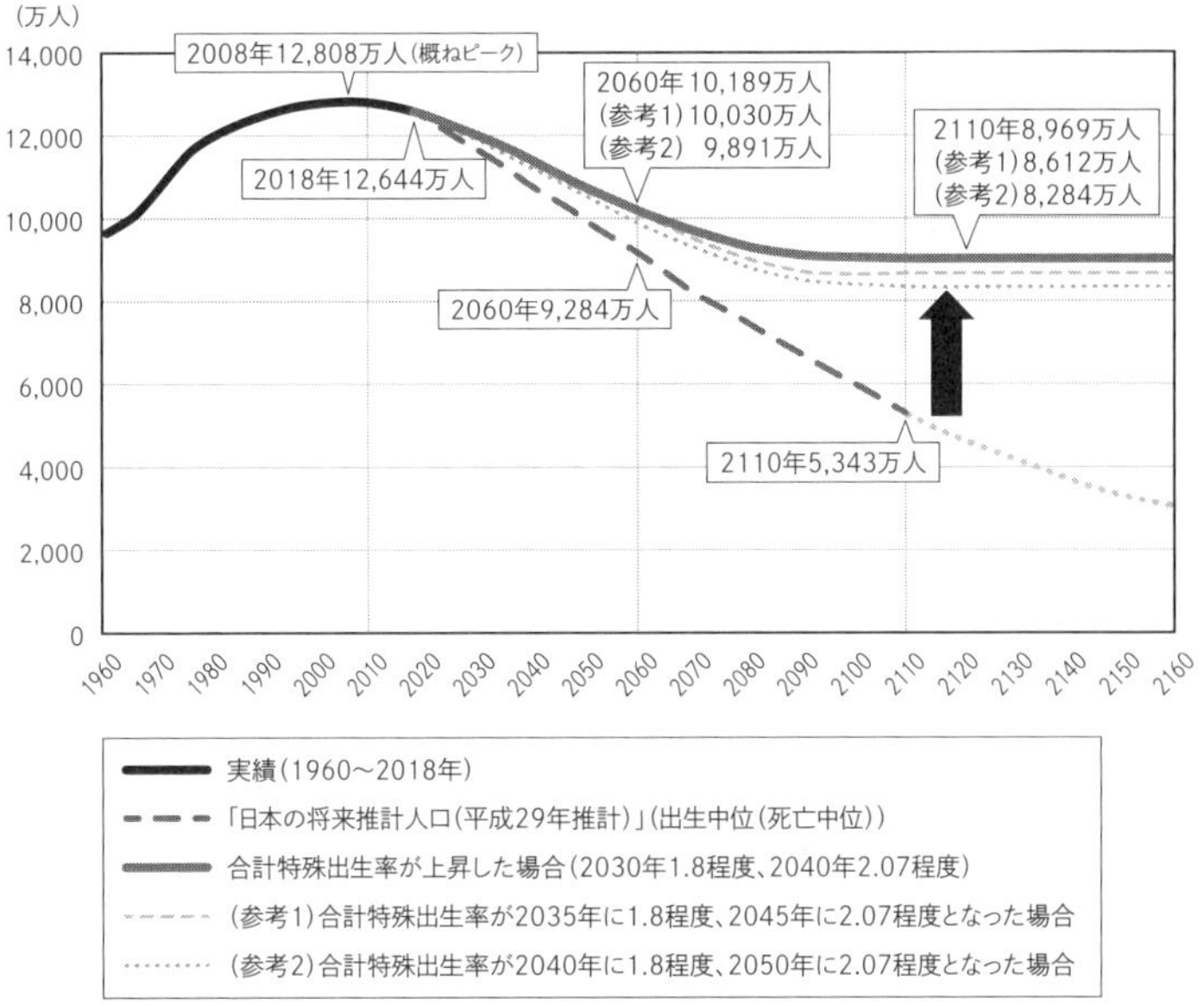

（注1）実績は、総務省統計局「国勢調査」等による（各年10月1日現在の人口）。
社人研「日本の将来推計人口（平成29年推計）」は出生中位（死亡中位）の仮定による。

2115〜2160年の点線は2110年までの仮定等をもとに、まち・ひと・しごと創生本部事務局において、機械的に延長したものである。

（注2）「合計特殊出生率が上昇した場合」は、経済財政諮問会議専門調査会「選択する未来」委員会における人口の将来推計を参考にしながら、合計特殊出生率が2030年に1.8程度、2040年に2.07程度となった場合について、まち・ひと・しごと創生本部事務局において推計を行ったものである。

（注3）社人研「人口統計資料集2019」によると、人口置換水準は2001年から2016年は2.07で推移し、2017年は2.06となっている。

出典：まち・ひと・しごと創生本部「まち・ひと・しごと創生長期ビジョン（令和元年12月20日）」

図表６　第１期地方創生の成果

区分	指標	2015年	2019年
人口減少の克服	総人口	1億2822万6483人	1億2744万3563人
	合計特殊出生率	1.45	1.36
	出生数	100万5,677人	86万5234人
	平均寿命（男）	80.75歳	81.25歳（2018年）
	平均寿命（女）	86.99歳	87.32歳（2018年）
	東京圏への転入超過	11万9357人	14万8783人
	外国人雇用状況	90万7896人	165万8804人
地域経済の活性化	名目国内総生産	532.8兆円	552.1兆円
	東京圏への転入企業	310社（2016年）	312社
	東京圏から転出企業	217社（2016年）	246社
	完全失業率	3.4%	2.4%
	完全失業者数	222万人	162万人
	訪日外国人	1973万7000人	3188万2100人
	訪日外国人旅行消費額	約3.4兆円	約4.8兆円

出典：各統計資料をもとに筆者作成

と、②地域経済の活性化、の2点に集約しています。この2点から、第1期地方創生の成果をまとめたのが図表6になります。

図表6の解釈は、立場により異なるでしょう。「①人口減少の克服」に関して言うと、全体的にはいい成果は見られません。子どもの数は減少しています。個人的に思うことは、地方創生があと10年早ければ、団塊ジュニアが出産適齢期であったため、子どもの数は改善できたはずです。現在は、出産適齢期の世代が少ないため、子どもの数を大きく改善することは不可能です。

また、地方創生の法的根拠である「まち・ひと・しごと創生法」の第1条には「東京圏への人口の過度の集中を是正」と記されています。当初、国は２０２０年までに「東京圏への転入超過数をゼロにする」という目標を掲げていました。しかし、現実は地方創生が開始されてから加速度的に東京一極集中が進んでいます。

国は一つの打開策として、「地域における大学の振興および若者の雇用機会の創出による若者の修学および就業の促進に関する法律」を制定しました。同法は東京への一極集中を是正するために、10年間の時限措置として、東京23区にある大学は学部の定員増を認めていません。そうすることにより、地方圏の若者の東京への移動を防ぐことを意図しています。ところが、若者は東京に来たいのです。大学の定員が抑制される一方で、若者の東京志向が進んでいるため、結果的に、東京圏の大学は軒並み高倍率となっています。なかなか国が思い描いた通りに地方創生が進まない現実があります。

一方で、「②地域経済の活性化」を考えます。図表6を確認すると、数字的には改善の傾向がみられます。完全失業率と完全失業者数は改善してきました。しかし、その中身を確認すると、不安定な非正規の増加が中心となっています。2019年の非正規の職員数・従業員数は2165万人となり、過去最大です（正規の職員数・従業員数は3494万人）。

また、東京圏からの転出企業の多くは関東圏に位置しています。すなわち、東京圏の近い場所に留まっている現状があります。

インバウンド（外国人観光旅客の来訪）需要の恩恵を受けて、観光を中心にいい数字が得られていました。しかし、周知の通り新型コロナウイルス感染症の影響により、インバウンド・

バブルは弾けてしまいました。一方で、オンライン化が進むことによるテレワーク・リモートワークの機運が見られつつあります。

筆者の見解は、第1期地方創生の成果は「いまいち感」が拭えません。この「いまいち感」をどのように脱していくかが、第2期地方創生に突き付けられた課題でもあります。

地方創生の目標年は2060年にあります。超長期スパンで考えなくてはいけません。この観点で考えると、現時点の地方創生は暗中模索しながら取り組んでいるとも言えるでしょう。

3 地方創生に持続性を持たせる一手段

筆者は、国が取り組む地方創生の持続性はないと考えています。すでに地方創生はトーンダウンしています。

読者は三位一体の改革を覚えているでしょうか。国と自治体に関する行財政システムの3つの改革を進めた取り組みです。具体的には「国庫補助負担金の廃止・縮減」「税財源の移譲」「地方交付税の一体的な見直し」を言います。同改革は2006年で終わりました。その理由は、2006年9月に小泉純一郎首相が任期を満了したからです。過去の歴史を観察すると、首相の交代により政策の転換があります。

２０１５年4月3日に、総理大臣官邸で「第5回まち・ひと・しごと創生本部」会合が開催されました。同会合で安倍晋三首相は「本年は地方創生元年です」と述べ、２０１５年が「地方創生元年」ということを宣言しました。ところが地方創生「元年」にならない可能性があります。もしかすると、地方創生「残念」になってしまうかもしれません。場合によっては地方創生「癌年」かもしれません。産学官金労言士（詳細は39頁を確認してください）での取り組みを進めていますが、それぞれの主体がケンカをして地方創生「怨念」になってしまうかもしれません。最終的には、地方創生「観念」で終了かもしれない……。そうならないように、地方創生を客観的に捉えて進めていく必要があります。

国の地方創生は、どこかの段階で終了する可能性があります。しかし、地方創生は重要な取り組みです。国が終えたとしても、自治体は持続的に進めていく必要があります。

自治体の地方創生の持続性を担保する一手段が、「条例」です。兵庫県には「兵庫県地域創生条例」があります。同条例における地域創生とは、「急速な少子高齢化の進展に的確に対応し、人口の減少を抑制するとともに、東京圏に一極集中している人口及び活力を地方に分散することにより、地方が自立する構造を確立し、将来にわたって、県内の各地域で活力のある地域社会を構築していくための取組」（第1条）としています。

兵庫県条例の中では、「人口対策」（第9条）、「地域の元気づくり」（第10条）をしっかりと明記しています。事業を実施するための予算の根拠として、「税制上の措置」（第11条）や「財政上の措置」（第12条）を記しています。養父市（兵庫県）にも、「まち・ひと・しごと・ふるさと養父市創生条例」があります。

自治体は地方創生の取り組みを条例化することにより、持続性が担保されます。このような地方創生に関する条例がもっとあってもいいかもしれません。

4 第2期地方創生の展望～キーワードは「共創」

国の第2期「まち・ひと・しごと創生総合戦略」（2020改訂版）を確認すると、いくつか新しい概念が盛り込まれています（図表7）。例えば、SDGsやSociety5.0などです。SDGsについては、第4章で紹介します。

Society5.0は内閣府のホームページを確認すると「サイバー空間（仮想空間）とフィジカル空間（現実空間）を高度に融合させたシステムにより、経済発展と社会的課題の解決を両立する、人間中心の社会（Society）」と定義しています。また、ホームページには「狩猟社会（Society1.0）、農耕社会（Society2.0）、工業社会（Society3.0）、情報社会（Society4.0）に続く、新たな社会を指すもので、第5期科学技術基本計画において我が国が目指すべき未来社会の姿として初めて提唱されました」とも記しています（※5）。

自治体の現場は「今ある地方創生だけで手いっぱい」だと思います。そのような状況なのに、ＳＤＧｓやSociety5.0に加え国土強靭化など、国から降りてくる案件が多すぎて、二進《にっち》も三進《さっち》も行かない状況に陥っているのではないでしょうか（昨今は新型コロナウイルス感染症の対応もあります。筆者が自治体の現場を訪問すると行き詰まり感が強くなっているように思います）。こういう状況では、「第２期地方創生の展望」は開けないでしょう。

第２章では、イノベーション（新機軸）を創出している地方創生の事例を紹介しています（西条市、戸田市、東大和市）。これらの共通点は、民間団体との「共創」です。第２期地方創生を成功の軌道に乗せたいのならば、積極的に民間団体（企業だけではなく地元住民や大学等）と協力・連携していくことが求められます。

実際、地方創生の一つのキーワードは「産学官金労言士」です。産は産業界、学は大学等の学界、官は行政を意味します。産学官は以前から使われていました。それに加え、近年は金という金融界、労は労働界、言は言論界（マスコミ）、士は士業（弁護士、中小企業診断士等）が加わりました。産学官金労言士が一体となった地方創生の取り組み（共創）が求められています。

共創とは「自治体が地域住民や民間企業、ＮＰＯ、大学等の自治体外の主体と『共』に活動

※5　内閣府ホームページ（https://www8.cao.go.jp/cstp/society5_0/）。２０２１年5月1日アクセス。

図表7　第2期地方創生の4つの基本目標と2つの横断的目標

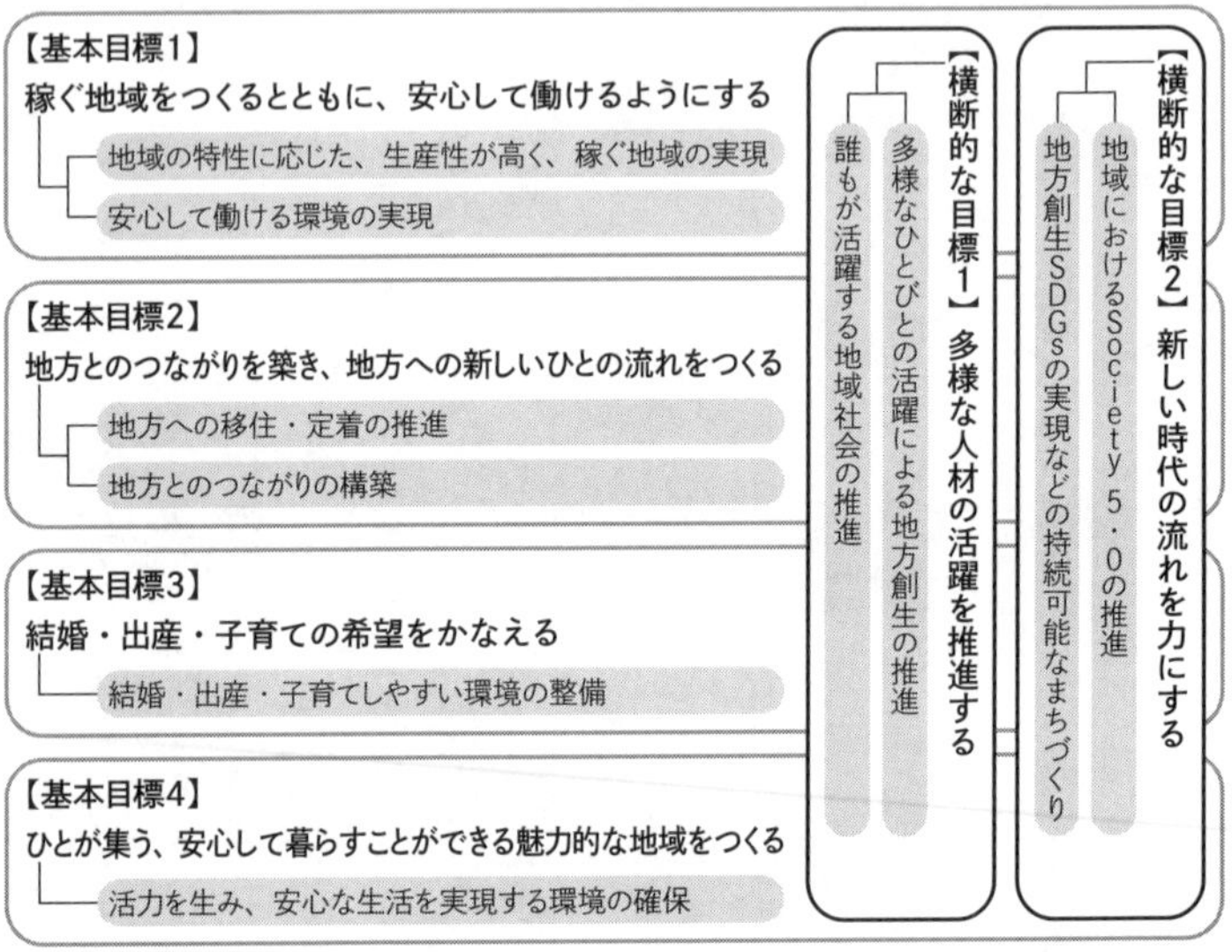
【基本目標1】
稼ぐ地域をつくるとともに、安心して働けるようにする
地域の特性に応じた、生産性が高く、稼ぐ地域の実現
安心して働ける環境の実現
【基本目標2】
地方とのつながりを築き、地方への新しいひとの流れをつくる
地方への移住・定着の推進
地方とのつながりの構築
【基本目標3】
結婚・出産・子育ての希望をかなえる
結婚・出産・子育てしやすい環境の整備
【基本目標4】
ひとが集う、安心して暮らすことができる魅力的な地域をつくる
活力を生み、安心な生活を実現する環境の確保
【横断的な目標1】多様な人材の活躍を推進する
多様なひとびとの活躍による地方創生の推進
誰もが活躍する地域社会の推進
【横断的な目標2】新しい時代の流れを力にする
地域におけるSociety5・0の推進
地方創生SDGsの実現などの持続可能なまちづくり

出典：まち・ひと・しごと創生本部「まち・ひと・しごと創生長期ビジョン（令和元年改訂版）」

して、イノベーションの『創』出につなげること」と定義できます。際限なく事業が増加する今日において、地方創生を成功させたいのならば、自治体は積極的に共創に取り組むべきでしょう。

　筆者の定性的な観察になりますが、共創を成功させるためには、その前段階として自治体と各主体の「共感」が必要です。共感なくしては、共創はありません。さらに言うと、共感の前には、自治体と各主体の「共有」が求められます。時間の共有、空間の共有、情報の共有などです。すなわち、共有して共感して、そして共創にたどり着きます（※6）。

　しかし、最近の事例を見ると、自治

体は一足飛びに共創に進もうとしています。確かに急ぎたい気持ちはわからないでもないですが、段階を踏まないで無理に飛ぼうとすると足元をすくわれるだけです。この点は注意してほしいと思います。さらに言うと、近年は、どの自治体も共創という表現を使っています。すなわち「共創の競争」が始まっていると言えます。これは模倣や踏襲の典型であり、創生ではありません。この点も気を付けてほしいと思います（※7）。

次章では、地方創生を成功させている事例を紹介します。

【参考】地方自治体における地方創生の現状と課題に関するアンケート調査結果

筆者は、岩手県、神奈川県、石川県、愛媛県の各県の市町村を対象に、地方創生のアンケート調査を実施しました。アンケート調査の目的は、4県の各市町村が実施する地方創生の現状を把握し、地方創生の意義、効果、課題を明らかにすることです。105団体へアンケート調査票を発送し、101団体から回答を得ました（回答率は96％）。

設問は、図表8の通りです。本章では、参考として特に地方創生に関する設問を取り上げま

※6　筆者は地域に意義や価値を見出す主体間の、共有、共感、共創、共助、共生の5つの「共」が重要と考えています。

※7　本章は、次の論考を大幅に加筆等しました。
牧瀬稔（2020）「第1期地方創生の総括と第2期地方創生の展望」全国市長会『市政』30－32頁

す。主な設問と調査結果のみを記します（※8）。

※8　関心を持たれた読者は、筆者にご連絡いただくか（makise@kanto-gakuin.ac.jp）、次の文献を参照してください。
牧瀬稔（2021）「地方自治体における地方創生の現状と課題に関するアンケート調査結果」法政大学大学院『公共政策志林第9号』1-21頁
なお、本アンケート調査は、公益財団法人高橋産業経済研究財団の研究助成をいただき、実施しました。記して感謝申し上げます。

図表8－1　第１期地方版総合戦略の達成度を教えてください。

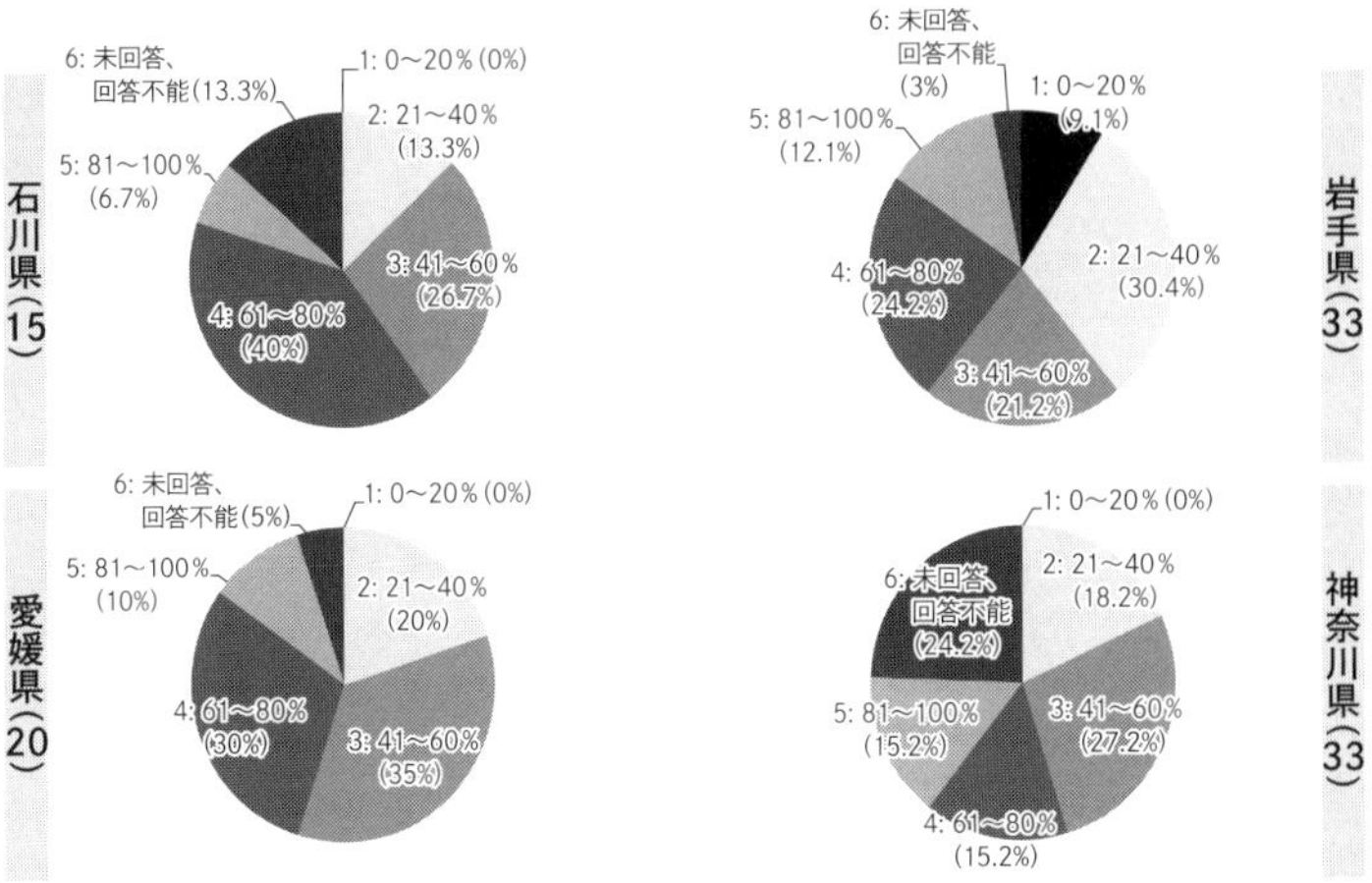

図表8－2　第１期地方版総合戦略の中で、力を入れている分野３つまで◯をつけてください。

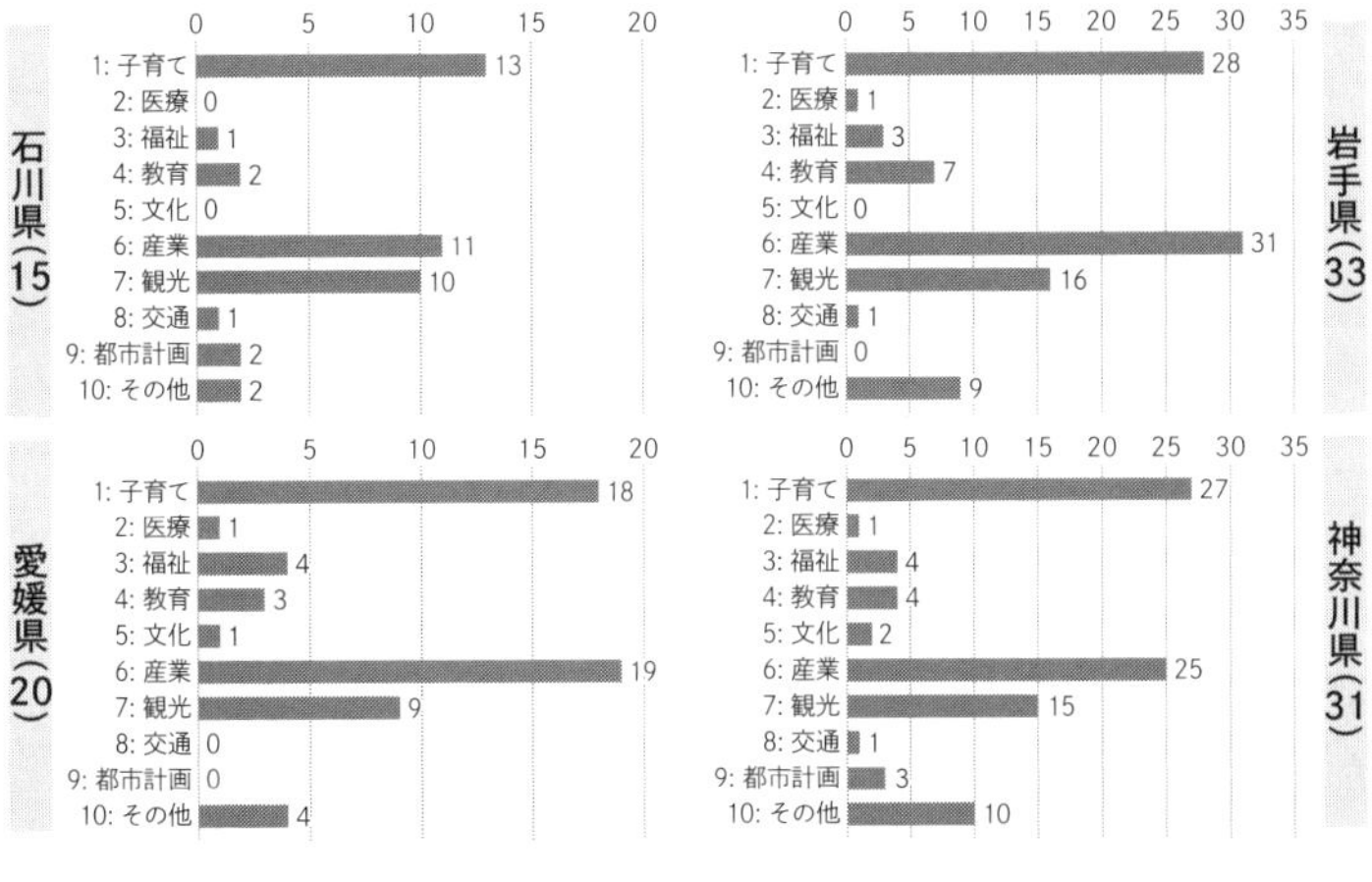

図表８－３　地方創生の推進を図るため、国の地方創生関係の支援制度を活用しましたか。

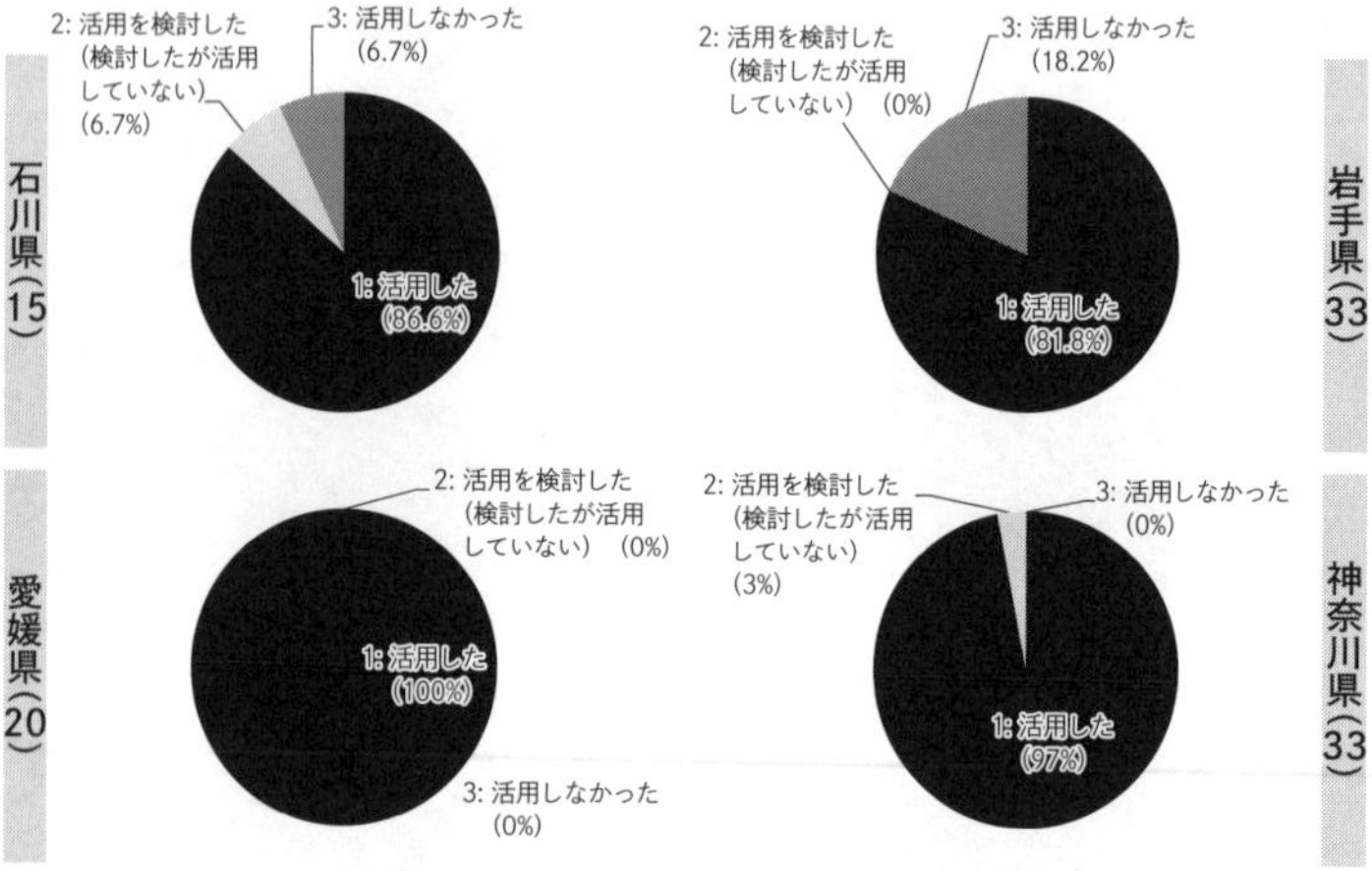

図表８－４　地方創生に係る国の予算は、貴自治体が地方創生を推進するうえで十分な金額だと感じていますか。

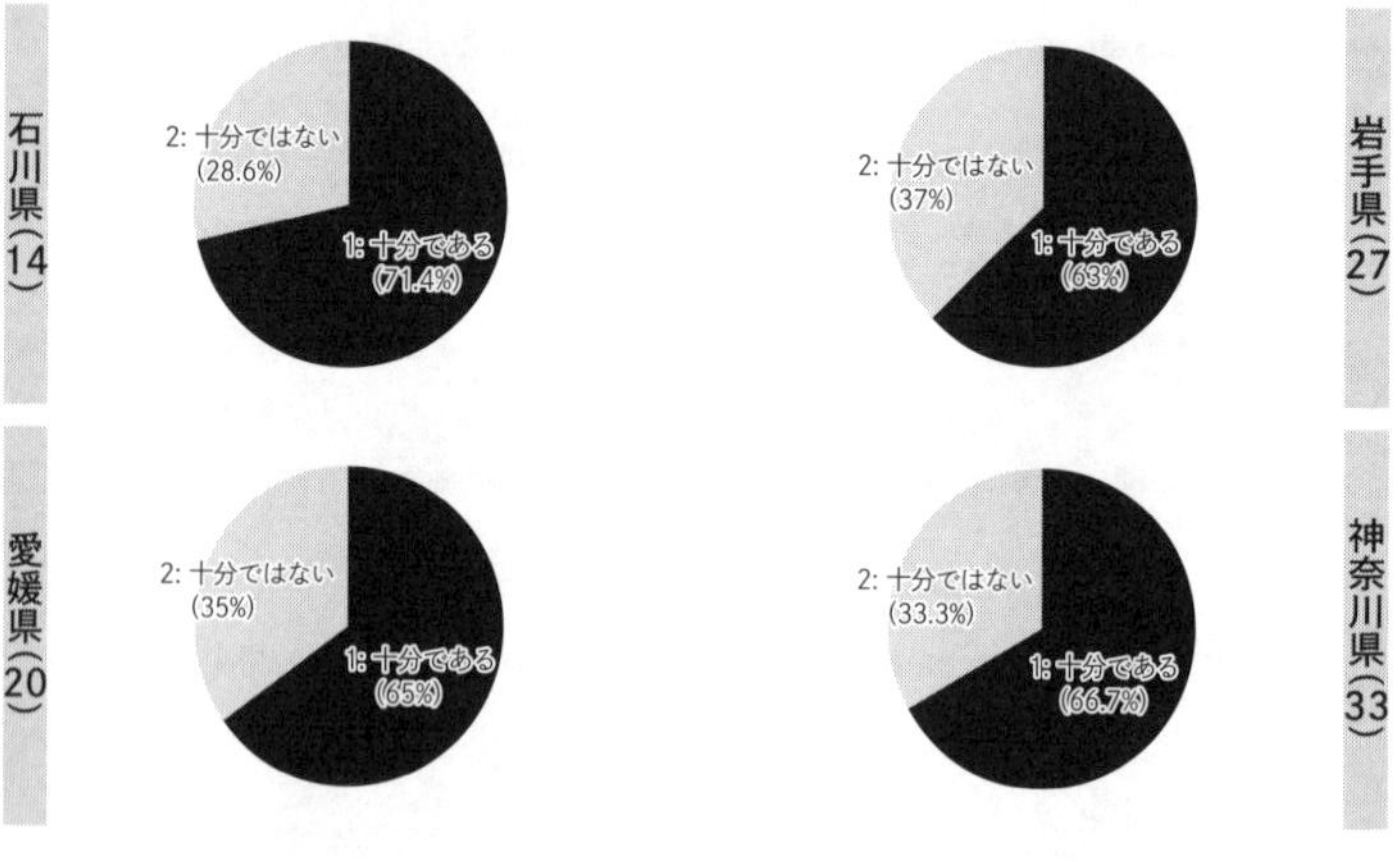

図表８－５　交付金は貴自治体の地方創生の達成に繋がったと考えますか。

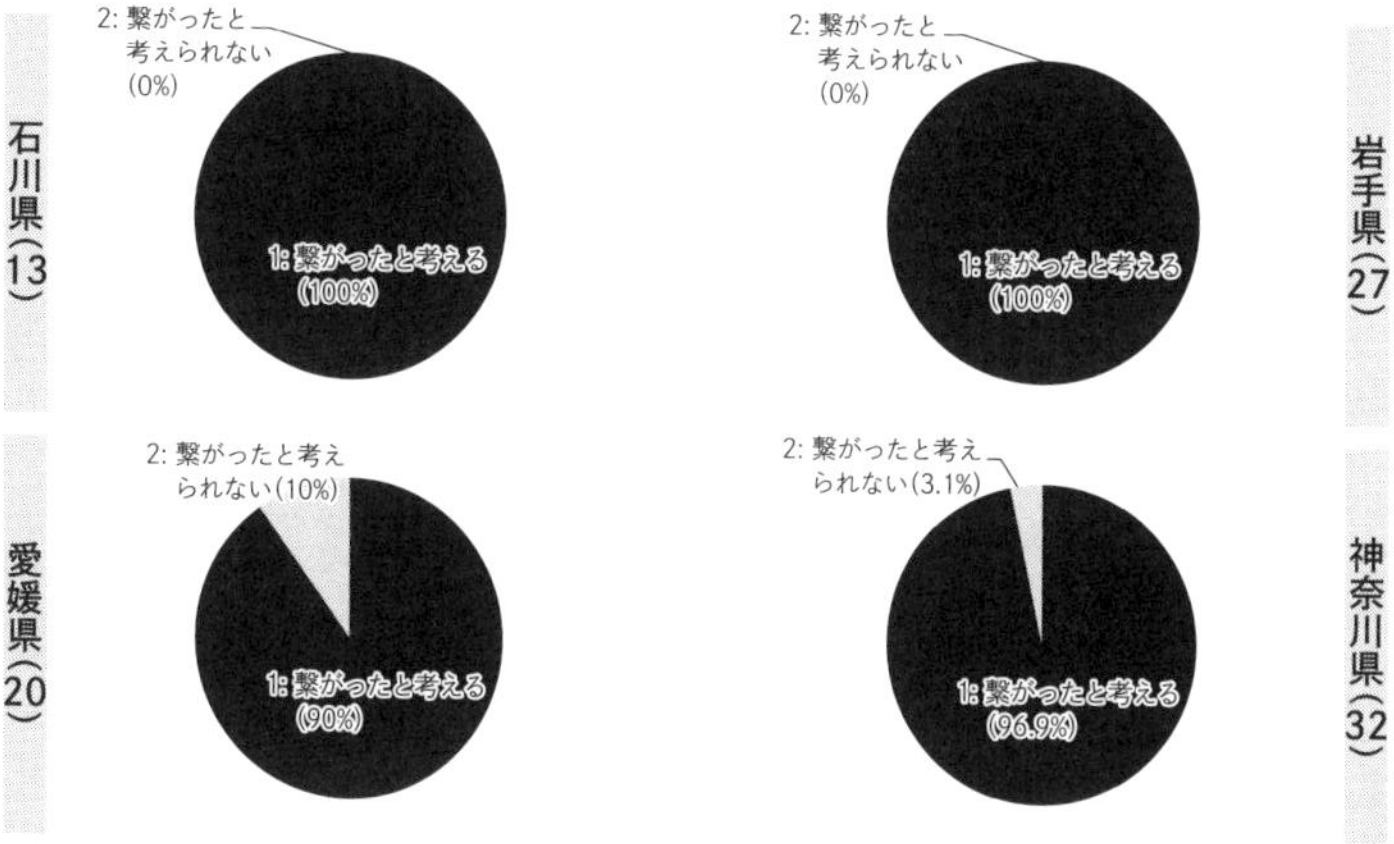

図表８－６　第１期地方版総合戦略の施策・事業のなかで、「これはやらないほうがよかった」(「あまり効果がなかった」も含む）という施策・事業はありますか。

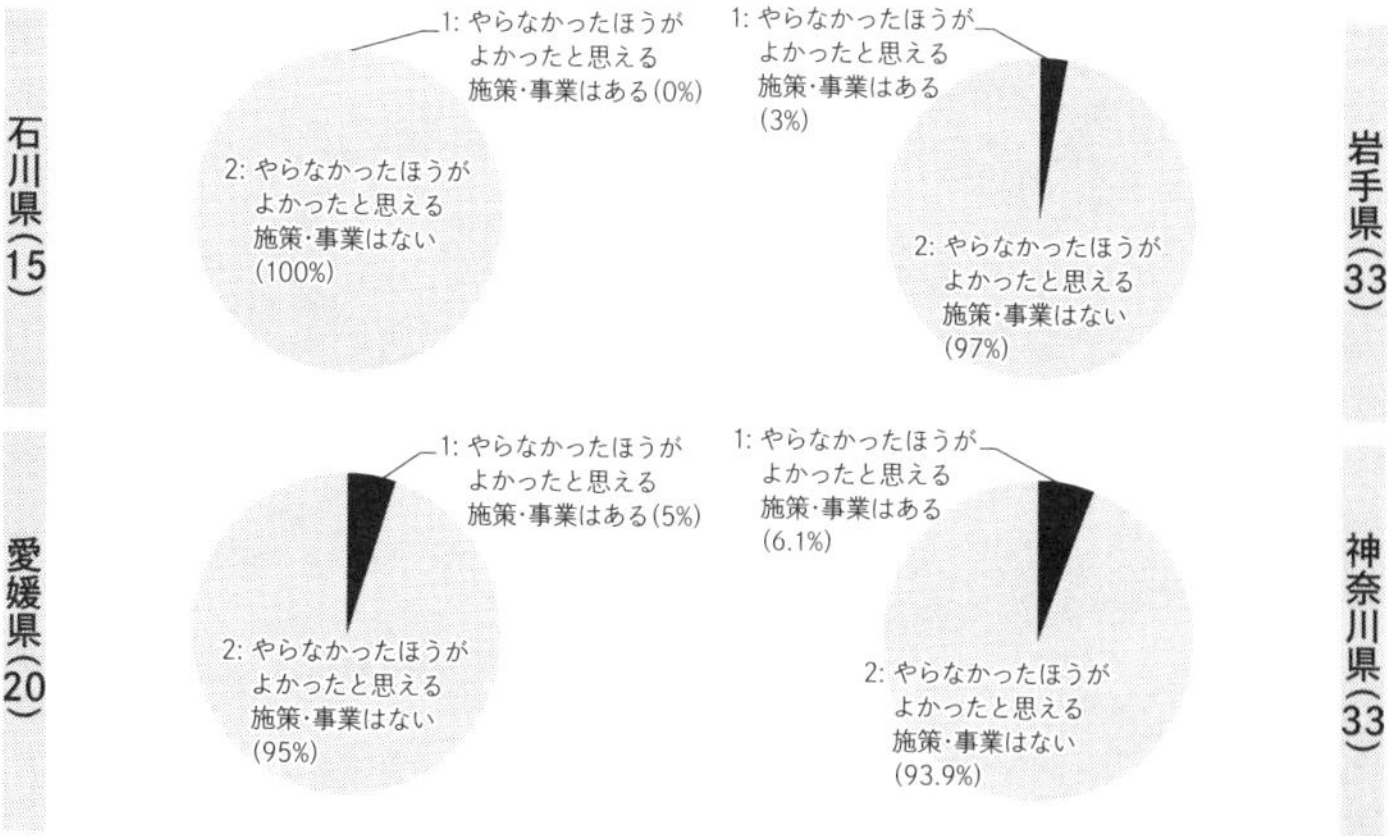

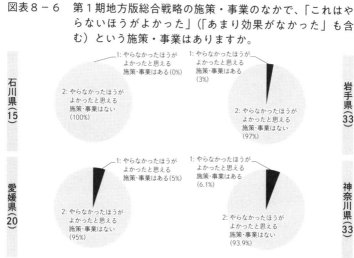

図表8－7　地方創生に関連して、地域経済分析システム（RESAS）を活用していますか。

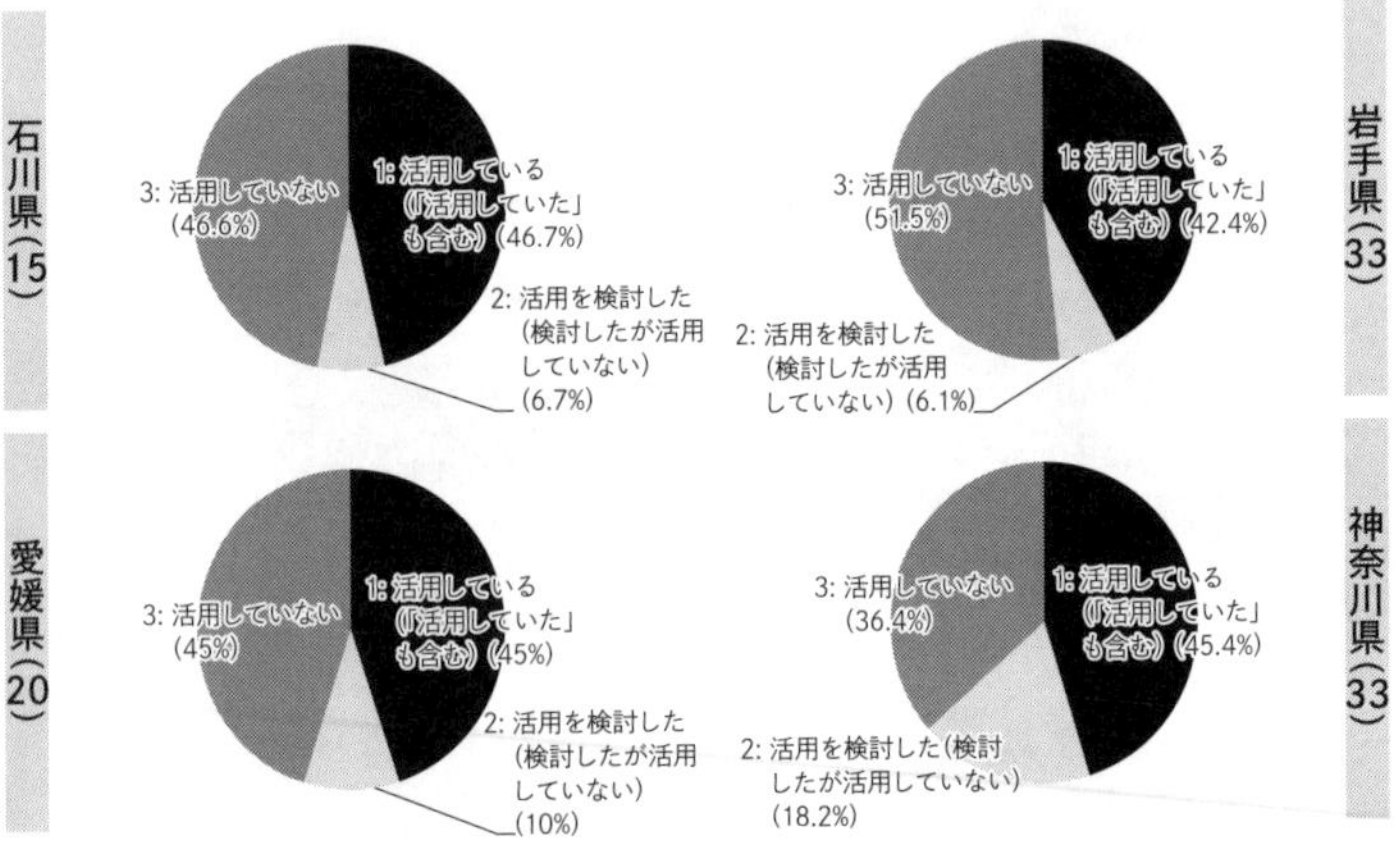

図表8－8　国の「地方創生コンシェルジュ制度」（専門人材派遣）を活用していますか。

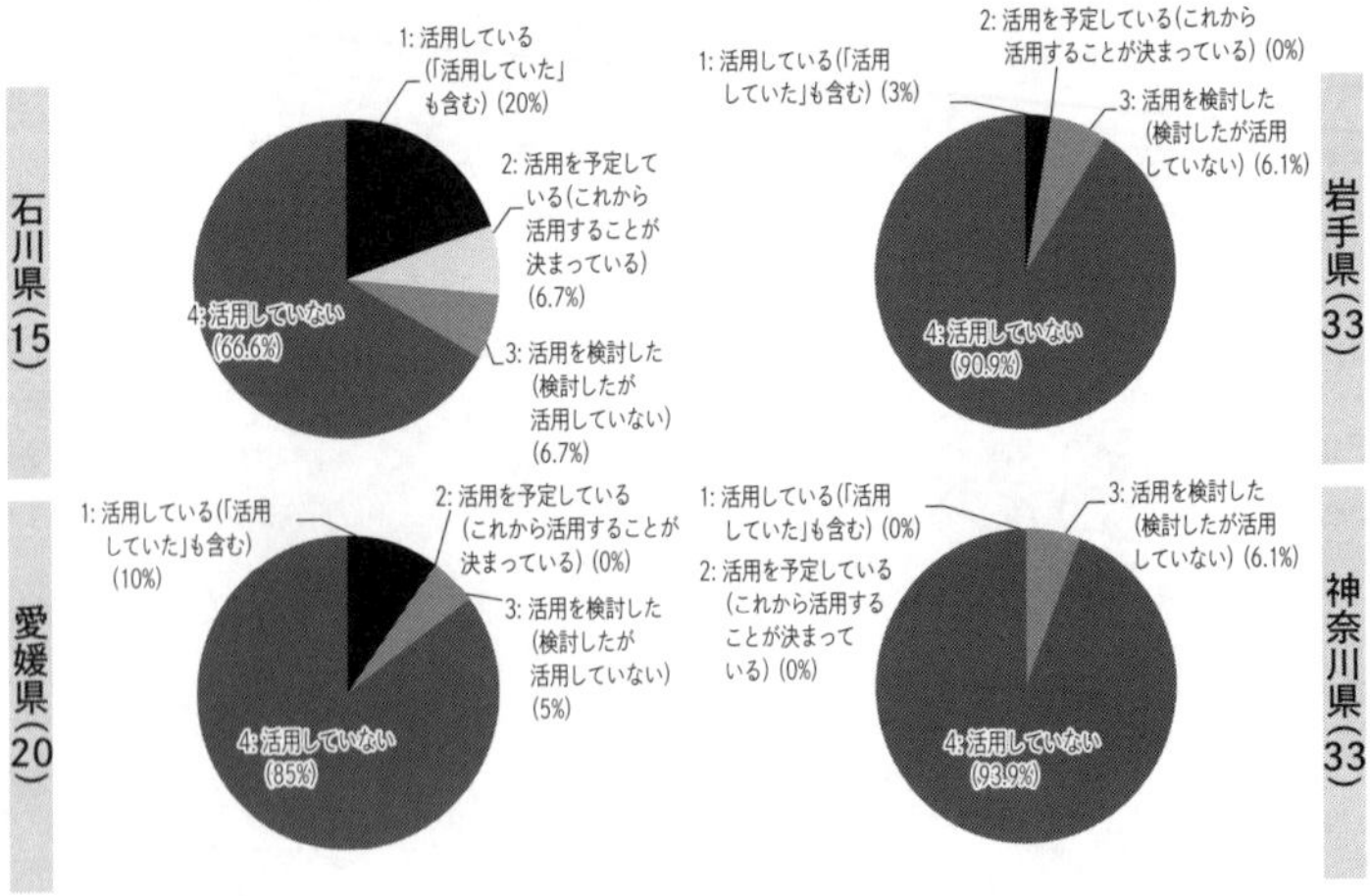

図表8－9　地方創生を進めるうえで、産学官金労言士との連携が重要視されています。その中で「金労言士」と連携した取り組みはありますか。

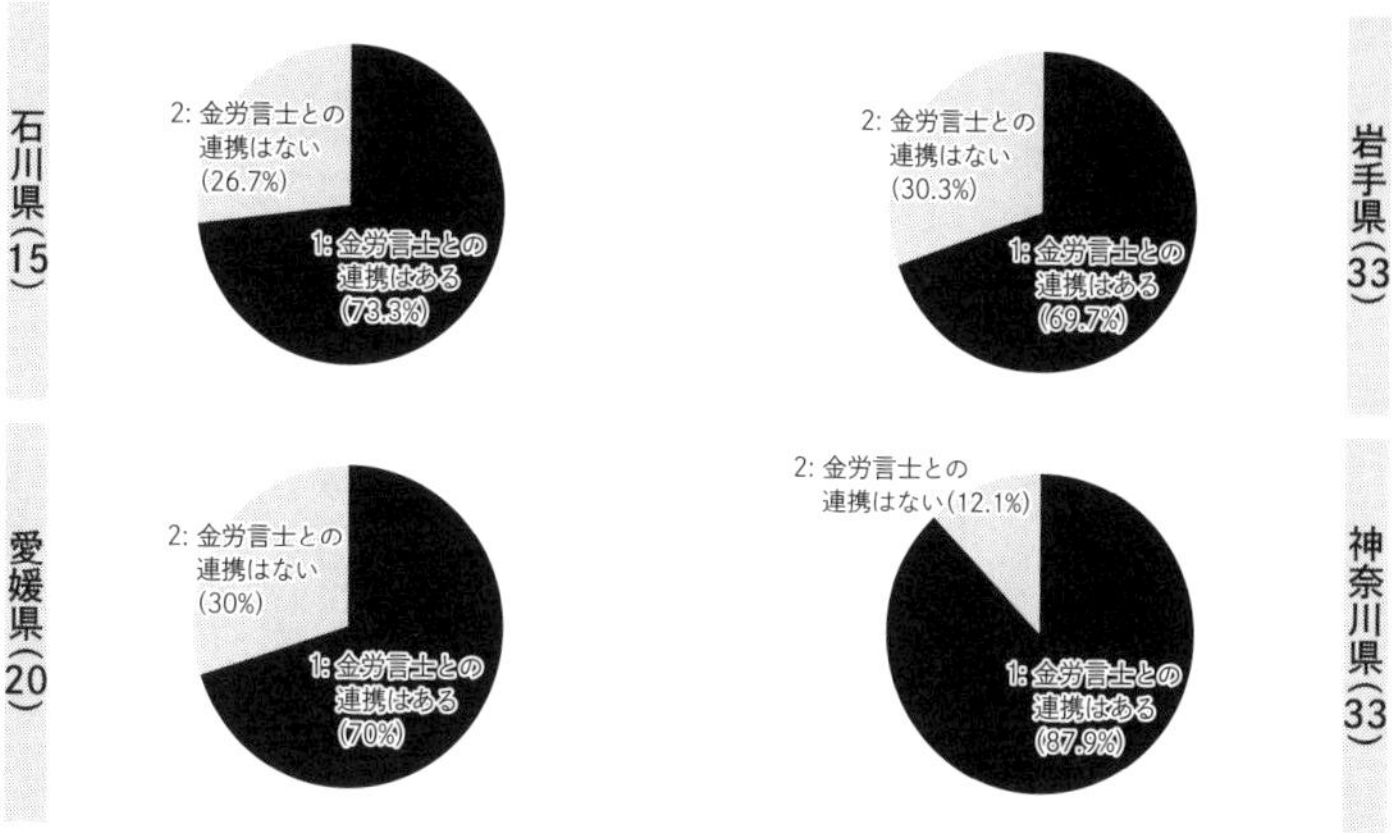

図表8－10　連携する（したことがある）金労言士の団体に当てはまるもの全てに○をつけてください。

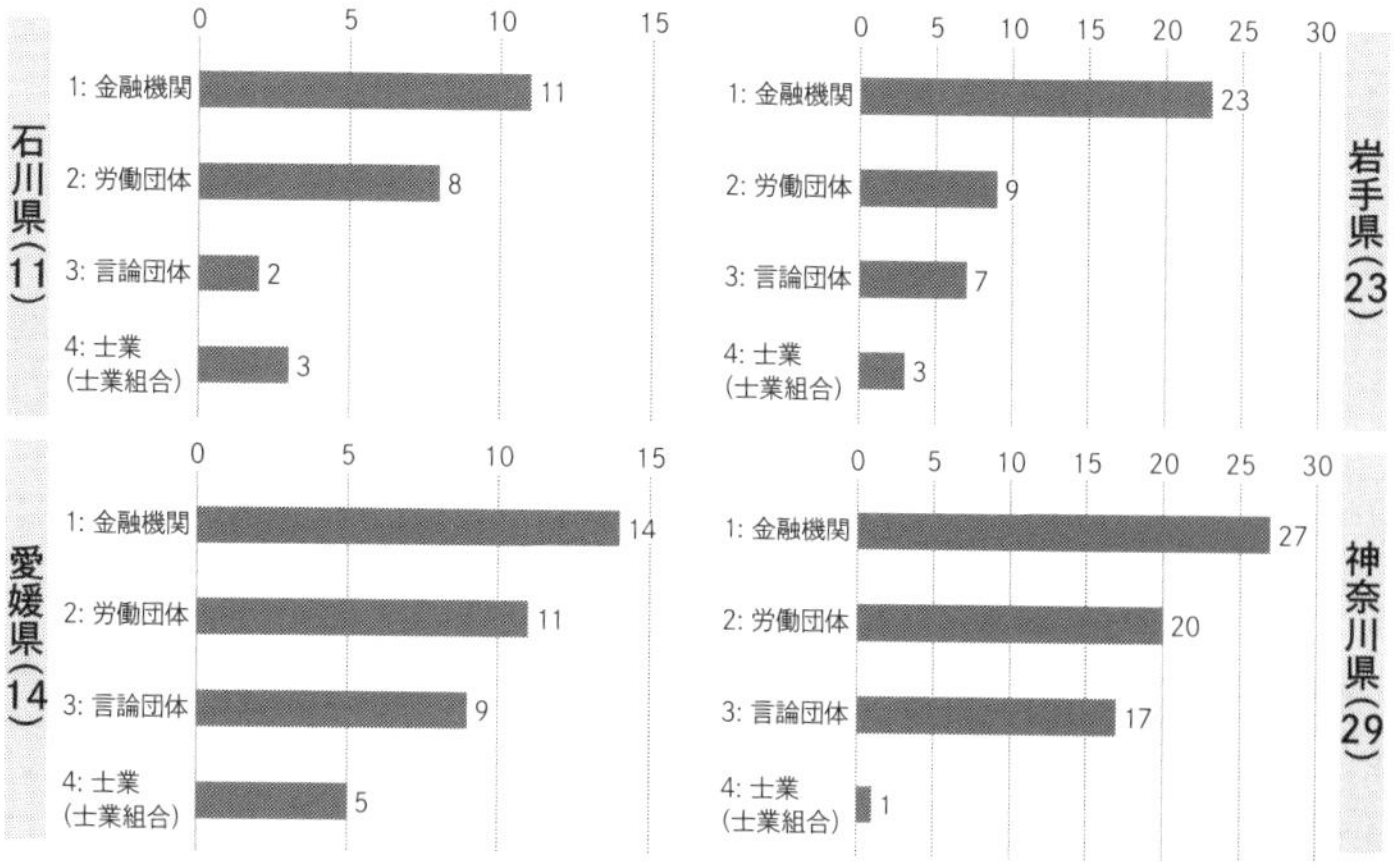

図表８－11　地方創生を進めるために近隣自治体との役割分担（広域連携）は必要と思いますか。

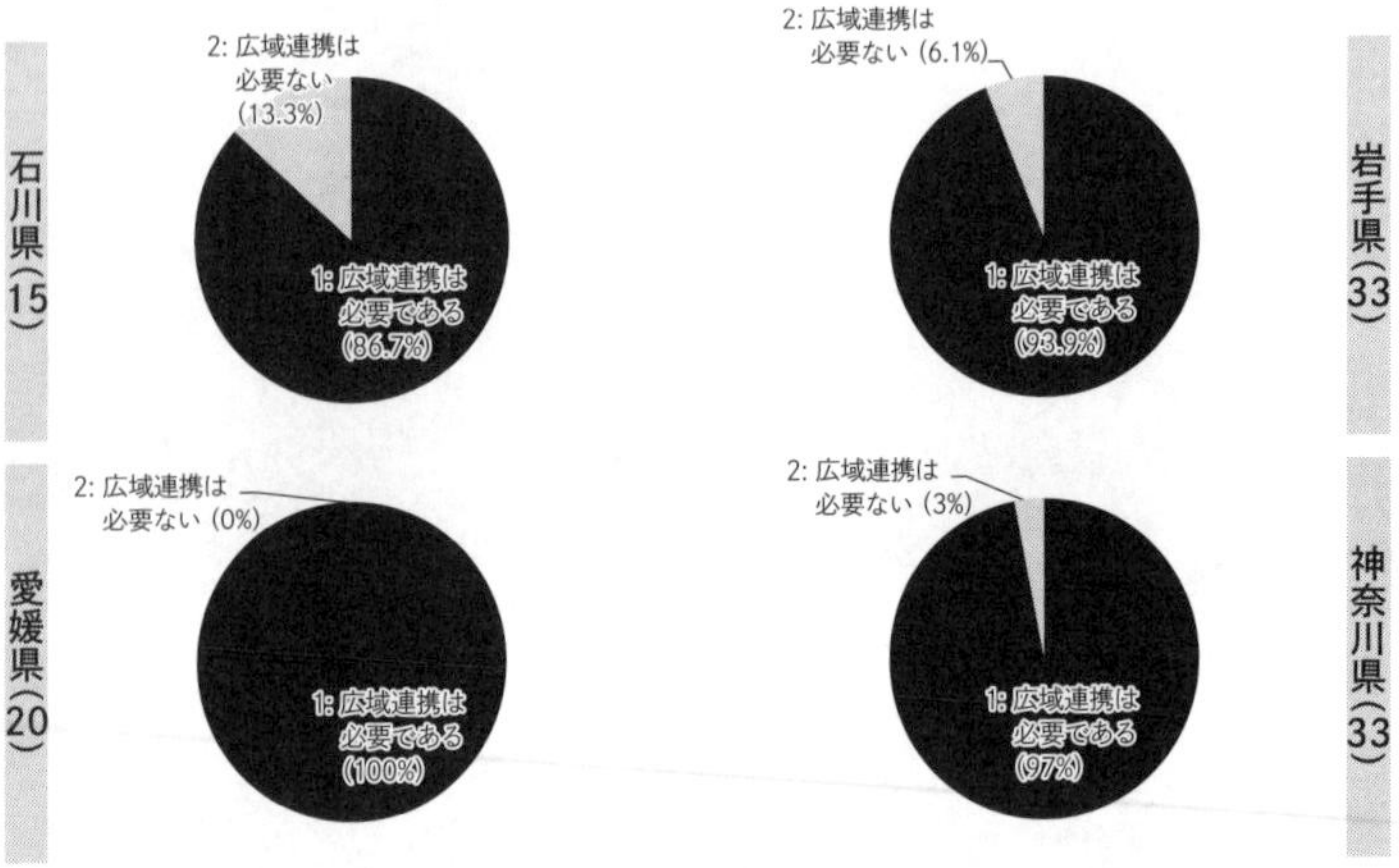

図表８－12　地方創生を進めるうえで、国の関与の必要性を教えてください。

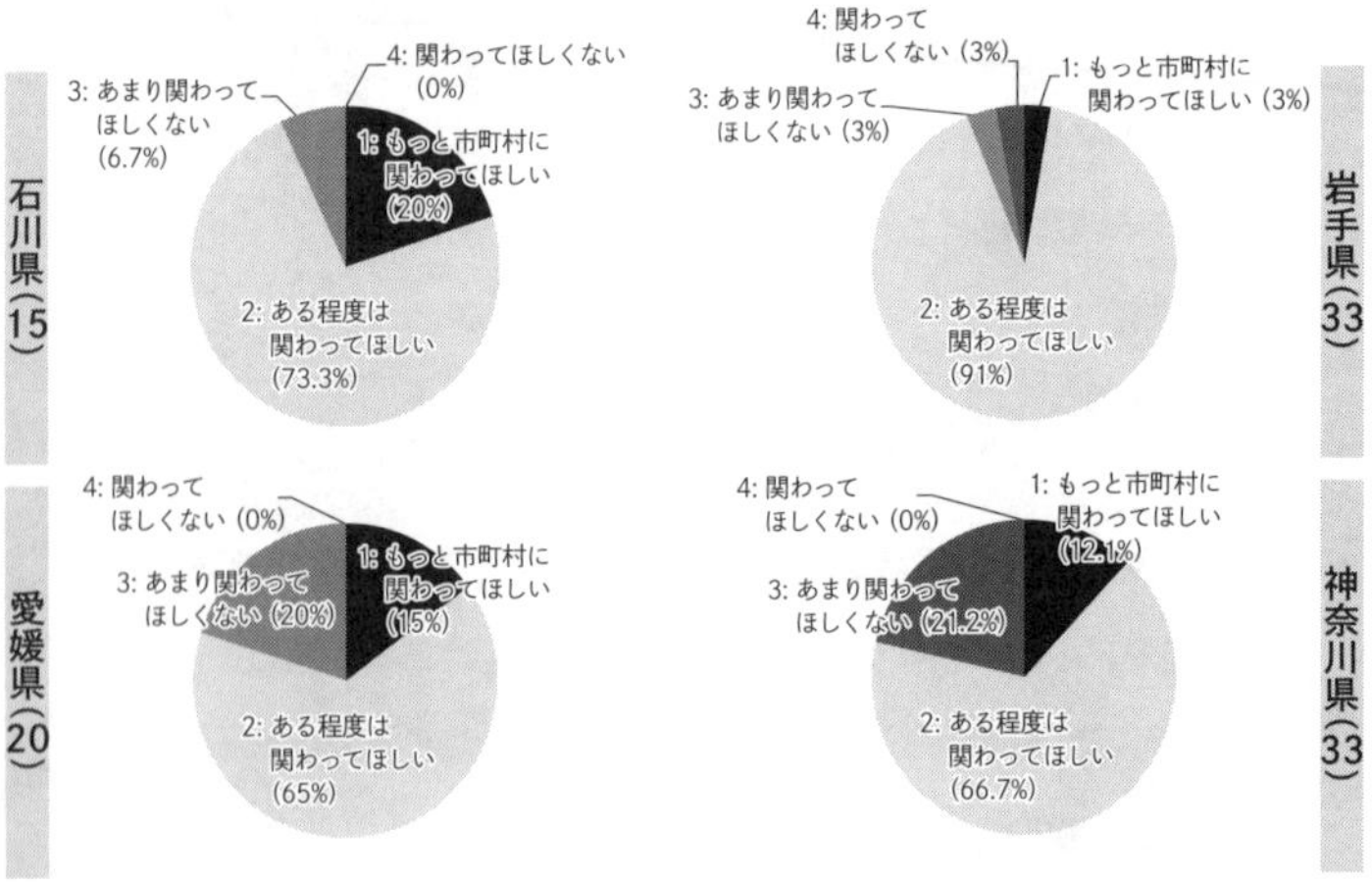

図表８－13　地方創生を進めるうえで、県の関与の必要性を教えてください。

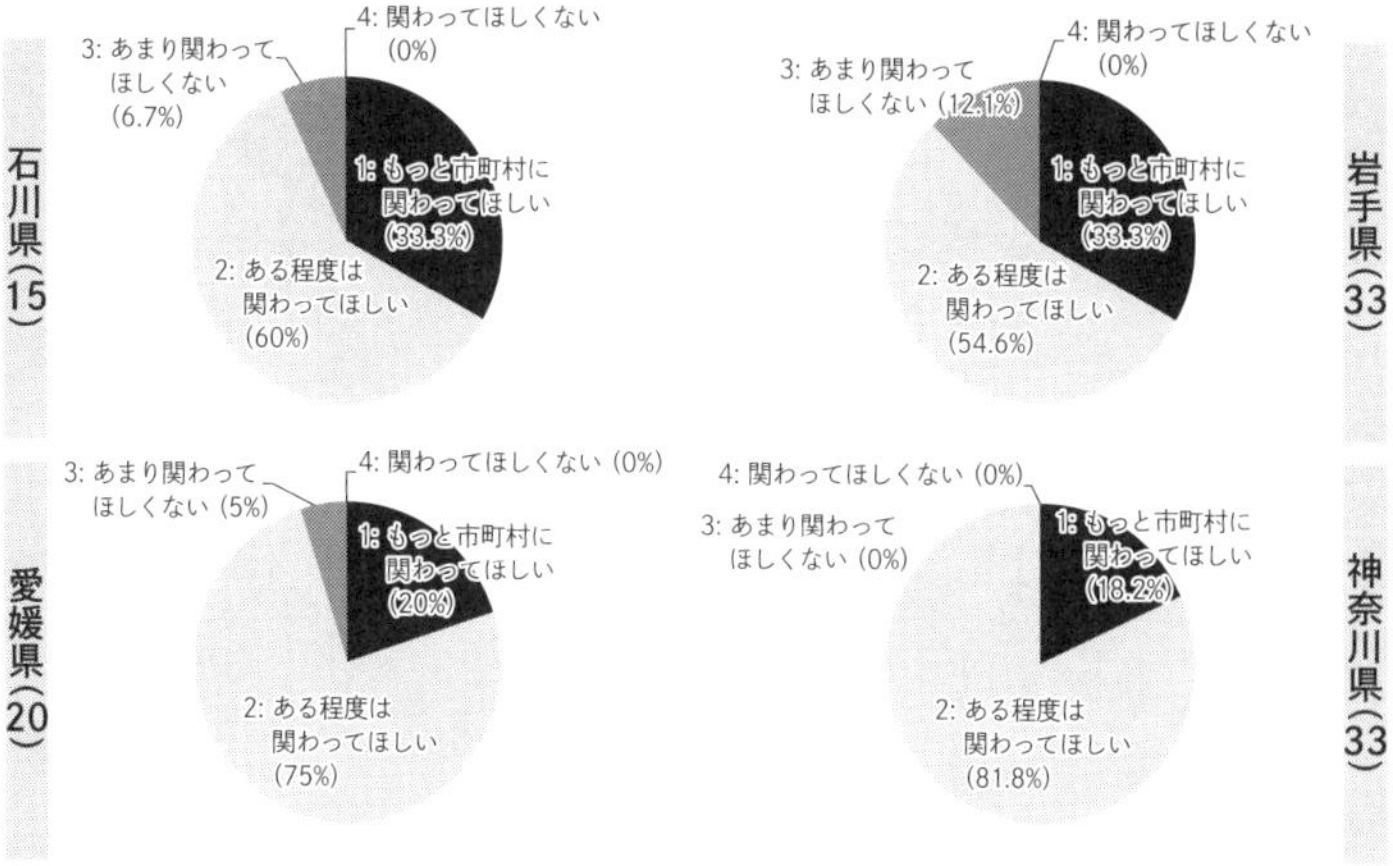

図表８－14　職員研修のメニューに地方創生に関する講座（自治体職員を対象）はありますか。

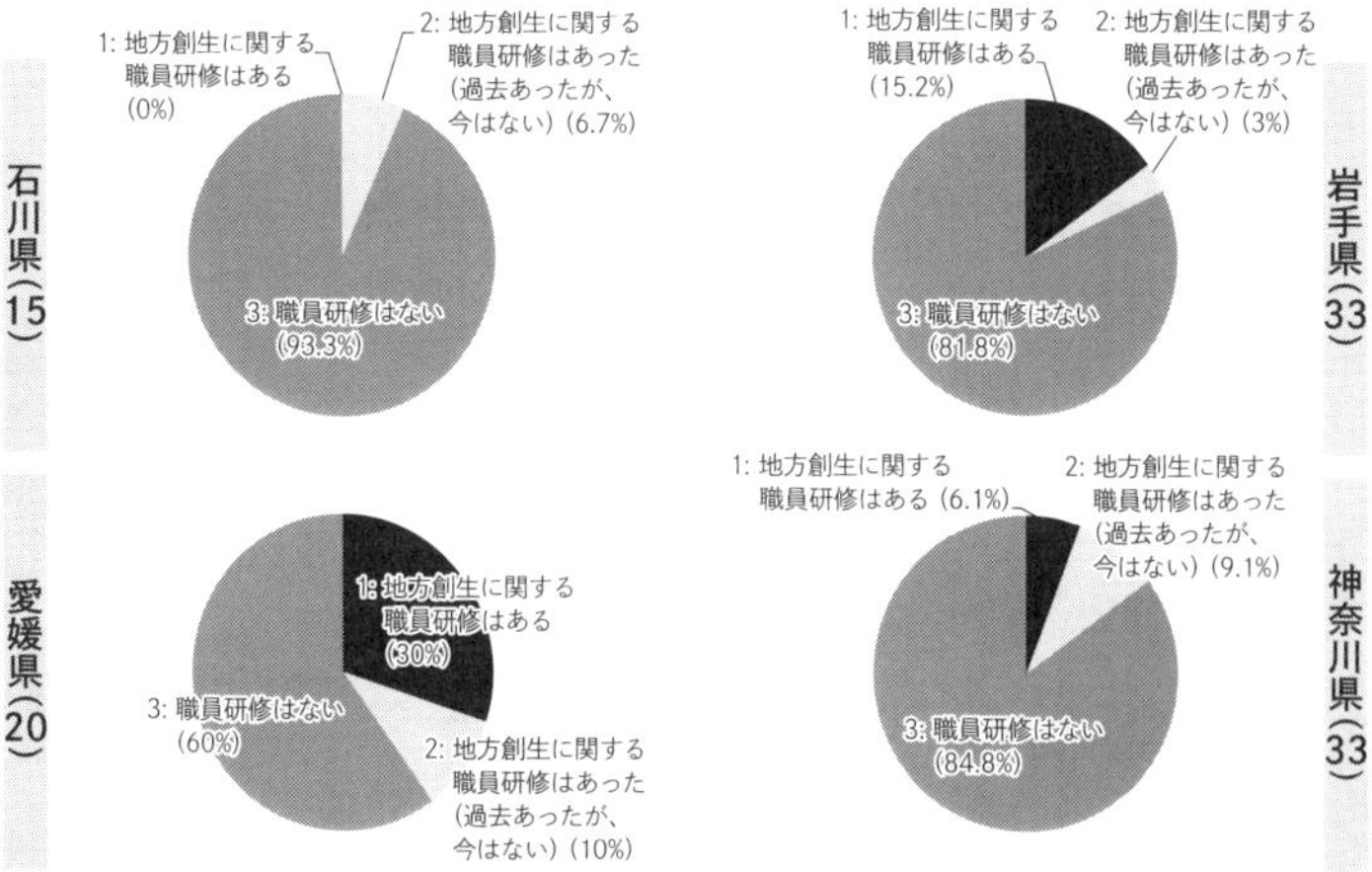

図表８－15　地方創生を進めるために、貴自治体の住民や事業者を対象とした研修はありますか。

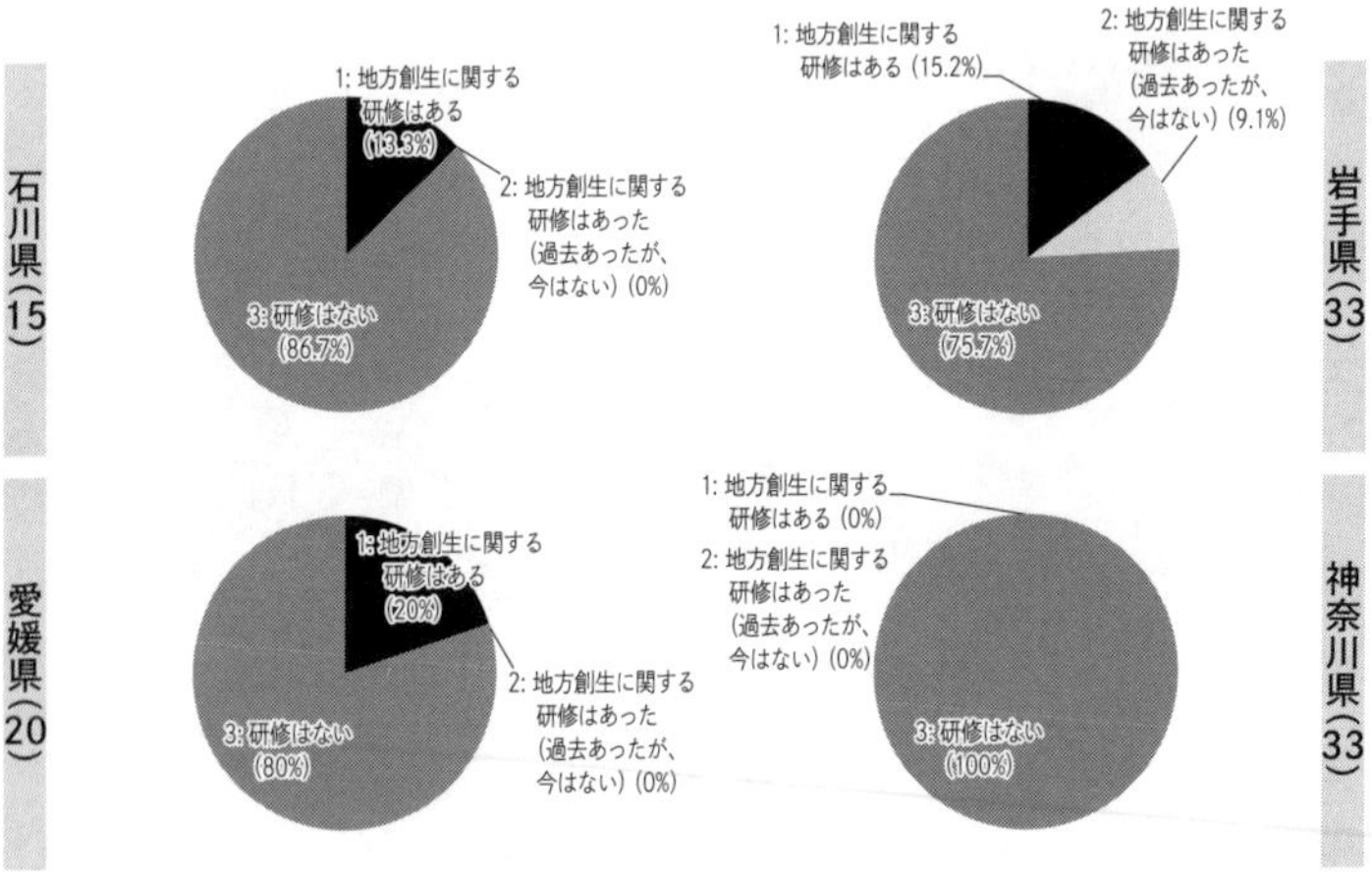

図表８－16　第２期地方版総合戦略の中で、力を入れている分野３つまで◯をつけてください。

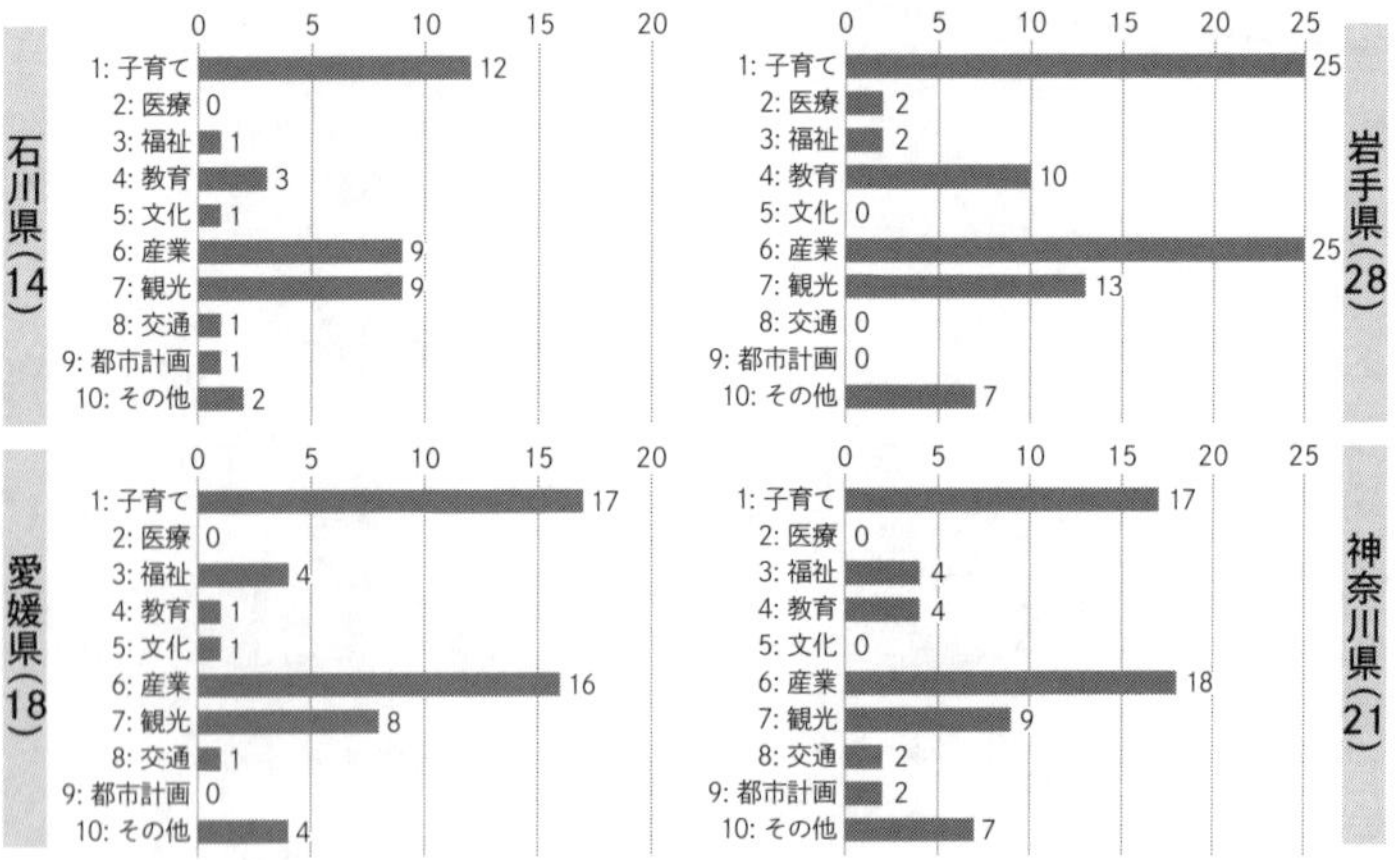

図表８－17　貴自治体において2060年にかけて定住人口の状況はどのように考えますか。

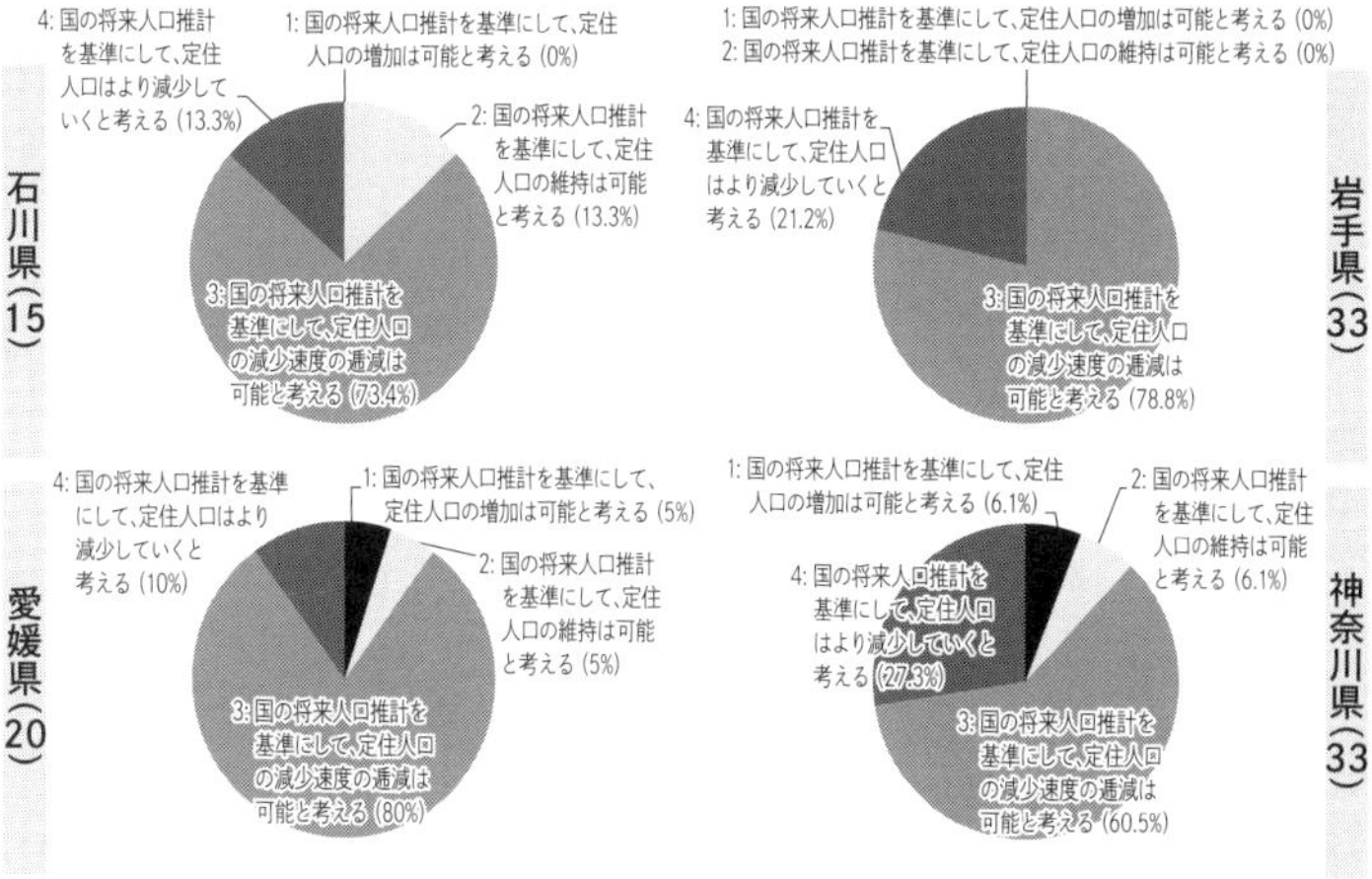

図表８－18　移住・定住の促進として「お試し移住制度」を実施している自治体があります。貴自治体は実施の予定はありますか。

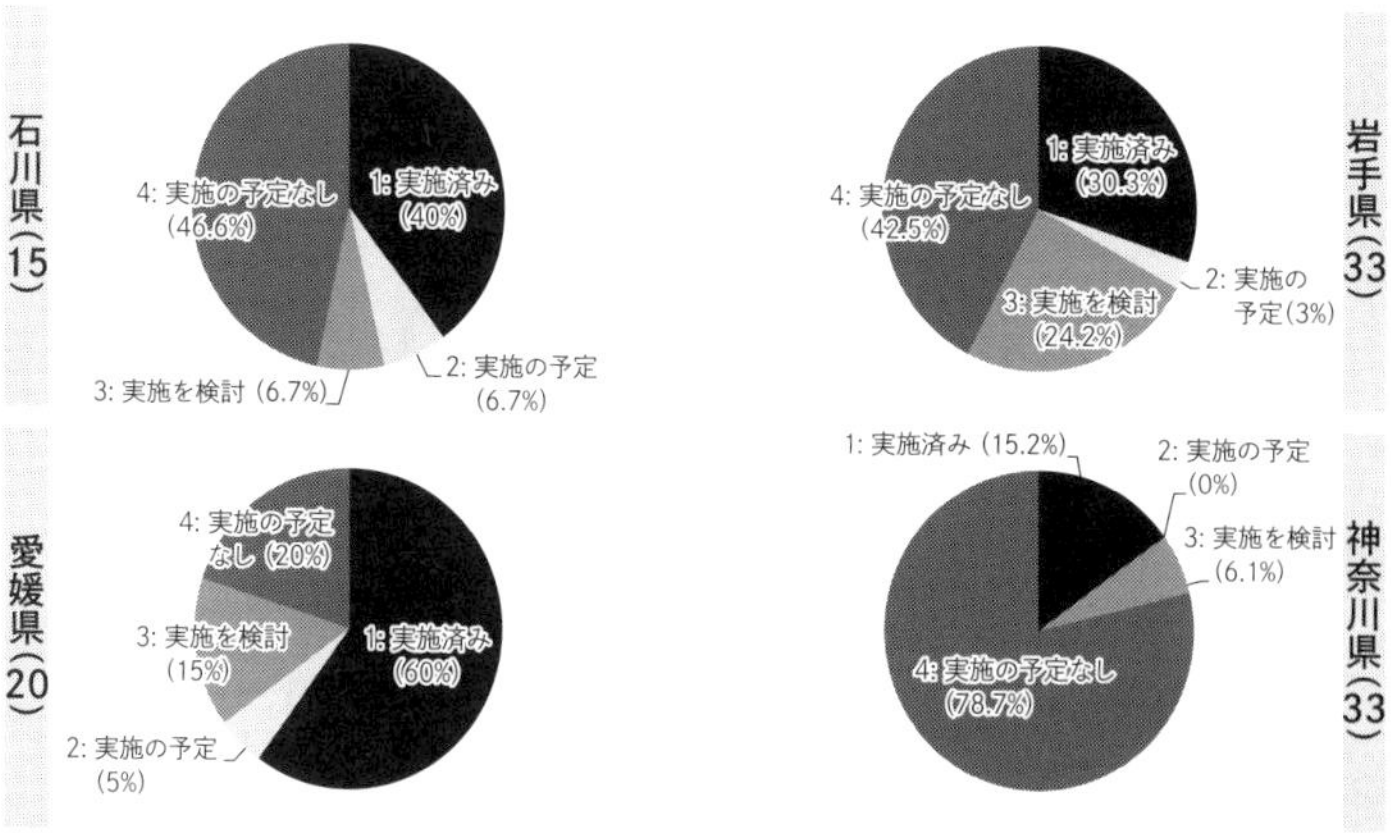

図表8－19　第1期地方版総合戦略に関して、住民は同戦略を認知しているると思いますか。

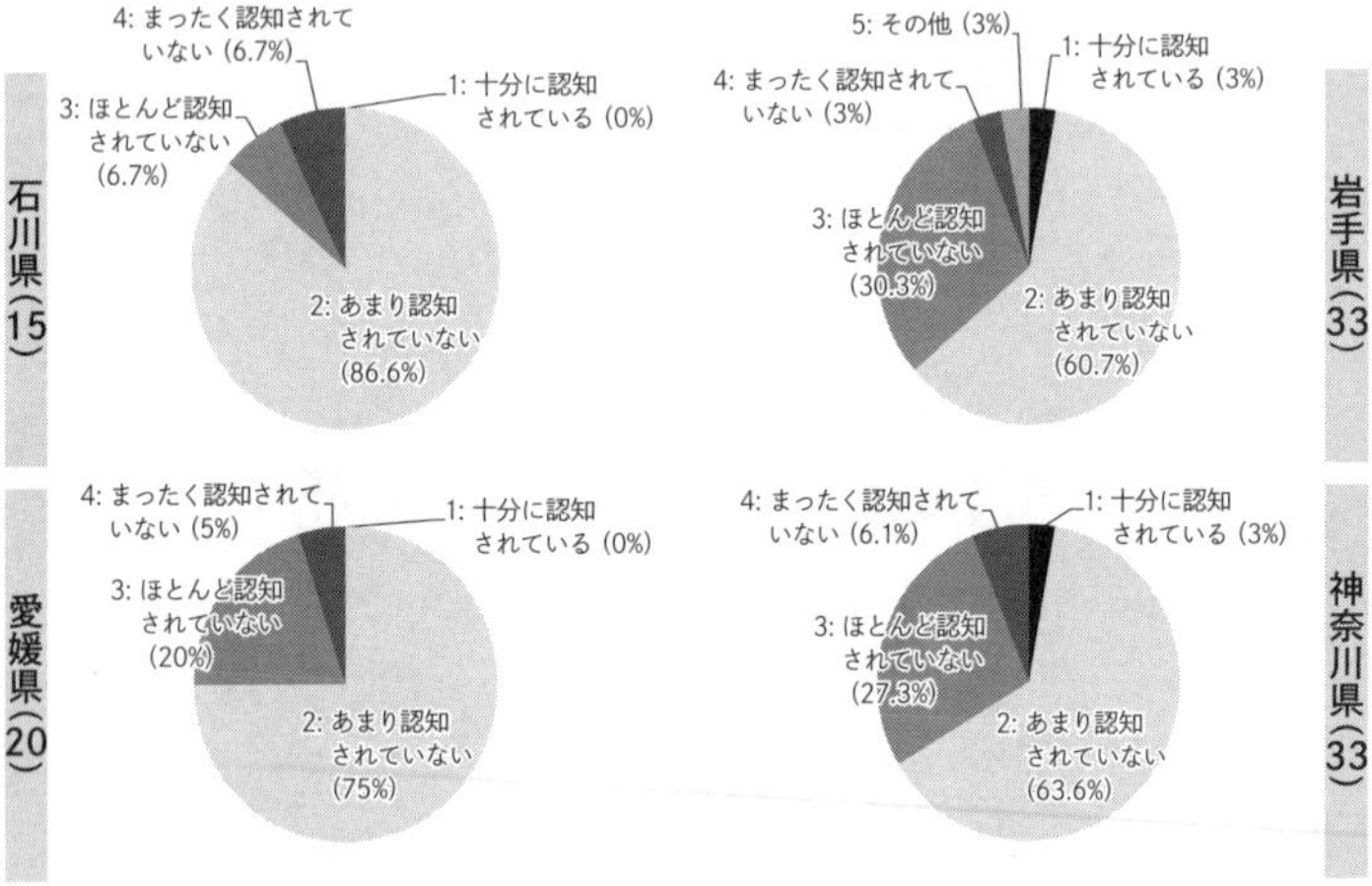

図表8－20　外国人材の受入・共生支援についてお聞かせください。

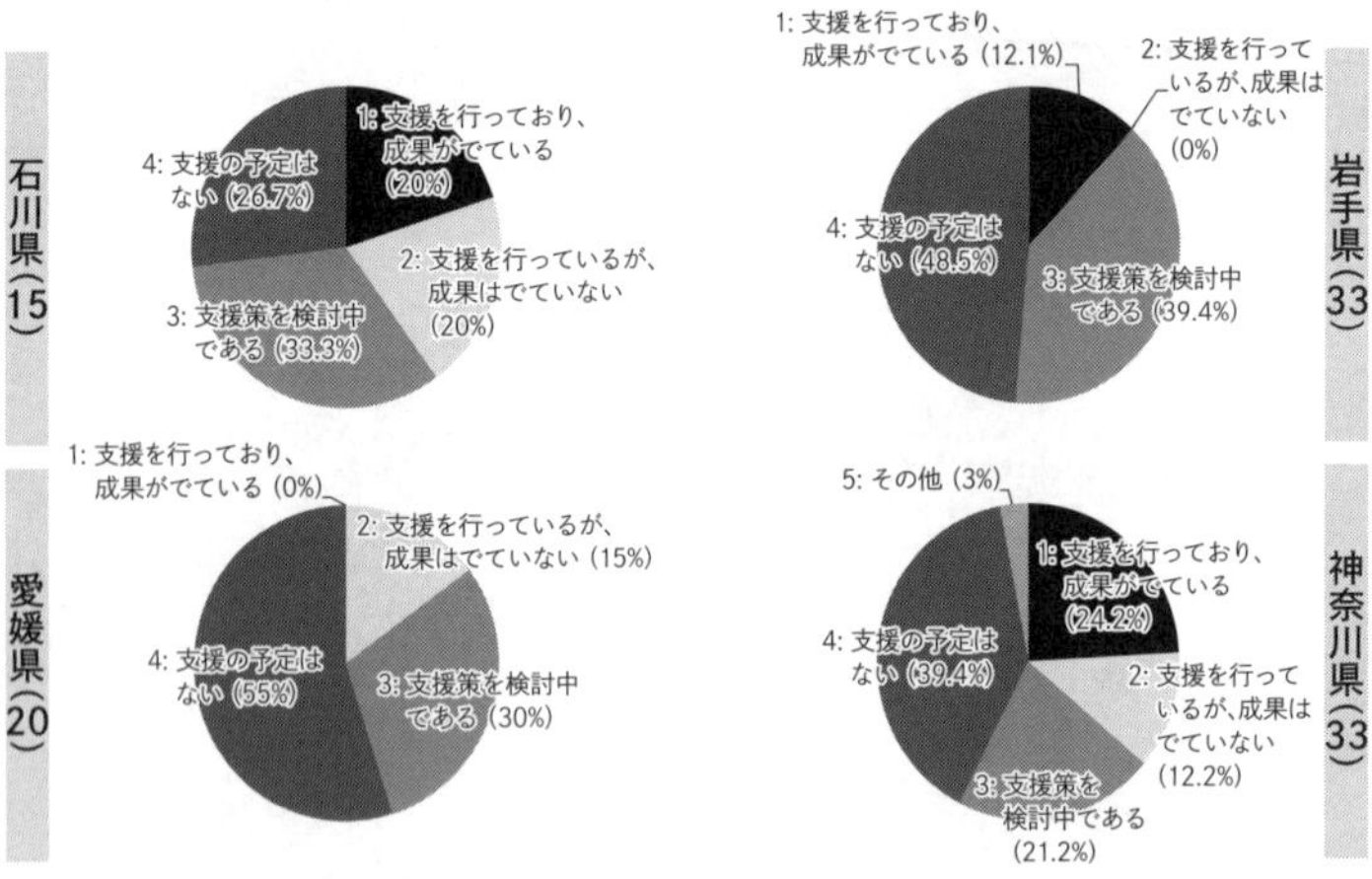

第2章

躍動する地方創生の事例

国全体の地方創生は「いまいち感」があります。しかし個別自治体を観察すると、よい成果が多数あります。

本章では地方創生に成功している、あるいは成功の兆しが見える事例を紹介します。

1　西条市の「移住促進」の取り組み

西条市（愛媛県）は人口10万人強の自治体です。同市の移住の取り組みが注目を集めています。同市への移住は拡大しています。2017年度は106人、2018年度は289人、2019年は346人、2020年は356人であり、驚異的な数字です。

驚異的と書いたのは、例えば、移住の先進自治体であるS町は1年間で62人であり、T市は

3年間で112名となっています。西条市への移住者がいかに多いかが理解できます。

移住者の増加に貢献したのが、移住体験ツアーです。同ツアーはターゲットを絞っており、移住への意思が強い子育て世代を中心にしています。移住希望者一人一人（一世帯一世帯）に特化した完全オーダーメイド型になります。しかも、交通費・食費・宿泊費は無料です。

今日、多くの自治体が移住体験ツアーを進めています。その中には料金がかかる場合や、移住希望者を一斉に集めて団体での移動を伴うケースもあります。しかし、西条市は無料で、かつオーダーメイド型となっています。多数ある移住体験ツアーの中でも、西条市は差別化してきました。差別化を基本とした西条市の移住体験ツアーの成果は、確実にあがっています。また同市の提供する完全オーダーメイド型の良質な移住体験ツアーが口コミで広がることにより、イメージアップという形で市全体に好影響を与えています。

口コミとは「知人同士を経由し伝播される商品やサービスの情報」と定義できます。近年、民間企業はICT（情報通信技術）の普及とともに、仮想空間（Web）において口コミの拡散に注力しています。そうすることで、商品やサービスの購買促進が図られます。これはマーケティング手法の一つであり、活発化しています。民間企業に倣って、自治体もよいイメージを創り出すために、口コミの拡散を意図的に進めることが重要です。

しばしば「口コミ」と言われますが、正式な学術用語は「ウィンザー効果」（Windsor Effect）です。ウィンザー効果とは「第三者（他者）を介した情報、噂話の方が、当事者が直接伝えるよりも影響が大きくなる心理効果」と定義できます。西条市が自ら「西条市はすごいんだ」と言うよりも、移住体験ツアーに参加した第三者が「西条市ってすごい」と伝えた方が信ぴょう性は高まります。ちなみに、ウィンザー効果の語源はミステリー小説の台詞に由来していると言われています。アーリーン・ロマノネスのミステリー小説『伯爵夫人はスパイ』の中で、ウィンザー夫人が「第三者の褒め言葉がどんな時にも一番効果があるのよ、忘れないでね」と言ったことから、この夫人の名前から名づけられました。

西条市に限らず、地方移住を成功させる要諦は、移住の希望者にしっかりと情報を伝えることです。しかし、「情報を伝える」という当たり前のことができていません。一言で「情報を伝える」と言っても、対象者により異なります。例えば、進学とともに東京圏の大学に進学し、就職活動を始める3年生後半には「地域の就職の情報（雇用の情報）」になります。定年退職を迎えそうな人には、地域の生活やコミュニティ、日常インフラ等の情報になります。すなわち、ターゲットを明確にして、そのターゲットが欲している情報を伝えることです。この当たり前のことができていない状態になります。

西条市は口コミを創出するために、情報を効果的に発信してきました。その一つの取り組みが、シティプロモーションです（※1）。

※1　西条市のシティプロモーションの目的は「知名度・都市イメージの向上を通じた移住・定住・交流・関係人口の獲得」です（『西条市シティプロモーション戦略』）。

図表９　第９回住みたい田舎ベストランキング

総合部門		若者世代が住みたい田舎部門	
第1位	愛媛県西条市	第1位	愛媛県西条市
第2位	山口県宇部市	第2位	大分県大分市
第3位	静岡県静岡市	第3位	鳥取県鳥取市

子育て世代が住みたい田舎部門		シニア世代が住みたい田舎部門	
第1位	愛媛県西条市	第1位	愛媛県西条市
第2位	愛媛県今治市	第2位	鹿児島県鹿児島市
第3位	静岡県静岡市	第3位	山形県酒田市

出典：株式会社宝島社『田舎暮らしの本』（2021年２月号）

同市は、移住に関しては東京をターゲットにして、新聞やテレビといったメディアを活用し、プロモーションを推進してきました。さらに、積極的に東京で開催される移住・交流フェアにも出展しています。東京における西条市の認知度を高めることが、移住者の増加につながっています（※２）。今年度から同市は大阪事務所を「Ｕターンを促進する拠点」と位置づけました（※３）。なお、自治体が設置する東京事務所や大阪事務所などは、一般的には政治的要素が大きいため、西条市の取り組みは目新しさがあります。

その他、移住促進サイト「ＬＩＶＥ ＩＮ 西条」の開設、関係人口の拡大を狙った「ＬＯＶＥ ＳＡＩＪＯファンクラブ」の立ち上げをはじめ、FacebookやInstagramなどのＳＮＳを活用したＰＲなど、多様なツールを活用し、西条市の認知度を高めてきました。

西条市の「認知度の向上」からの成果に言及すると、２０１９年度の時点で、公式Facebookの「いいね！」

数は約6000人となっています。公式インスタグラムフォロワー数は約2800人です。「#LOVESAIJO」投稿数は約1万3000件です（※4）。

このような活動を重ねることにより「住みたい田舎ベストランキング」で西条市が全国第1位となりました（図表9）。

西条市は地方創生の中で「生き残る」のではなく、「勝ち残る」ことを目指しています。そのために積極的な政策展開をしています。今回紹介した移住の取り組みに加え、関係人口の獲得、公民連携を基調とした教育改革、起業型地域おこし協力隊など、多々あります。

※2　マーケティングには「AIDMA（アイドマ）の法則」があります。消費者が商品やサービスなどを認知して、最終的に購入につながるまでの消費活動の仮説です。AIDMAは、「Attention（認知する）」「Interest（興味をもつ）」「Desire（欲しいと感じる）」「Memory（記憶する）」「Action（購入する）」という、それぞれのプロセスの頭文字をとっています。「西条市に移住してもらう」というActionを実現するには、「西条市を知ってもらう」というAttentionから始めなくてはいけません。アイドマの法則を基本として、西条市は東京での認知度を高めることにより、移住者を大きく増やしてきました。

※3　詳細は、次のURLを確認してください。
「関西圏の若者向けUターン等移住者の発掘を目指す拠点として生まれ変わります！」
https://www.city.saijo.ehime.jp/soshiki/citypromo/press-osaka-renewal.html

※4　西条市の調査によると、シティプロモーション推進事業における金銭的効果は、テレビをはじめとしたメディアに幅広く本市をPRする営業活動を行うことにより、2017年度のテレビへの露出では3億3600万円程度、雑誌掲載では1200万円の試算結果があるとしています。

2　戸田市の「転入促進」の取り組み

西条市は「移住促進」です。戸田市（埼玉県）は、近隣地域からの引っ越しを意図した「転入促進」を展開してきました。現在、同市は約14万人まで人口が増えています。10年間で約2万人も人口が拡大しました。人口増加の牽引となった一つが、シティプロモーションです（※5）。

同市のシティプロモーションの定義は「まちの魅力を市内外にアピールし、人や企業に関心を持ってもらうことで、誘致や定着を図り、将来にわたるまちの活力を得ることにつなげる活動」です（『戸田市シティセールス戦略』）。

同戦略の特長は、対象地域を「板橋区と北区」に設定したことです（※6）。ターゲット地域を明確にして、効果的な情報発信を進めてきました。特に、インターネット広告の活用があります。インターネット広告は、検索情報から利用者の属性や居住地域、嗜好などをある程度特定することができます。

戸田市は、インターネット広告の利点を活用して、ターゲットに対して市の転入促進ページへの誘導策を導入しています（画像1）。インターネット広告は「30代」で「東京都内」や「近隣地域」に住んでおり、引っ越しなどの「不動産関連カテゴリー」を検索している人を対象に広告を表示することができます。

戸田市のシティプロモーションは「人や企業を呼び込み、引き留めること」を目標としています。同市は積極的にシティプロモーションを進め、その結果、現時点において、定住人口の獲得を前提とした自治体間競争において勝ち残ってきました。

一般論として、人口の増加を達成した多くの自治体は、新しい路線の開発や新駅の設置などのハード的な要因が強くありまます。しかし、戸田市は新しい路線も新駅もない状態で、人口増加を実現してきました。この事実からもシティプロモーションという政策の影響が大きいと推察されます。近年では、戸田市のシティプロモーションは新しいステージに入りつつあります。それが、市民の共感を誘発する取り組みです。

近年の戸田市はインナープロモーションに力を入れつつあります。同市におけるインナープ

※5　戸田市の詳しい事例やシティプロモーションの概説は、次の文献を参照してください。
牧瀬稔・戸田市政策研究所（2019）『共感される政策をデザインする』東京法令出版
牧瀬稔編（2018）『地域ブランドとシティプロモーション』東京法令出版
※6　転入増加を促進するため、対象地域を設定することに違和感を持つ読者は多いと思われます。この点については賛否両論ありますから、読者なりに考えていただきたいと思います。なお、現時点において、日本全体としての人口は増加しません。そのため自らの自治体の人口を増やそうとすると、他の自治体から人口を奪うことになります。その結果、自治体間競争が起きています。ここが地方創生の大きな問題と筆者は認識しています。

画像１　戸田市のインターネット広告（スマホ版）

出典：戸田市政策研究所

ロモーションとは「自治体内部の職員に対するシティセールスの浸透だけでなく、市民や事業者などの市内関係者にまちの魅力を訴え、結果として市民の誇り、愛着心の向上につなげていく活動」と定義しています。インナープロモーションは市民の共感を醸成します。

一つの事例を紹介します。２０１４年に戸田市は共感に向けた事業を開始しています。それは、同年12月に開発されたスマートフォンアプリケーション「ｔｏｃｏぷり」の存在です（画像2）。「ｔｏｃｏぷり」は、戸田市が一方的に開発したアプリケーションではありません（※7）。市民や市民活動団体等の意見を把握しながら、進めてきました。具体的には「戸田市スマートフォン用アプリケーション検討市民会議」を設置し、アプリケーションの導入に向けて開発段階から市民との意見交換を行っています。なお、２０２０年３月末時点で、「ｔｏｃｏぷり」のダウンロード数は１万１８９２件です。市民の約１割がダウンロードしていることになります（この数字はとても大きいです）。市民目線のアプリケーションだからこそ、多くの市民にダウンロードされたと言えます（市民に共感が広がっています）。

戸田市の共感を目指した取り組みは、株式会社読売広告社が実施した調査からも客観的な評価を得ています。同社の「都市生活者の居住エリアによる特性分析を可能にするCANVASS-ACR調査」において、戸田市は「共感」の評価において第1位となりました（※8）。

戸田市は「共感」が第1位となっていますが、さらに「誇り」と「人に勧めたい」はともに

※7　庁内に設置された自治体シンクタンク「戸田市政策研究所」において、２０１３年に「スマートフォン等を活用した新たな市民参加に向けた研究」を実施しています。その成果が「ｔｏｃｏぷり」です。同研究は、公益財団法人日本都市センターの第５回都市調査研究グランプリ（ＣＲ－１グランプリ）においてグランプリを受賞しています。

※8　「共感」の第2位は武蔵野市（東京都）、第3位は横浜市都筑区（神奈川県）です。今回紹介した読売広告社の調査は、２０１６年10月26日に発表した内容です。同調査は東京50ｋｍ圏に住む男女に対して、「街」「住まい」に関する意識の把握が目的です。街を評価する5つの要素「愛着」「共感」「誇り」「住み続けたい（居住意向）」「人に勧めたい（他者推奨）」について、ランキングしています。同調査は5つの要素をシビックプライド指標としています。シビックプライド指標は、数年毎に発表しています。

画像２　「tocoぷり」のトップ画面

出典：戸田市政策研究所

第４位という結果でした。戸田市のインナープロモーションを中心としたシティプロモーションも、成果が出ていると指摘できます。また、対外的評価に限らず、戸田市の人口流出率も低下しています。すなわち、実際に住み続けたいと考える市民が増加していることを意味しています。その背景には、戸田市に対する共感や誇りといった意識が市民の間で浸透していると推測できます。

戸田市の戦略は、競争から共感へと意図的に進んできました。そして、現在では「共創」の域に入りつつあります。同市が進めてきた政策の一連の経緯は、地方創生を充実させていくためのヒントとなるでしょう。

3　東大和市の子育て日本一を目指した取り組み

人口を維持・増加させるためには、社会増に加え、自然増があります。社会増の取り組みは、西条市（地方圏）、戸田市（都市圏）の事例を紹介しました。今度は自然増の視点から考えます。

東大和市（東京都）の取り組みを紹介します（※9）。同市は約8・4万人の自治体です。2013年の合計特殊出生率は1・4でしたが、2015年には1・67まで上げています。その結果、東京都内の市部で第1位となりました。

東大和市は「『日本一子育てしやすいまち』づくり」を掲げ、子育て関連施策の充実に取り組んできました。今日まで多くの子育て施策を展開してきました。そのうちの一部を紹介します。例えば、「病児・病後児保育室のお迎えサービス」があります。同サービスは、保育所等に在籍している子ども（生後6カ月～小学校就学前）が体調不良となり、保護者が迎えに行くことが困難な時に、市の保育士が保護者に代わって保育所等に迎えに行くサービスです。迎え

※9　詳細は、「子育て政策で、人が集まる街づくりを」（議員NAVI）のURLを参照してください。
http://www.dh-giin.com/article/20170512/8670/print/

画像3　東大和市みんなで子育てBOOK「Minna」

出典：東大和市

に行き、その後保育室で保育します。

また、「保育コンシェルジュ」という事業もあります。同事業は、保育を必要とする人の専門相談員として、多様な相談に対応できる専門的な知識や経験を有した職員を配置しています。そして「東大和市みんなで子育てBOOK『Minna』」の発行もあります（画像3）。同BOOKは東大和市が単独で制作したのではなく、市内で生活する、子育てに関する多様な主体が協力・連携して実現化しました。公民連携で登場した冊子と言えます（※10）。東大和市民編集委員をはじめ、東大和市子ども家庭支援センター、同市で子育て中のママが立ち上げた出版社「株式会社ことの葉舎」など、多くのスポンサーを得て結実した子育て応援ＢＯＯＫです。５０００部作成し、子ども家庭支援センターや市内の保育・教育施設、公共施設などで配布されました。

さらに、「うまべぇ子育て応援パック」という事業もあります（※11）。同事業は子どもの誕生祝として、ネーム刺繍入りうまべぇ柄のタオル等を配布しています。その他、多くの子育て関連施策を実施することで、「『日本一子育てしやすいまち』づくり」というイメージを形成してきました。これらの取り組みが、合計特殊出生率の向上に寄与していると考えられます。

２０２０年９月には、「東大和市子どもと大人のやくそく」（東大和市子ども・子育て憲章）を策定しました。同憲章に関して、市のホームページを確認すると「市の未来を担う子どもたちの健やかな成長を守り育むとともに、子どもたち自身が社会の一員として生きていける力を育めるよう、市民の皆様、地域関係者・事業者の皆様及び市が相互に協力し、取り組んでいくための子ども・子育てに関する『共通の理念、指針』となるものです」とあります。東大和市

※10　筆者は公民連携を「行政と民間が相互に連携して住民サービスを提供することにより、行政改革の推進、民間の利益拡大に加え、住民サービスの向上や地域活性化等を目指す取り組み」と定義しています。ここで言う民間とは民間企業だけではありません。大学や地域金融機関、ＮＰＯ団体、地域住民など、自治体外の全ての主体が当てはまります。地方創生のキーワードに「産学官金労言士」があります。これも公民連携に通じる概念です。

※11　「うまべぇ」とは、東大和市公式キャラクターです。市内の子どもたちに人気があります。

は「子ども」を中心（主体）とした施策展開を推進してきました。その一つの成果が合計特殊出生率の向上にあると考えられます（※12）。

自然増は、もう一視点あります。それは、死亡率の減少です（健康寿命と平均寿命の延伸）。東大和市は健幸都市も進めています。健幸とは、「健康」と「幸せ」は、全ての人の願いであるとの考えから、「健幸＝健康で幸せ」を意味した造語になります。

同市は「健幸都市の実現に向けた東大和市健康寿命延伸取組方針」を策定しました。また、東京大学未来ビジョン研究センターと協定を締結し（全国初）、高齢者の福祉が増進するまちづくりも進めています。このように東大和市は自然増を実現するため、出生数の増加、死亡数の減少という観点から、地域創生を進めています。

4　地方創生はイノベーション志向

筆者は「地方創生」の4文字には、深い意味があると捉えています。地方創生の「地方」とは、行政の世界では「地方自治体」（地方公共団体）を意味します。そして創生の意味は「作り出すこと。初めて生み出すこと。初めて作ること」とあります（ちなみに「創成」も同様の意味です）。すなわち、地方創生とは「地方自治体が、従前と違う初めてのことを実施していく。あるいは、他自治体と違うことに取り組んでいく」と定義できます。

本章で紹介した西条市、戸田市、東大和市はイノベーション志向で進んだところに、地方創生を軌道に乗せているポイントがあります。

地方創生の一視点は、革新的な取り組みを展開することにあります。地方創生は、自治体が新しい取り組みを継続的に進めることにより、自治体にイノベーション（新機軸）を起こしていく能動的な活動です。ところが、現在の地方創生を観察すると、多くのケースは「地方踏襲」や「地方模倣」です。国の制度設計に問題があるかもしれませんが、地方踏襲や地方模倣では、

※12 筆者の調べた範囲では、少子化対策の条例ではなく、子どもの施策を基本とした条例のある自治体の方が、結果的に合計特殊出生率が高い傾向が見られます（ただし、サンプルが30条例と少ない）。暫定的な結論ですが、主語を大人にして少子化対策を進めるのではなく、「子ども」を中心にした施策展開を進めることが合計特殊出生率の向上に結び付くと考えています。

※13 本書において地方創生は人口減少の克服であり、地域経済の活性化と捉えています。しかし人口減少を克服することは、至難の業です。別の考え方に「人口が減っても元気な地域を創っていく」というものもあるでしょう。この現状を創り出すキーワードが「活動人口」です。活動人口については118頁を確認してください。

※14 本章は、次の論考を大幅に削除してまとめています。
牧瀬稔（2020）「『ターゲティング』を基調とした人口減少克服事例」中央文化社『地方議会人（議員研修誌51（3））』50－54頁
牧瀬稔（2020）「人口減少の克服を実現しつつある事例紹介」中央文化社『地方議会人（議員研修誌51（2））』48－51頁

人口減少は克服できないし、地域経済の活性化は実現できない可能性があります。改めて、「地方創生」の意味を見つめなおす時期にきていると考えます。

ちなみに、再生とは「死にかかっていたもの、死んでいたものが生き返ること」という意味です。新生とは「生まれ変わった気持ちで、新しい人生の道へ進み出ること」と定義されます。再生でもなく新生でもなく、今進めているのは「創生」です。創生の意味をしっかり理解し、取り組んでいくことが求められます（※13、14）。

第3章

公民連携とオープンイノベーション

本章は、近年トピックスとして上がってくる公民連携とオープンイノベーションを紹介します。地方創生を進めていくためには、自治体外の主体と連携・協力を構築することは必要不可欠です。その手段として、公民連携やオープンイノベーションがあります。

実は公民連携もオープンイノベーションも大きな違いはありません（と筆者は考えています）。その意味で、本章は読者に情報提供の意味があります。

1　公民連携の類似概念と定義

公民連携の類似概念

近年、自治体が地域経営を進めるにあたり、「公民連携」が一つのキーワードになりつつあります。直接的には、公民連携という言葉ではありませんが、類似の概念も多くあります。

地方創生では「産学官金労言」があります。産は産業界、学は大学等の学界、官は行政を意味します。産学官は以前から使われていました。この産学官に加え、地方創生がはじまり、金という金融界、労は労働界、言は言論界（マスコミ）が追加されました。

今日では、産学官金労言が一体となった地域づくりが求められています。特に、最近では「産学官金労言士」と「士」も入ってきました。士とは弁護士や公認会計士、中小企業診断士などの「士業」を表しています。

その他の公民連携の類似概念として、官民連携、産学官連携、産学連携、協働、共創、協創など多々あります。これらの言葉の定義は図表10の通りです。図表10に記している概念は、既存の条例や行政計画などから抽出しました。図表10を確認しても、正直、それぞれの言葉に大きな違いはないようです。また、本章の後半で言及しているオープンイノベーションも大きな

図表10　「公民連携」に類似する概念

言葉	定義
官民連携	これまで行政が主体として提供してきた公共サービスを、誰が最も効果的で効率的なサービスの担い手になり得るのかという観点から、公共施設等の設計、建設、維持管理、運営等を行政と民間が連携して行うことにより、民間の創意工夫等を活用し、財政資金の効率的使用や行政の効率化等を図るものです（「西東京市官民連携ガイドライン」）。
	区では、協定、官民協働、PFI 等、公有資産活用、指定管理者制度、その他民間提案において実施する事業などを官民連携と定義します（「世田谷区官民連携指針」）。
産学官連携	中小企業者、中小企業支援団体、大学等、県及び市町村が相互に連携を図りながら協力することをいう（「秋田県中小企業振興条例」）。
	従来のものづくりの伝統技術を基に、生産技術の近代化を推進し、企業、大学等の研究機関及び行政との連携（「流山市産業振興基本条例」）。
産学連携	先端科学分野の研究等を行う大学、企業その他研究機関の北九州学術研究都市への集積、学術の振興並びに産業及び学術の連携（「北九州学術研究都市条例」）。
	事業者又は産業関係団体と高等教育機関との相互の連携（「金沢市ものづくり基本条例」）。
協働	目的や性格の異なる組織が、共通の社会的な目的を実現するために、それぞれの組織の力を合わせ、特色を生かしながら、対等の立場で、共に考え、共に協力して働くこと（「高岡市共創の指針」）。
	市民及び市が対等な関係で、まちづくりに関する共通の目的を達成するため、役割と責任を分担し、連携し、及び行動すること（「真岡市自治基本条例」）。
共創	社会的課題の解決を目指し、民間事業者と行政の対話により連携を進め、相互の知恵とノウハウを結集して新たな価値を創出すること（横浜市「共創推進の指針」）。
	目標設定の段階から市民、団体、企業、大学、地域、行政等が連携し、異なる視点や価値観のもと多方面から意見を出し合いながら解決策の検討を行い、実践的な取り組みを展開することにより、新たなまちの魅力や地域の価値を共に創り上げていくこと（「高岡市共創の指針」）。
協創	誇りや生きがいを持って夢や希望に向かってチャレンジする多様な主体が、互いの個性や価値観を認めあい、ゆるやかにつながり支えあうことで、より一層力を発揮することができる仕組み（「足立区自治基本条例」）。
	市職員、市民、事業者、NPO、市民団体、学識経験者などが、信頼関係に基づいて協力し、具体的な成果を創り出すこと（小紫雅史・生駒市長「「イコマニア」とは？」）。

出典：各ホームページ等から筆者作成

違いはないようです。

　敢えて違いを言及するならば、官民連携、産学官連携、産学連携は、時代により、流行り廃り感があります。流行り廃りの背景にあるのは、法律の制定による国の動向が大きいと考えられます。一方で、協働、共創、協創は、やや言葉遊びの感があります（「言葉遊び」とは当事者には失礼な表現になるかもしれません）。

　現時点おいては、協働、共創、協創に明確な違いは見られません。特に、共創と協創の違いはわかりません。違いを無理に探すと、共創は、価値や魅力の創出に重きが置かれています。しかし実は、価値や魅力は把握できないものです（しかも主観が入るため、ある人にとっては魅力であっても、別の人にとっては魅力とは感じず、嫌悪感を持つかもしれません）。

　一方で、協創は具体的な活動を期待しており、何かしらの成果を求めている感があります。協創をする関係者に、それぞれに対して成果が求められるため、事前の連絡・調整は極めて重要になりそうです。

　明確な違いはわからないものの、全ての言葉におおよそ共通するのは、いずれの言葉も「地域を構成し、地域に関心を持つ多様な主体が協力・連携して地域づくりを進める」という思想です。

図表11　自治体・機関における「公民連携」の定義

団体・機関	公民連携の定義
多摩市	PPP（Public Private Partnership：公民連携）とは、これまで行政が提供してきた各種公共サービスを民間事業者と連携し行うことです。民間事業者が持つ多様なノウハウ・技術を取り入れることにより、行政サービスの向上、民間資金の導入による財政資金の効率的使用や業務の効率化を図る手法です。
市川市	PPP（公民連携：Public Private Partnershipの略称）とは、公と民が連携して行政サービスの提供を行うことにより、これまで自治体が単独で取り組んできた分野に、民間のノウハウや創意工夫等を活用し、市民サービスの向上や業務効率の向上、地域経済の活性化等を図るものです。
柏原市	公共と民間が連携して、それぞれの強みを活かすことによって、最適な公共サービスの提供を実現し、地域の価値や住民満足度の最大化に取り組むことを言います。英語では、パブリック・プライベート・パートナーシップ(Public Private Partnership)と言い、この頭文字を取ってPPPと呼んでいます。
東洋大学大学院経済学研究科公民連携専攻	公共サービスを、「官（Public)」と「民（Private)」が役割を分担しながら社会資本の整備や公共サービスの充実・向上を図ることを実現する概念・手法の総称。公共サービスの提供主体が市場の中で競争していく仕組みに転換し、最も効率良く質の高い公共サービスを提供（Value for Money,VFM）することを目指しています。

出典：各ホームページから筆者作成

公民連携の定義

公民連携とは「Public Private Partnership」であり、しばしば「PPP」という略称で使われます（なお、官民連携もPPPと称されることが多い）。「公民連携」という4文字から、読者は何となく意味を理解できると思われます。つまり、「公」(Public）と「民」(Private）が「連携」(Partnership）することにより、「何か」を達成していく取り組みです。この「何か」は自治体や民間により異なります。

公民連携の定義を自治体のホームページから抽出します。茅ヶ崎市（神奈川県）は「公民連携（Public Private Partnership）とは、市と民間が相互に連携して市民サービスを提供することです。本市においては、市民サービスの全部または一部を民間団体や民間事業者に委ねることにとどまらず、民間団体、民間事業者行政が適切な役割分担に基づいて公共領域を創造し、市民サービスの質・量の充実を図っていくこと」と記しています（※1）。

東村山市（東京都）は「公民連携とは、行政と民間が連携し、お互いの強みを生かすことにより、最適な公共サービスの提供を実現し、地域の価値や住民満足度の最大化を図るもの」と定義しています（※2）。

ここで紹介した茅ヶ崎市、東村山市の公民連携の定義は、筆者がWebで検索したところ、上位に抽出された自治体です。その他の定義は、図表11の通りです。自治体が規定する公民連携の定義を確認して、気がついたことがあります。公民連携の目的は「事業効率のアップ」や「地域経済の活性化」など、自治体により異なるという点です（※3）。

既存の定義を参考としつつ、実際に筆者が公民連携に取り組んできた経験から、次のように定義しています。それは、「行政と民間が相互に連携して住民サービスを提供することにより、行政改革の推進、民間の利益拡大に加え、住民サービスの向上や地域活性化等を目指す取り組み」です。なお、ここで言う民間とは民間企業だけではありません。大学や地域金融機関、NPO団体、地域住民など、自治体外の全ての主体が当てはまります。

筆者の定義は、行政にも民間にもメリットがあり、かつ住民や地域にとってもプラスとなる取り組みということです。公民連携に関係する全ての主体にメリットがあってこそ、公民連携は継続的に発展していくと考えます。

※1 次のURLを参照されたい（2019年11月30日アクセス）。
https://www.city.chigasaki.kanagawa.jp/1030035/1007713/index.html

※2 次のURLを参照されたい（2019年11月30日アクセス）。
https://www.city.higashimurayama.tokyo.jp/smph/shisei/keikaku/bunya/shisei/ppp/pppolicy.html

※3 公民連携に取り組む自治体は「今後も行政サービスが拡大していく」ということが前提となっているように感じています。すなわち、①様々な事情から行政サービスが拡大していく。②その全てに自治体だけで対応することは難しい。③そこで公民連携により行政サービスの一部を民間に担ってもらう、という発想が少なからず背景にあるようです。
筆者は「行政サービスを縮小していくことを考える時代に入ってきている」と考えています。今日、自治体は財政が厳しくなり、職員数も減少しつつあります。そのような中で行政サービスを拡大していくことは、自治体破綻を招くことになります。

もし行政サービスを縮小していくのならば、公民連携により民間と連携しなくても、自治体だけで対応できるかもしれません。公民連携の重要性は否定しませんが、行政サービスの縮小を考えてもよいでしょう。

2　公民連携の実例

公民連携の実例

現在、多くの公民連携の実例があります。戸田市（埼玉県）は、株式会社ベネッセコーポレーションと教育の基礎的分野も含めて総合的に共同研究を進めるという内容で、協定を締結しています。

同市は株式会社読売広告社と連携をして、シビックプライドの醸成に取り組んでいます。シビックプライドとは「都市・地域に対する市民の誇り」という概念で使われています。日本の「郷土愛」といった言葉と似ていますが、単に地域に対する愛着を示すだけではありません。「シビック（市民の／都市の）」には、権利と義務を持って活動する主体としての市民性という意味があるそうです。つまり、シビックプライドは、自分自身が関わって地域を良くしていこうとする当事者意識に基づく自負心を指します。

戸田市はベネッセコーポレーションや読売広告社など、多くの主体と協力・連携して戸田づくりを進めています。

東大和市（東京都）は関東学院大学法学部との間で、政策研究及び人材育成の推進に関する協定を締結しています。同協定により、東大和市の地域創生に関わる施策へ法学部の教員、学生が参画しています。おもしろい取り組みとして、同市の職員採用のポスターを関東学院大学の学生が作成しました（画像4）。

西条市（愛媛県）は、リコージャパン株式会社と組んで教育の現場にＩＣＴ（情報通信技術）を導入してきました。ＩＣＴを入れることにより、他自治体には見られない独自の教育改革を進めています。新しい授業スタイルは、「西条市モデル」と言われています。同モデルは、Ｗｅｂ会議システムと2枚の大型スクリーンで学校間の教室をつなぎ、合同授業を行う取り組みです。このことにより、小規模学校の教育の質を向上させつつ、地域の核である学校を存続させています（画像5）。この一つの成果として、学力の向上があります（図表12）。学力の向上は人口をけん引する要素となります。

同市は総務省の「地域おこし企業人交流プログラム制度」を活用して、リコージャパン株式会社から人材を受け入れています。

第2章で言及しましたが、地方創生に真摯に取り組んでいる自治体は、新しい発想のもと斬新な（イノベーティブな）取り組みを進めています。地方創生にイノベーションを創出する取り組みが、公民連携にありそうです。

画像４　職員採用ポスター完成品

出典：東大和市

画像５　「西条市モデル」と称されるバーチャルクラスルーム

出典：西条市

図表12　西条市の成果

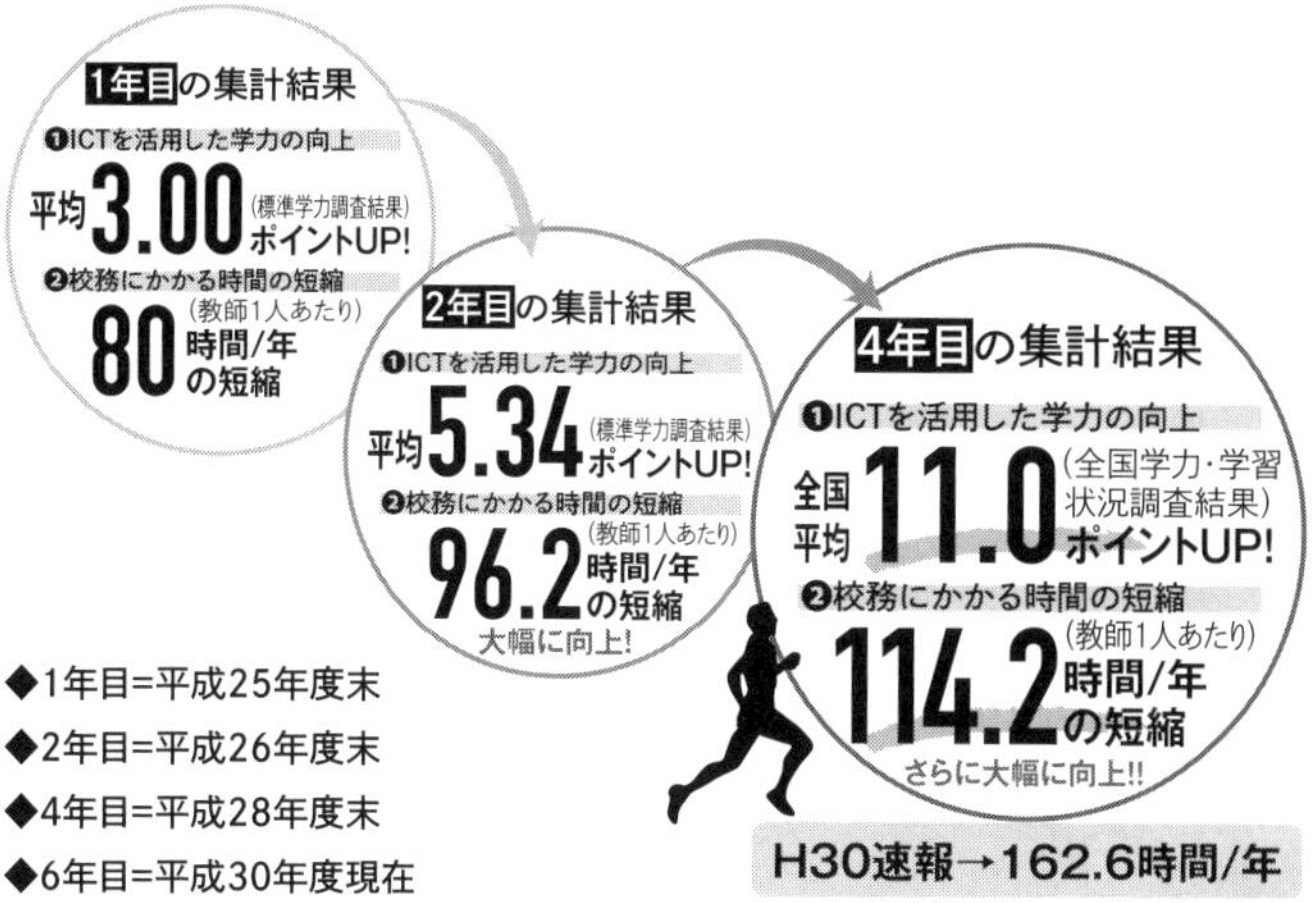

出典：西条市

公民連携の一つのメリット

地方創生は、自治体間競争（都市間競争）を生み出した側面があります。多くの自治体は、単一自治体だけでは自治体間競争に対応できません。その理由は、単一自治体では、人・物・金といった行政資源の制約があるからです。

もちろん、都道府県や横浜市、大阪市などの規模の大きな自治体は行政資源が多くあり、単一自治体だけで地方創生に対応できるでしょう。しかし、多くの自治体は行政資源が少ないため、単独では自治体間競争に立ち向かっていけません。

そこで競争に負けないために、自治体は外部の多様な主体と協力・連携しなくてはいけません。その一現象が公民連携です。第Ⅰ部で紹介した事例は、自治体外の様々な主体と協力・連携することで、自治体間競争に立ち向かっているという要素が少なからずあります。

自治体間競争という言葉に嫌悪感を持つ人がいます。確かに、その思いは理解できます。しかし、筆者は違う視点を持っています。それは、「自治体間『競争』は自治体間『共創』にも結び付く」と考えているからです。

競争の英語は「Competition」です。共創は「Co-creation」と英訳されます。注目したいのは、競争にも共創にも「Co」という言葉が入っている点です。この「Co」は「共に」という意味が含まれています。ちなみに、Communication（交流）、Collaboration（協働）にもCoが入っています。つまり競争には「共に」という思想が組み込まれていると解することもできます。むしろ競争に立ち向かうために、様々な主体と「共に」進めなくてはいけないと捉えることもできます。

現実的にも、自治体間競争に対応していくために、自治体は様々な主体と共創して対応していかなくてはいけません。その意味で、自治体間競争は自治体間共創に結び付くのです。

筆者は共創を「自治体が地域住民や民間企業、ＮＰＯ法人、大学等の自治体外と『共』に活動して、イノベーションの『創』出につなげること」と定義しています。自治体間共創を進めることにより、地方自治の世界に多様な価値観が入ることになります。その行きつく先は、新しい価値観の提示です。

そして新しい価値観は、自治体にイノベーションを起こす土壌ともなります。すなわち、公民連携は共創によりイノベーションを創出することで、競争に勝ち抜く自治体をつくるというのが筆者の持論です。

イノベーション（新結合）は、経済学者であるシュンペーターが提示した概念です。同氏はイノベーションこそ資本主義の本質と説いています。新結合による変化が経済発展させると述べています。筆者は、イノベーションが自治体を発展させると考えています。

シュンペーターはイノベーションを次の5パターンにわけています。それは、①新しい商品・サービスの創出、②新しい生産方法の開発、③新しい市場の開拓、④原材料の新しい供給源の獲得、⑤新しい組織の実現、です。全てを満たすのではなく、それぞれがイノベーションになります。

新結合と言うと重たい印象を持ちますが、「ちょっとした工夫」程度でよいと思います。自治体がちょっとした工夫を創出するために、公民連携は有機的に機能します。

公民連携の持続性の担保

公民連携の持続性を担保させるためには、条例化することも一案です。大東市（大阪府）は「大東市公民連携に関する条例」を制定しています（2018年3月23日）。条例化しているのは、大東市くらいです。

大東市条例は「大東市に関わるすべてのものが、その垣根を越えて連携することについての基本的事項を定めることにより、自立的かつ持続可能な地域経営、公共サービスの質的充足および地域の価値の向上を図り、もって、皆に誇れるまちを実現する」ことを目的としています（第1条）。

同条例における公民連携の定義は「市民全体の利益を最大化させるため、民間および市長等が連携することにより、公共サービスの質的充足を図ること」としています（第2条第3号）。

今日、公民連携に関する指針や行政計画は、少なくない自治体で用意されています（※4）。しかし、条例化は大東市だけです。確かに、昨今の「何でも条例化」という風潮には賛同できないところもありますが、公民連携は多くの利点があります。そのため公民連携の条例化には、筆者は賛成です。

大東市条例は基本条例であり、具体的な取り組みを明記しているわけではありません。筆者は基本条例であっても、意義は大きいと考えます。それは自治体の意思だからです。自治体として責任を持って、公民連携を進めていく意思表示となります。また、条例により持続性も担保されます。これからは条例化も一つの選択肢でしょう。

3　注目されつつあるオープンイノベーション

やや視点は異なりますが、近年、自治体が注目する概念に「オープンイノベーション」（Open Innovation）があります。公民連携に類似した取り組みです。最初に、いくつか事例を紹介します。

横浜市は２０１７年4月に「オープンイノベーション推進本部」を設置しています。同本部のホームページには「ＩｏＴ、ＡＩなど先端技術の進展により社会の多様化が進むなか、社会的課題の解決や新しい価値の創造に向け、これまで以上にデータ活用や公民連携の取組を効果的に行う場が必要です」と明記されています。同本部を中心に横浜市はオープンイノベーションを強く推進しています。

長岡市（新潟県）は「イノベーション推進本部基本方針」があり、「ＮａＧａＯＫａオープ

※4　２０２０年4月に、筆者は神奈川県と県内市町村を対象に公民連携の調査を実施しています。結果は、神奈川県及び県内33市町村全てにおいて公民連携の取り組みは見られました。一方で行政計画として公民連携を規定しているのは9自治体（26％）のみでした。例えば、横浜市の「共創推進の指針」や、川崎市の「民間活用（川崎版ＰＰＰ）推進方針」、相模原市の「相模原市ＰＰＰ（公民連携）活動指針」などでした。

ンイノベーション（長岡版オープンイノベーション事業）」を実施しています。同事業は、ＩＣＴ等の技術や新しい考え方などを活用し、長岡市が持つ課題を解決するために、民間事業者から解決アイデアを募集し、実証実験に取り組んでいます。過去、「中山間地域に住む高齢者の見守り支援」や「学校生活における外国人児童・生徒への支援」等のオープンイノベーションを実現してきました。

市原市（千葉県）には「オープンイノベーションプロジェクト」があります。同プロジェクトは「行政や企業の枠組みに捉われず、公民連携により地域課題を解決する」ことを趣旨として進めています。さらに、越前市（福井県）は「越前市オープンイノベーション推進ビジョン」を策定しています。同ビジョンは、越前市の将来の産業活性化に向けて「成長領域において新たな産業と新たな事業が生み出されるまち」を実現し、市民に選ばれるまちを目指すことを掲げています。

その他、オープンイノベーションに取り組む自治体は、渋谷区、板橋区、浜松市、豊中市（大阪府）と枚挙に暇がありません。なお、自治体が取り組むオープンイノベーションは、スマートシティやSociety5.0に関連する傾向があります。しかし、筆者はスマートシティやSociety5.0に限定されるものではなく、もっと大きなダイナミズムを内包する概念と捉えています。

4　オープンイノベーションの定義

オープンイノベーションの定義を整理します。また、本書におけるオープンイノベーションの定義を明確にします。

オープンイノベーションは、2003年に経営学者のヘンリー・チェスブロウ（Henry Chesbrough）が提唱しました。チェスブロウは、オープンイノベーションを「組織内部のイノベーションを促進するために、意図的かつ積極的に内部と外部の技術やアイデアなどの資源の流出入を活用し、その結果として組織内で創出したイノベーションを組織外に展開する市場機会を増やすこと」と定義しています（『OPEN INNOVATION―ハーバード流イノベーション戦略のすべて』）。

チェスブロウの定義を基本として、その概念は広がりつつあります。オープンイノベーション協議会は「社会的な共通課題の解決を目的とし、企業、大学・研究機関、行政、市民・ユーザなど多様な主体が多層的に連携・共創し合う循環体制のもと、市民・ユーザが主導するイノベーション（社会変革）のこと」と定義しています（『オープンイノベーション白書』）。

自治体に目を転じると、市川市（千葉県）はオープンイノベーションを「外部のアイデアやノウハウ、データ、知識などを組み合わせて課題を解決すること」と定義しています（「市川市経営方針」）。また、川崎市は「自社技術だけでなく他社が持つ技術やアイデアを組み合わせて、革新的な商品やビジネスモデルを生み出すこと」と捉えています（「かわさき産業振興プラン」）。

このように大まかな内容は同一のようですが、細かい点を見ると、オープンイノベーションは多義的です。多義的になる理由は、オープンイノベーションを推進する主体により異なるからと考えます。民間企業と自治体が進めるオープンイノベーションは、目標（到達点）が異なります（例えば、民間企業は利益拡大があるでしょう。事業の継続性もあるかもしれません。一方で、自治体は住民の福祉の増進が目標だったりします）。目標が違えば、定義にも多少の違いが出てくると思われます。さらに言うと、民間企業も業種や業態等により、オープンイノベーションの捉え方に相違があるかもしれません。

筆者の軸足は行政学や地域創生にあります。その観点からオープンイノベーションを定義すると、「自治体単独で政策づくり等に取り組むのではなく、地域住民や民間企業、大学など多様な主体が持つアイデアやサービス、ノウハウなどを組み合わせ、革新的なビジネスモデルや地域活性化につなげる活動」となります。

現在、国と自治体が進めている地方創生のキーワードに「産学官金労言士」があります。この産学官金労言士もオープンイノベーションの一形態と言えます（※5）。

5 公民連携とオープンイノベーションの展望

現在、第2期地方創生が進んでいます。その地方創生の成否が明らかになりつつあります。成否を分ける要因は多々あります。その中の一つに、公民連携やオープンイノベーションの有無が挙げられると考えます。

自治体には多くの問題が降りかかっています。人口減少の進展、超高齢社会の到来、地域活動の停滞、地域経済の衰退など多々あります。これらの問題を自治体単独で解決することは限界があります。自治体が単独で解決することは「クローズイノベーション」と言えるかもしれ

※5 公民連携とオープンイノベーションの違いを考えます。公民連携は事業の協力・連携、オープンイノベーションは（まずは）アイデアの協力・連携の色を強く感じます。ちなみに、自治体の事業の実施は、対住民には「協働」という言葉が多く使われます。公民連携にしろ、協働にしろ、自治体が事業を実施する際、委託事業の形態を採用する場合は、事業実施に関わる事故等によって生じた損害に対する保障の責任は自治体にあります（国家賠償法1条1項あるいは民法715条）。その意味では、完全に「対等」の関係ではありません。しかし、オープンイノベーションはアイデアの創出に重きが置かれるため、基本的に事故等の損害はおきません。その意味で純粋に「対等」の関係が担保されると考えます。アイデアの創出を共有し、その後の実施は地方自治体主体、民間企業中心となります。公民連携とオープンイノベーションの関係については、今後、より考察を進めます。

ません。「クローズイノベーション」と称しましたが、閉じている状態ではイノベーションは生まれないでしょう。

多様な問題を解決していくための一視点が、自治体外の主体との連携・協力です。その一形態が公民連携やオープンイノベーションです。

複雑系の学問分野には「創発」という専門用語があります。この創発とは、「多様な専門領域や思考を持った人たちが、お互いに影響しあっているうちに、新しい価値が化学反応的に内側から創出されること」を意味します。公民連携やオープンイノベーションは、まさに「創発」が当てはまります。

自治体が多様な主体と連携・協力していくことで、新しい価値観が自治体に移転されます。それが化学反応を起こし、イノベーションが創出されます。イノベーションは自治体を前進させる大きな要因となるでしょう（※6、7）。

※6　ただし、公民連携やオープンイノベーションにも課題があります。例えば、自治体へ民間企業の思考や行動が急激に入り込むことにより、化学反応ではなく副作用が現れるケースがあります。また、民間企業は営利を追求します。すなわち、利益が上がらない場合は、公的市場からの撤退もありま す。いきなり撤退されることは、自治体にとってはリスクになります。この点は契約行為などでしっかりとリスク回避の規定を入れておく必要があるでしょう。また、条例を用意することもリスク回避につながると考えます。

※7　本章は、次の論考を大幅に削除してまとめています。
牧瀬稔（2020）「地方自治体における公民連携の動向と展望」関東学院大学法学会『関東学院法学29（1）』1－31頁

第4章

自治体におけるＳＤＧｓの意義

第2期地方創生の一つの柱に「ＳＤＧｓ」が入ってきました。本章ではＳＤＧｓの意義を考えます。章題は「自治体におけるＳＤＧｓの意義」と「自治体」が入っていますが、自治体だけに限定されず、幅広くＳＤＧｓに触れています（ただし、少し自治体寄りに記しています）。

1　国際的な潮流にあるＳＤＧｓ

第2期地方創生の一つの柱としてＳＤＧｓが加わりました。ＳＤＧｓとは「Sustainable Development Goals」の頭文字をとった略称です。Sustainable Development Goalsは「持続可能な開発目標」と訳されます。

２０００年9月にニューヨークで開かれた国連ミレニアム・サミットにおいて「ミレニアム

開発目標」（Millennium Development Goals：MDGs）が提起されました（※１）。ＳＤＧｓはＭＤＧｓの後継として、２０１５年９月の国連サミットで採択されました。ＳＤＧｓは２０３０年までの国際開発目標です。

話はそれますが、市民は「ＳＤＧｓ」や「持続可能な開発目標」と言われても理解できません。そこで筆者は「す（Ｓ）ごい　で（Ｄ）かい　ゴ（Ｇｓ）ール」と紹介しています（きっと、よく使われていると思います）。ＳＤＧｓの目標1は「貧困をなくそう」です。２０３０年までに、全世界から貧困をなくすことを掲げています。不可能とは言いませんが、すごいでかいゴールです。こういう表現をすると、理解してくれる市民が多くいます。ＳＤＧｓをいかに市民目線で説明するかが問われています。

話を戻します。ＳＤＧｓは17の目標と１６９のターゲットが設定されました。目標1の「貧困をなくそう」から、目標17の「パートナーシップで目標を達成しよう」まであります。これらの目標を達成することで、持続可能な世界を実現し、地球上の「誰一人として取り残さない」（No one will be left behind）ことを目指しています（※２）。

※１　ＭＤＧｓとは、２０００年９月に開催された国連ミレニアム・サミットにおいて採択された指針です。ＭＤＧｓは21世紀の国際社会の目標として、より安全で豊かな世界づくりへの協力を基本としています。国際社会の支援を必要とする課題に対して、２０１５年までに達成するという期限付きの８つの目標と21のターゲットを掲げていました。

ＳＤＧｓは全ての国が対象となっています。世界的な潮流を受けて、日本は「持続可能な開発目標（ＳＤＧｓ）推進本部」を設置しました（２０１６年5月20日閣議決定）。同本部は、本部長を内閣総理大臣とし、副本部長は内閣官房長官と外務大臣です。本部員は他の全ての国務大臣です。同本部を中心に、政府はＳＤＧｓを強く推進しています。政府の動きに呼応し、自治体もＳＤＧｓに取り組みつつあります。

例えば、本村賢太郎・相模原市長は所信表明において（２０１９年6月）、ＳＤＧｓを全ての施策に取り入れ、「日本一のＳＤＧｓ都市を目指す」と言及しています（※3）。明石市（兵庫県）の泉房穂市長は、「『ＳＤＧｓ未来安心都市・明石』を掲げ、ＳＤＧｓの理念を反映した、『いつまでも』『すべての人に』『やさしい』まちを創造してまいります」と述べています（２０１９年度施政方針）。また、泉佐野市（大阪府）の千代松大耕市長も、「本市も総合戦略をはじめとした様々な施策を推進することで、ＳＤＧｓの目標達成の一翼を担ってまいります」と言及しています（２０１９年度施政方針）。その他、多くの首長がＳＤＧｓに注目している現状があります。今後、ＳＤＧｓに取り組む自治体は増加していくと予測されます。

2　新聞に見るＳＤＧｓの経緯

図表13は、主要4紙（朝日、産経、毎日、読売の各紙）におけるＳＤＧｓに関する記事の推移です。２０１４年に初めて登場し、急激に増加してきたことが理解できます。

２０１４年9月12日に毎日新聞が初めて記事として取り上げています。見出しは、「貧困や環境に新たな指針　国連の『持続可能な開発目標』案」です。同記事は「貧困をなくし、人の健康や環境、経済成長を将来にわたって維持していくための国連の新たな目標を巡る国際交渉がこの秋から本格化する。柱となる『持続可能な開発目標』（ＳＤＧｓ）の案には、防災やエネルギー消費のあり方など先進国、途上国共通の課題も多く盛り込まれており、日本でも関心が高まりそうだ」とあります（※4）。

※2　ＳＤＧｓは「誰一人として取り残さない」を理念としています。この理念は国連を主な舞台として国際社会で共通しています。日本は無視することはできないし、日本だけで通用する目標や基準でもありません。日本も国際社会に歩調をあわせ、積極的に推進しています。そのため自治体も、ＳＤＧｓを政策（施策や事業を含む）に関連させていかざるを得ない状況にあります。

※3　日本経済新聞社産業地域研究所による、全国８１５市区（回答は６５８市区）を対象にした「ＳＤＧｓ（持続可能な開発目標）先進度調査」によると、相模原市は全国総合6位（首都圏で1位）となっています。

図表13　主要4紙における1年間のSDGsに関する記事の推移

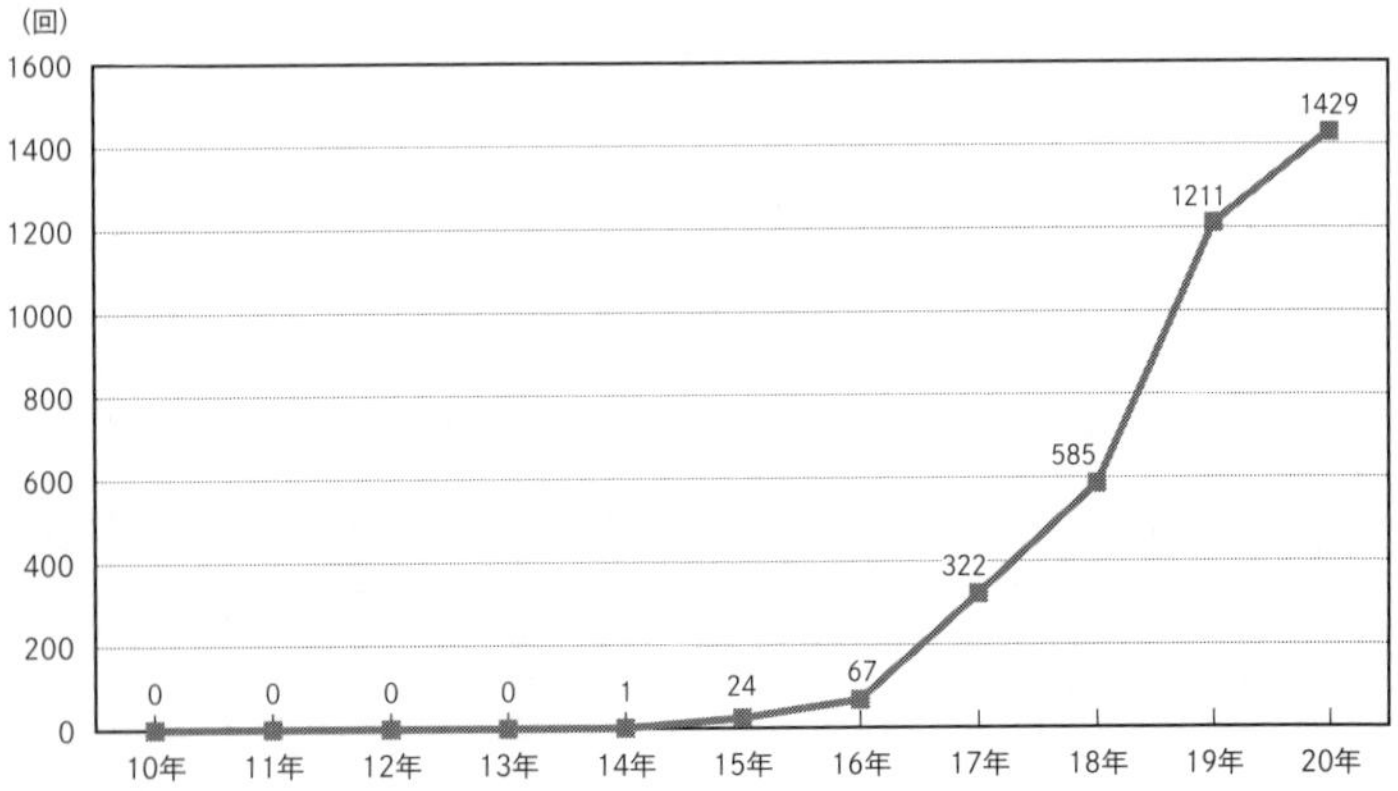

注）主要4紙とは、朝日新聞、産経新聞、毎日新聞、読売新聞である。新聞・雑誌記事横断検索を活用した。完全に全ての記事を把握できているわけではない。傾向をつかむという意味がある。

出典：「新聞・雑誌記事横断検索」を活用して筆者作成

同記事において、毎日新聞は「日本でも関心が高まりそうだ」と言及しています。同紙の予測通り、ＳＤＧｓは大きな関心となってきました。筆者はＳＤＧｓを否定する意図はありませんが、図表13の状況を見ると、昨今の状況はＳＤＧｓがブームとなっていると指摘できます。昨今では何を進めるにしても「ＳＤＧｓ」という4字を付けると許される傾向があるように感じます。現在、ＳＤＧｓは「バブル状態」と言えるかもしれません（※5）。これは、ＳＤＧｓシンドローム（症候群）とも言えます。

自治体はよく言うと「競争意識」が激しいため、他自治体の取り組みが気になります。一方で悪く言うと「横並び意識」があるため、やはり他の自治体の状況が気になって仕方がありません。これは自治体としての意思がないと言っているようなものです。

政府が強力に推進しているという背景もあると思われますが、ＳＤＧｓが急拡大している今だからこそ、冷静に捉える必要はあるでしょう（そうは言っても、筆者は、ＳＤＧｓは自治体においては推進されるべきと考えています）。

※４　毎日新聞２０１４年9月12日付。あくまでも主要４紙だけに限定しているため、その他の新聞では２０１４年以前の記事があるかもしれません。

※５　バブル状態であってもＳＤＧｓの考えが浸透することはよいことと思います。ここまでＳＤＧｓの取り組みが活発化してくると、「善いＳＤＧｓ」と「悪いＳＤＧｓ」が混在してくるでしょう。また「悪いＳＤＧｓ」が「善いＳＤＧｓ」を駆逐してしまう可能性があります（まさに「悪貨は良貨を駆逐する」という状態です）。その結果、ＳＤＧｓ全体の価値を下げることにつながりかねません。悪いＳＤＧｓというのは、例えば、自分（自社）の利益のためだけに「ＳＤＧｓ」という言葉だけを使用する状況です。それはＳＤＧｓの理念が内包されていない「フェイクＳＤＧｓ」あるいは「ＳＤＧｓウォッシュ」の取り組みと言えます。さらに言うと、ＳＤＧｓというバブルがはじけた後も心配です。

3　自治体におけるＳＤＧｓの現況

自治体におけるＳＤＧｓ政策の現状

自治体におけるＳＤＧｓの取り組み状況は、ＳＤＧｓ総研がアンケート調査を実施しています（※6）。

アンケート調査の結果によると、ＳＤＧｓに「すでに取り組んでいる」（実施中）が１６７自治体となっています（34％）。具体的な活動としては、ＳＤＧｓモデル事業の選定、ＳＤＧｓ未来都市の選定、基本計画や総合計画に入れた、職員研修を実施したなどです。そして「取り組む準備中」（検討中）と回答したのは２１１自治体でした（44％）。

一方で、78自治体（16％）は「目新しさがなく、既に取り組み済み」といった理由から、取り組まないと回答しています。そして27自治体（６％）は「知らない」と答えています。図表14は、ＳＤＧｓ総研が調査した地域別にみたＳＤＧｓの認知・取り組み状況です。

同アンケート調査の結果では、ＳＤＧｓに取り組む上での課題として、住民や職員らの「認知が高まっていない」との回答が多くあります（※7）。そこでセミナーなど、ＳＤＧｓに関する情報に触れる機会を求めることが必要と述べています。

自治体の事業レベルにみるＳＤＧｓ

多くの地方自治体がＳＤＧｓを浸透させようと、様々な取り組みを実施しています。吉川市（埼玉県）は、ＳＤＧｓをテーマにしたスタンプラリーを行いました。ＳＤＧｓの17目標のうち「飢餓をゼロに」「つくる責任つかう責任」など7項目で、全8カ所のチェックポイントを設置しました。全8カ所のスタンプを集めた先着50チームには、吉川市イメージキャラクター「なまりん」のエコバッグをプレゼントしています。同事業は住民を対象にした認知度の拡大を狙っています。

長野県は、ＳＤＧｓの考え方をビジネスに取り入れて販路開拓を目指す県内中小企業への補

※6　ＳＤＧｓ総研とは学校法人先端教育機構の付属研究機関です。詳細は次のＵＲＬを参照してください（２０１９年12月15日アクセス）。
https://www.sentankyo.ac.jp/news/2019/11/01/2105/

※7　朝日新聞社は、ＳＤＧｓの認知度に関してアンケート調査を実施しています。東京都、神奈川県に住む３０００人を対象に調査を実施し、「ＳＤＧｓという言葉を聞いたことがあるか」という質問に「ある」と答えた人は27％となっています（２０１９年調査）。
一方で日経リサーチも同様の調査を行っています。２０１９年6月に日経リサーチは、20歳以上の男女１０００人を対象に「ＳＤＧｓに関する調査」を実施しました。ＳＤＧｓについて知っているかを聞いたところ、認知度は37％でした。回答者をビジネスパーソンに絞ると44％に上昇し、株式投資者のみでは50％に達します。

図表14　地域別にみたSDGsの認知・取り組み状況

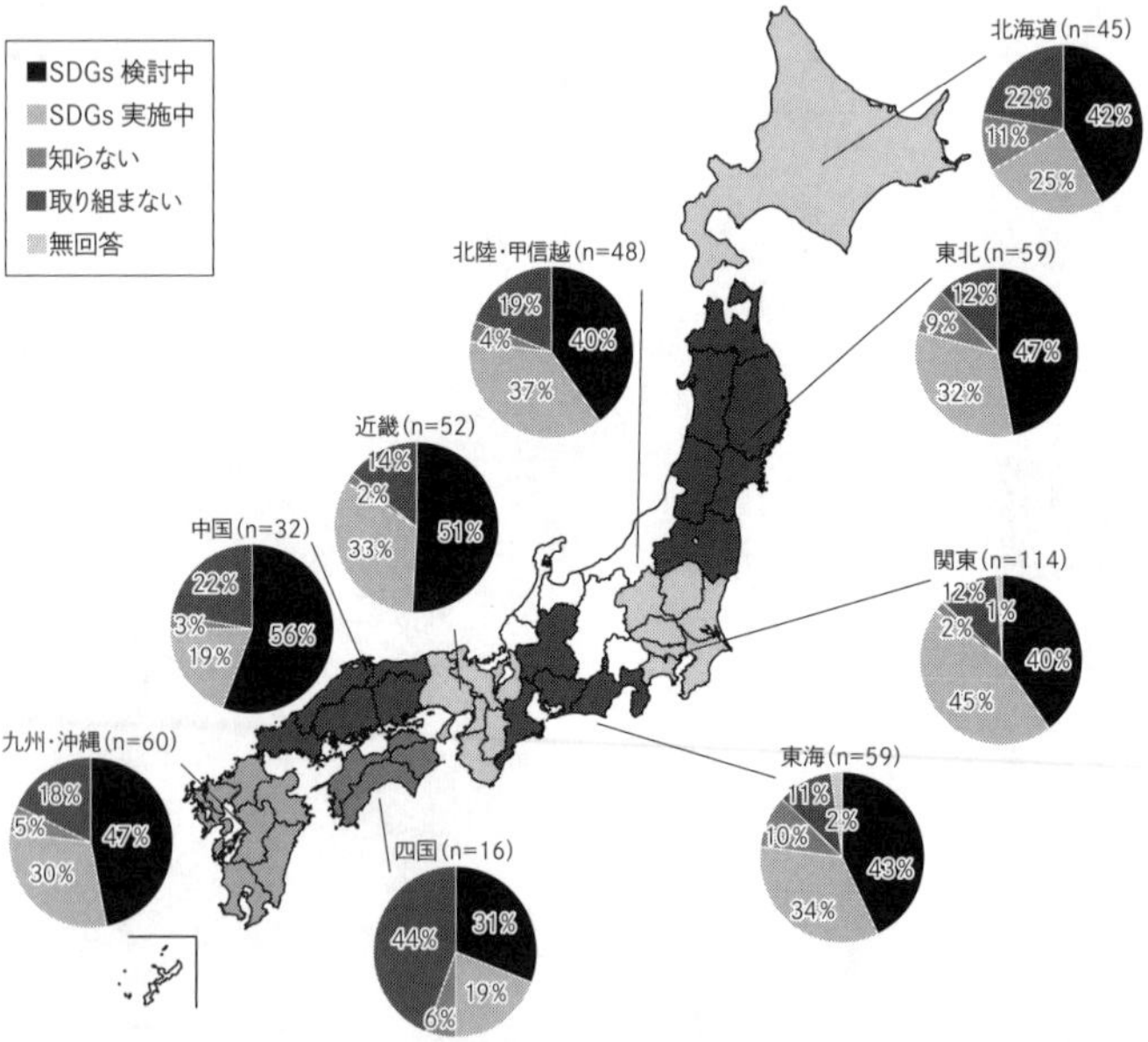

出典：SDGs総研「自治体SDGs首長アンケート（2019年）」

助制度があります（ＳＤＧｓ活用販路開拓モデル創出事業）。中小企業がＳＤＧｓの理念を踏襲しつつ販路開拓を実施した場合に、必要とした経費のうち専門家に相談する際の謝金、旅費や試作品の製作に掛かる原材料費などが対象です。

大阪府は、ＳＤＧｓの達成を目指すビジネスを展開している府内の企業を支援しています。具体的には、ＳＤＧｓをビジネスとする企業と投資家、大学とのマッチング業務を行っています。さらには、ＳＤＧｓビジネスの事例紹介などもあります。ビジネスを通じたＳＤＧｓの目標達成に貢献することを意図しています。長野県や大阪府は、事業者を対象としたＳＤＧｓの浸透を目指した取り組みです。

愛媛県は県職員へのＳＤＧｓの認知度を高めようと、ＳＤＧｓを学ぶカードゲームを県庁で実施しました。同ゲームには副知事や各部長などが参加しています。ＳＤＧｓの17の目標達成を目指して、２０３０年までの道のりを体験するゲームです。職員を対象に、ＳＤＧｓの理解を深めようとしています。

自治体は各主体に対応し、様々な観点から事業レベルでＳＤＧｓを浸透させようとしています。

図表15　「SDGs日本モデル」宣言

「SDGs日本モデル」宣言

私たち自治体は、人口減少・超高齢化など社会的課題の解決と持続可能な地域づくりに向けて、企業・団体、学校・研究機関、住民などとの官民連携を進め、日本の「SDGsモデル」を世界に発信します。

1. SDGsを共通目標に、自治体間の連携を進めるとともに、地域における官民連携によるパートナーシップを主導し、地域に活力と豊かさを創出します。
2. SDGsの達成に向けて、社会的投資の拡大や革新的技術の導入など、民間ビジネスの力を積極的に活用し、地域が直面する課題解決に取り組みます。
3. 誰もが笑顔あふれる社会に向けて、次世代との対話やジェンダー平等の実現などによって、住民が主役となるSDGsの推進を目指します。

出典：神奈川県ホームページ
（https://www.pref.kanagawa.jp/docs/bs5/sdgs/sdgsforum2019yokohama.html）

自治体の政策レベルにみるSDGs

自治体が事業レベルでSDGsを推進しつつ、同時に政策レベルから展開する動きも加速化しています。政府はSDGsを進める自治体を「SDGs未来都市」に選定しています（※8）。SDGs未来都市とは、内閣府がSDGsの達成に取り組んでいる都市を選定する制度です。SDGs未来都市に指定された自治体は、SDGsに関する行政計画を策定し、より積極的に進めています。

SDGs未来都市は、政府の強い後押しがあり、進められています。一方で、自治体が独自に展開する動きも活発化しつつあります。その一つが方針の策定です（名称は「方針」に限らず、指針や戦略など様々あります）。

川崎市は、「川崎市持続可能な開発目標（SDGs）推進方針」を策定しました。同方針によると、川崎市が進めるＳＤＧｓの基本目標は「安心のふるさとづくり」と「力強い産業都市づくり」の2点に力点を置いています。同方針は「目標達成に向けて市民、企業、団体が主体的に行動するために、市が率先しなければならない」と明記しています。そのためには、市職員へＳＤＧｓに関する研修を実施した後、同市の様々な事業にＳＤＧｓの理念を反映させていくとしています。さらには対外的に、ＳＤＧｓの情報発信や普及啓発に取り組むと明記していますｓ（※9）。

ＳＤＧｓに関連する指針等を策定しているのは、「富田林版ＳＤＧｓ取組方針」「静岡市ＳＤＧｓ実施指針」「品川区ＳＤＧｓ実施指針」など枚挙に暇がありません。

また、自治体同士が連携して「『ＳＤＧｓ日本モデル』宣言」を実施するという動きもあります。２０１９年1月30日に神奈川県が主催し、「ＳＤＧｓ全国フォーラム２０１９」が開催されました（共催は横浜市と鎌倉市）。同フォーラムにおいて、93自治体の賛同のもと「ＳＤＧｓ日本モデル」宣言が発表されました（図表15）。

図表15の「『ＳＤＧｓ日本モデル』宣言」は、自治体が人口減少や超高齢化などの社会的課

※8　政府は２０１８年から２０２０年までの間に、ＳＤＧｓ未来都市として最大30自治体を選定してきました。

※9　川崎市は、２０１９年2月に「川崎市持続可能な開発目標（ＳＤＧｓ）推進方針」を策定しました。その後、２０１９年9月に、政府の「ＳＤＧｓ未来都市」に選定されています。

題の解決と、持続可能な地域づくりに向けて、政府や企業、団体、学校・研究機関、住民などと連携して、地方からＳＤＧｓを推進し、地方創生を目指すという狙いがあります（※10）。

4　ＳＤＧｓの捉え方

自治体の全ての事業がＳＤＧｓ

内閣府は、自治体職員を対象にＳＤＧｓの取り組み状況を調査しています。その結果、自治体職員におけるＳＤＧｓの認知度は66％でした。また、勤務する自治体が関連施策を進めていると答えたのは30％にとどまっています（※11）。

自治体職員は、自らが実施している事業がＳＤＧｓに貢献する事業だと気付いていないケースも多くみられています。ポイントは「自らが実施している事業がＳＤＧｓであるのに、そのことに気が付いていない」ことだと思われます。

筆者は、自治体の事務は全てＳＤＧｓと考えています。例えば、宇治市（京都府）は「宇治市子どもの貧困対策推進計画」があります。これは目標の「1　貧困をなくそう」に該当します。また「宇治市子ども・子育て支援事業計画」は「3　すべての人に健康と福祉を」になるでしょう。「宇治市教育振興基本計画」は「4　質の高い教育をみんなに」になるし、「宇治市産業戦略」は「8　働きがいも経済成長も」に当てはまります。そして「宇治市地方版総合戦略」は「11　住み続けられるまちづくりを」と言えます。宇治市に限らず、全ての自治体はSDGsの17の目標に関係する事業に取り組んでいます。

近年「SDGs」という4文字が登場してきたため、自治体の多くは「何か新しく取り組もう」という思考が見られます。ところが、すでに実施している事業がSDGsそのものと考えます。まずは、そのことを認識することが大事でしょう。

自治体職員が「自らが実施する事業がSDGsと気付く」ために、筆者が推奨している取り組みを紹介します。例えば、職員の名刺に自分が担当している事業に関係するSDGsのアイ

※10　詳細は次のURLを参照してください（2019年12月15日アクセス）。
https://www.pref.kanagawa.jp/docs/bs5/sdgs/sdgsforum2019yokohama.html

※11　官庁速報配信記事「SDGs、認知度は66％＝制度創設へ自治体職員調査―内閣府」（2019年12月10日）に、SDGsに関連する具体的な事業としては、「コンパクトシティ」「エコ住宅への補助」「子ども食堂」などが挙がっています。
2017年に内閣府は「SDGsに関する全国アンケート調査　地方創生に向けたSDGsを活かしたまちづくり」を行っています（対象は合計1797自治体。回答数684自治体、回答率38・1％）。同調査の結果は、SDGsの認知度は約46％（314団体）であり、SDGsの関心度は約36％（244団体）となっています。SDGsの取組状況は約35％（242団体）が取組を推進・検討しているという結果でした。

コンをプリントするとよいでしょう。名刺にプリントするアイコンは17の目標のうち2〜3くらいがよいと思います。そうすることで、職員は「自らの担当事業がSDGsに関係している」と強く認識するでしょう。

また、市役所（町役場や村役場）に行くと、課や係の表札があります。この表札に、担当する事業に関するアイコンを入れておくことも一案です。まずは自治体職員に対し「自分の仕事がSDGsに貢献している」ということを意識させることが大事と考えます。そうすることにより、職員のSDGsの認知度が高まってきますし、自らの仕事（事業）により誇りを持てるようになるでしょう。

公民連携の土台として活用

自治体は「SDGsは新しい概念だから」と身構えるのではなく、「すでに実施してきたこと」と認識する必要があるでしょう。そうすることで、職員にSDGsマインドが浸透していくことになります（すでに職員はSDGsマインドを持っているため「気づかせる」と言った方が正しいでしょう）。

筆者は「SDGsは公民連携を進める上でとても有効」と考えています。その理由を述べます。公「民」連携の中でも、特に民間企業は利潤最大化が前提で経営活動をしています（短期的には利潤を考えなくても、それが中長期的に続くと倒産してしまいます）。利潤最大化という考えは、時に民間企業を暴走させることにつながります。

また民間企業は、参入した公的市場から突然撤退したりもします。すなわち、民間企業が公民連携を名目に公的部門に参入することは、自治体にとっては多くのリスクがあります。

公的部門で活動する民間企業の暴走や急激な撤退により、公的部門弱体化や消失の可能性もあります。そのような背景を自治体は少なからず感じているため、公民連携が爆発的に進まないのだと思います。

ところが、民間企業がＳＤＧｓを意識することにより、公的部門での暴走を抑え、急激な撤退を防ぐ一要素となります。すなわち、ＳＤＧｓは民間企業の活動に箍《たが》を嵌《は》めるという役割を果たします。また、地方自治体にとっては民間企業の暴走等を予防するセーフティネットの意味を持ちます。その結果、公的部門の中で、自治体と民間企業が共存していくことが可能となります。その意味で、筆者はＳＤＧｓを自治体よりも、民間企業に対して活用することに価値を見出しています。

自治体は民間企業に対してＳＤＧｓを浸透させることにより、民間企業に公的マインドを醸成することが可能となります。そうすることにより、ますます公民連携は軌道に乗っていくと考えます。

5　自治体におけるＳＤＧｓの可能性

ＳＤＧｓが掲げる17の目標は、自治体の政策と親和性が高いと考えます。そこで自治体は積極的に推進していくとよいでしょう（※12）。それは地方創生の推進力を強く高めます。

最後に、やや遠回しになりますが、自治体の法的根拠を確認しておきます。回答は地方自治法にあります。

地方自治法第1条には、「この法律は、地方自治の本旨に基いて、地方公共団体の区分並びに地方公共団体の組織及び運営に関する事項の大綱を定め、併せて国と地方公共団体との間の基本的関係を確立することにより、地方公共団体における民主的にして能率的な行政の確保を図るとともに、地方公共団体の健全な発達を保障することを目的とする」と記されています。同条文の中には、重要なキーワードがいくつかあります。しかし、第1条は「この法律は」が主語になっていることから、地方自治法の趣旨を明記した内容となっています。

第1条の次に明記されている地方自治法第1条の2を読み進めます。そこには「地方公共団体は、住民の福祉の増進を図ることを基本として、地域における行政を自主的かつ総合的に実施する役割を広く担うものとする」と明記されています。同条文に「住民の福祉の増進を図ることを基本」とあり、地方自治体の目指す方向を示しています。

筆者の私見ですが、「住民の福祉の増進を図る」は、ＳＤＧｓが掲げる「誰一人として取り残さない」と同じ含意があると考えています。その意味で、自治体がＳＤＧｓに取り組むことは、自治体自らの価値や意義に気が付くことになります。その観点で考えると、ＳＤＧｓは自治体に光を当てる取り組みです。自治体は積極的にＳＤＧｓに取り組むとよいでしょう（※13）。

※12　Ｍ社は６５４人、Ｏ社は９５０人、Ｄ社は６０００人、Ｊ社は６５００人という数字があります。この数字が何だかわかりますか。回答は「２０２０年3月末日までにリストラする社員数」です。いずれの4社もＳＤＧｓに力を入れています。ＳＤＧｓの理念は「誰一人として取り残さない」です。ところが4社はＳＤＧｓを掲げているのに社員を取り残しています。民間企業の存続のためには、ＳＤＧｓどころではないということでしょうか（背に腹はかえられないということでしょうか）。　飛躍した視点かもしれませんが、民間企業のＳＤＧｓは持続性がない気がします。やはり自治体がしっかりとＳＤＧｓに取り組むべきと思います。

※13　本章は、次の論考を大幅に削除してまとめています。
牧瀬稔（２０２０）「地方自治体におけるＳＤＧｓの現状と展望」学校法人先端教育機構『社会情報研究第1号』23－36頁

第5章

「人口減少を前提とした地方創生」への提言

本章は、現時点では筆者の妄想でもあります。現在の人口の維持や増加、あるいは人口の減少速度を低減する地方創生ではなく、「人口減少を前提とした地方創生」への提言となります。全ての地方自治体に、国は人口の維持・増加を求めるのではなく、「人口減少を前提とした地方創生」という選択肢も与えるべきと考えます。

自治体の未来像は、もっと多くの形があってよいはずです。本来、地方創生の時代は、自治体には「地方（地域）自決権」が保障されるべきと考えます。地方自決権とは、「地方（地域）のことは地方（地域）が決める」という原則です。すなわち、団体自治を強く意識しなくてはいけません。そして団体自治の前提として、住民自治が存在しています。

本章では、これからの地方創生の展望を考えます。

1　地方創生疲れ

日本の将来人口推計は、2060年には約8674万人となります（第1章の図表4）。国が進めている地方創生は、2060年の人口を「約1億人の確保」と政策目標を定めています。すなわち、将来人口推計よりも目標人口は約1400万人を上積みしています。現時点において、国は「2060年に約8674万人でやっていく」とは言っていません。あくまでも「約1億人の確保」です。

2060年に約1億人の確保のため、国は様々な政策を展開してきました。その一つが、2025年に「希望出生率＝1・8」の実現です。地方創生が始まってから、合計特殊出生率は低下しています。1984年の合計特殊出生率が1・81であり、それ以降は1・8を超えていません。1984年は男女雇用機会均等法が施行される前の時代です。当時は「夫が外で働き、妻が家庭で子育てと家事を担う」といった性別役割分担の時代でした。現在は夫婦共に働く時代です。そのような中で、1・8を達成するのは至難の業です。

地方創生が掲げる1・8という自然増が実現できないため、多くの自治体は社会増を目指してきました。その結果、住民の獲得を意図した都市間競争が展開されてきました。人口が減少する中での社会増を志向することは、マイナス・サム状態です。マイナス・サムの意味は「合計してもマイナスになる」です。この状態では、一部の勝者と多くの敗者が生まれることを意味します。

現在の地方創生は、人口の維持や増加を目指して、自治体同士が仁義なき戦いを繰り広げているのです。確かに、競争することにより、新しい行政サービスが登場する効果が見られるものの、全体的には自治体同士が刺し合っている状況とも言えます。その結果、多くの自治体が「地方創生疲れ」を招いています。

筆者は、地方創生の目標である「2060年に約1億人の確保」に無理があると考えます。人口維持を目指した地方創生から、人口が減少しても活力を創出する地方創生への変容が必要と思います。

2 現実的には人口維持は不可能

筆者は地方都市の中でも、離島や半島などの条件不利地にも入り込み、地域創生に取り組んだ経験があります。そういう地域で人口を維持するのは、現実的には不可能です。

条件不利地で、どうしても人口を維持するには、他自治体が実施しないことをしなくてはいけません（すなわち「ニッチ」、隙間を狙うという発想です）。例えば、外国人の移入促進や刑務所の誘致等になります。外国人にしても刑務所にしても、これらの政策に取り組むには覚悟が求められます（しかも、持続的に取り組むのは体力のいることです）。

現在、全国的に浸透している人口の維持や増加を目指そうとしている風潮は、筆者は「あまりよくない」と考えています。きっと少なくない自治体は賛同してくれるでしょう。

第1章で言及しましたが、地方創生は「人口の維持・増加を目指すこと」に主眼が置かれています。地方創生の趣旨や意図は理解しつつも、筆者は「人口を維持し増やすことだけが絶対ではない」と考えます。つまり、「人口が減っていく中で、どのような地域創生（地域運営）をしていくか」という観点もあります。

議論を二極化するのはよくないと思いますが、敢えて提起します。地方創生には、大きく二つの前提（考え）があります。それは、「拡大都市」と「縮小都市」です。拡大都市とは、人口減少時代においても、自治体は積極的によい行政サービスを提供することで、今まで通りに人口の拡大を目指すことです。あるいは、周りの自治体が人口を減少させる中で、人口の維持を達成しようとする場合も拡大都市と捉えることができるでしょう。

一方で、縮小都市は人口減少の事実を受け入れ、人口が減少しても元気な自治体を目指していく思考です。ただし、人口減少が進む中で元気な地域創生を展開している好事例は、現時点ではほとんど見当たりません。そのために、人口減少に伴う「負」の側面ばかりに注目が集まってしまいます。負とは税収の低下がよく指摘されます。また、地域経済が停滞することも言われます。その結果として、行政サービスの持続的縮小や職員数の逓減等も余儀なくされるかもしれません。

簡単に拡大都市と縮小都市の考え方を紹介した後で、もう一つ確認しておくことがあります。それは、「国が進めている地方創生はどちらを目指しているのか」です。繰り返しになりますが、地方創生の政策目標は「2060年に約1億人の確保」です。ところが将来人口推計では、2060年には約8600万人まで減少することが予測されています。

約8600万人まで減少する人口を約1億人までかさ上げすることが、地方創生の政策目標です（予測よりも1400万人の増加を目指しています）。すなわち、国は拡大都市を目指しているいると言えます。自治体が地方創生を進める時、少なくとも表面上は、拡大都市を目指すスタンスをとらないと、国等からの補助金や交付金等の金銭的なメリットを享受することができません。

近年、拡大都市に対して批判的な意見が出始めています。特に地方圏に位置する多くの自治体は、人口維持さえも難しい状態です。筆者は、日本全国全ての自治体が拡大都市を目指していくことは難しいと実感しています（都市圏に位置する自治体は、頑張れば人口の維持は達成できそうです）。

ちなみに、筆者が自治体職員や議員等を対象に、人口減少や地方創生をテーマにセミナー講師をする時は、必ず最初に「国の地方創生は人口維持（増加）が前提になっています。そのため今日は、人口維持（増加）を進めるための視点を紹介します」と発言しています。

ところが、セミナー終了後のアンケート結果を見ると「人口増加は間違っている。けしからん！」という趣旨の意見をいただくことが増えてきました。最初にしっかりと「拡大都市が前提です」と伝えているのに「なかなか真意が伝わらないなぁ」と実感します。アンケート結果から考えると、世間（という表現が正しいかわかりませんが）には、縮小都市の考えが少しずつ浸透しているようです。

地方圏に位置する多くの自治体にとっては、人口の維持は難しいでしょう。しかし現在の国のルール（地方創生）が拡大都市となっています。そこで地方創生が続く限りは、表面的には拡大都市を目指しつつ、実質的には縮小都市の準備を始めていくことがよいかもしれません。

3　コンパクトシティは縮小都市を志向

読者は「コンパクトシティ」という言葉を聞いたことがあると思います。近年、地方圏の自治体の一つの政策志向に、「コンパクトシティ」があります。国土交通省がとりまとめた国土整備計画『国土のグランドデザイン２０５０～対流促進型国土の形成～』（２０１４年）にコンパクトシティの言及があります。

同計画では「人口減少・高齢化が進む中、特に地方都市においては、地域の活力を維持するとともに、医療・福祉・商業等の生活機能を確保し、高齢者が安心して暮らせるよう、地域公共交通と連携して、コンパクトなまちづくりを進めることが重要です」と記しています。

自治体は国に先駆けてコンパクトシティに取り組んできました。先進事例は青森市や富山市などがあげられます。また近年では、夕張市（北海道）が注目を集めています。夕張市は地域再生計画の中でコンパクトシティを位置付け、同市の構造を小型化することに意図を置いています。

さらに、コンパクトシティを行政計画に位置付ける事例も登場してきました。美唄市（北海道）の「美唄市コンパクトシティ構想」や、大村市（長崎県）の「大村市コンパクトシティ構想」などがあります。コンパクトシティは地方圏の自治体を中心に少しずつ浸透しつつあります。

コンパクトシティに決まった定義はありません。OECDの報告書『コンパクトシティ政策世界5都市のケーススタディと国別比較』では、①高密度で近接した開発形態、②公共交通機関でつながった市街地、③地域のサービスや職場までの移動の容易さ、という特徴を有した都市構造をコンパクトシティと定義しています。

先に記した国土整備計画では「都市機能や居住機能を都市の中心部等に誘導し、再整備を図るとともに、これと連携した公共交通ネットワークの再構築を図る」と明記されています。

青森市はホームページに、「住まい、職場、学校、病院、遊び場などさまざまな『機能』を、都市の中心部にコンパクトに集めることで、自動車に頼らず、歩いて生活することのできるまちのことです」と記しています。一般的にコンパクトとは「小型で中身が充実していること」という意味があります。

多くの定義を参考にして、筆者はコンパクトシティを「空間的に小さいながらも都市機能が充実している地域」と捉えています。コンパクトシティは、縮小する時代の中で自治体が生き残る一つの手段と考えられます。

現在の地方創生は拡大都市を前提としています。一方で、今紹介したようにコンパクトシティの動きもあります。コンパクトシティは縮小都市を基調としています。相反した政策が同時に動いている状態です。きっと、国も悩んでいる状態だと思います。

4　新しい概念「関係人口」の登場

地方創生の第2ラウンドで注目を集めているのが、「関係人口」です。関係人口とは「移住した『定住人口』でもなく、観光に来た『交流人口』でもない、地域や地域の人々と多様に関わる者」と定義されます。

参考までに言及すると、関係人口の前には、国土交通省が「協働人口」という概念を提起していました。その意味は「地方自治体や地域の様々な主体と一緒に地域づくりをする人口」です。昔から自治体の現場では「応援人口」という概念もありました。応援人口とは「その地域や自治体を応援したい人口」です。協働人口や応援人口は、関係人口に類似した考えです。

西条市（愛媛県）は、国の「『関係人口』創出事業」のモデルに選定され、多くの事業を実施してきました。一例として、SNSを活用した「LOVE SAIJOファンクラブ」の実施があります。同ファンクラブを基本として、西条市と関係人口のネットワーク構築を実現してきました。その一成果として、同市に移住者が増加しつつあります。

山梨県は関係人口の類似概念として、「リンケージ人口」を提起しています。リンケージ人口とは「山梨県への経済貢献、愛着・帰属意識の高い人」を意味しています。具体的には、別荘客ら二地域居住者、山梨県出身の帰郷者、日本人観光客を想定しています。

山梨県はリンケージ人口が6万4700人と発表しました（2018年6月5日の知事記者会見）。この数字は、県内への滞在日数や消費額から、定住人口何人分に相当するかを算出したものです。後藤斎・山梨県知事（当時）は、「少なくとも2020年の時にリンケージ人口を6万人にしようという目標を2年半前に立てています。今回は、暫定値ですが6・5万人で、その目標値はクリアしたと思っていますが、もっと観光を中心とした交流人口やクラインガルテン（※1）を含めた市民農園や二地域居住が拡大するように、あらゆる施策を積極的にやっていかなければならないと改めて感じています」と記者会見で述べています。

山梨県は2060年までにリンケージ人口を25万人ほど確保し、定住人口の約75万人と合わせて100万人の達成を目標としています。

西条市や山梨県に限らず、関係人口に注目する自治体は多くあります。一見すると関係人口はいいことばかりのようです。しかし、よく観察すると、関係人口には「良い関係人口」と「悪い関係人口」が存在すると考えています。良い関係人口は地域の発展に寄与し、プラスの価値を与えています。悪い関係人口とは、地域住民をかき乱す存在です（地域住民との摩擦など）。あるいは、地域に外部経済をもたらす人口です（ゴミ散乱や交通渋滞など）。

今日、多くの自治体が関係人口を増やそうと取り組んでいます。しかし、関係人口をよく観察し、良い関係人口との良好なつながりを形成することが求められます。ただし、悪い関係人口を露骨に排除することは、地域の魅力の低下につながる可能性があるため注意が必要でしょう。

第2期の地方創生で国が推している関係人口は、ややもすると人口の維持（や増加）を諦め

※1　クラインガルテンとは、ドイツ語で「小さな庭」を意味します。日本では「宿泊滞在型農業体験施設」と称されることがあります。近年、クラインガルテンは全国に急拡大しています。クラインガルテンを通じて「お試し」として居住してもらい、その後、定住につなげようとしているケースが多くあります。

た感じがします。国は「定住人口の増加は難しいから、そうだ関係人口でいこう！」と短絡的に考えたわけではないと思います。しかし、関係人口の存在は、「人口減少を前提とした地方創生」という選択肢の提示につながるかもしれません。

5　活動人口という概念の提起

筆者は、良い関係人口を「活動人口」と称しています。活動人口とは「地域に対する誇りや自負心を持ち、地域づくりに活動する者」と定義しています。

活動人口を創出することにより、人口が減っても元気な地域づくりを実現することができるかもしれません。長野県は活動人口を「社会活動に参画する人口」と規定しています。この活動人口を創出していくことが、地方創生を成功の軌道に乗せる一つのキーワードになると、筆者は考えています。

簡単なシミュレーションをしてみます。図表16を見てください。現在と未来がありまして、定住人口が100人から80人に減ってきます。一方で、活動人口が20人から30人に増えれば、地域における活動人口率が上昇します。これは、人口が減っても元気で、価値ある地域になることを意味します。このような地域は魅力が増しますから、地域外から新しい人口を呼び込む

図表16　活動人口の利点

【現在】

定住人口		100人
内訳	活動人口	20人
	非活動人口	80人

活動人口率：20％

人口減少 →

【未来】

定住人口		80人
内訳	活動人口	30人
	非活動人口	50人

活動人口率：38％

活動人口が増えれば、人口が減少しても、地域は魅力あり、輝いている。

出典：筆者作成

ことになるでしょう。これからは「活動人口」にも注目していく必要があるでしょう。

国の言う関係人口を活動人口に変えていくには、意識（心）に働きかけることが大切です。その時に重要なキーワードになるのが「シビックプライド」（Civic Pride）です。「都市・地域に対する市民の誇り」という概念で使われます（詳しくは第Ⅱ部第2章を確認してください）。

関係人口の定義を確認すると、地域に「関わる者」とあります。確かに「関わる者」ですが、個人の意識が変わらなければ、積極的に、かつ主体的に「関わる者」にはなりません。そこで、シビックプライドを醸成することにより、ただ単に「関わる者」から、積極的に地域づくりに「参画する者」（＝活動人口）に変わっていくでしょう。

繰り返しますが、シビックプライドは、個人の意識（心）に働きかける取り組みです。意識（心）が変わらなければ、積極的に関わる者（活動人口）になりません。

そこで、これからの地方創生は、この活動人口をいかに創り出すかがポイントだと思います。活動人口の存在で、人口減少に伴う「負」を乗り越えていけます。確かに人口が減ったかもしれませんが、地域の価値は向上しているはずです。現在、筆者は西条市や美郷町（島根県）などと一緒に活動人口の創出に取り組んでいます。早く社会実装して、提示したいと考えています（※2）。

※2　社会実装とは「研究の結果、得られた知見を社会問題解決のために応用・展開すること」という意味です。机上の学問ではなく、実際に現場で活用できることを志向した学問となります。

第Ⅱ部

地域創生のキーワード

第II部は、地域創生を進める上で、基本的なキーワードを記しています。第II部は月刊『事業構想』で連載した一部を記しています（「議会質問のヒント、地方創生のトピックス」というテーマで31回連載しました）。月刊『事業構想』での連載は、地方議員が議会質問に活用することを意図して進めていました。第II部においては、連載を踏襲しつつ、地方議員以外にも役立つように、加筆・削除等の修正を行っています。

3つのカテゴリーに分けています。第1に地方創生のキーワード、第2に地域イノベーションのキーワード、第3に未来創生のキーワード、です。

第II部を読むにあたり、注意してほしいことがあります。各キーワードは「全国47都道府県議会議事録横断検索」（http://chiholog.net/yonalog）を活用しています。同サイトは、確認する時期により、格納される都道府県議会の議事録が異なります。例えば、数カ月前は神奈川県議会の議事録が格納されていたのに、今はなくなっていることがあります（そして明日には復活していることがあります）。サイトに問題があるのではなく、都道府県議会の議事録が定期的に更新されるため、そのような状況となってしまいます。

各回、キーワードの質疑応答の推移を確認していますが、検索する時期により、数字が異なります。ただし、傾向は変わらないと考えますので、「このような傾向で議会での質疑応答が変化してきた」という感じで見ていただければと思います。

第1章 地方創生のキーワード

1 定住促進って何だろう?

議会質問における「定住促進」の経緯

地方創生は「定住促進」が中心です。まずは「全国47都道府県議会議事録横断検索」を活用して「定住促進」をキーワードに、議会において取り上げられた動向を確認します。図表1は都道府県議会における定住促進に関する質問等の推移です。図表1から理解できるように、右肩上がりで増加してきました。

特に2012年から2015年は急激に拡大しています(議会で多く取り上げられていま す)。その理由は経済が拡大期にあたり、それにともない人口移動が活発化しつつあったこと

図表１　都道府県議会における「定住促進」の質問等の推移

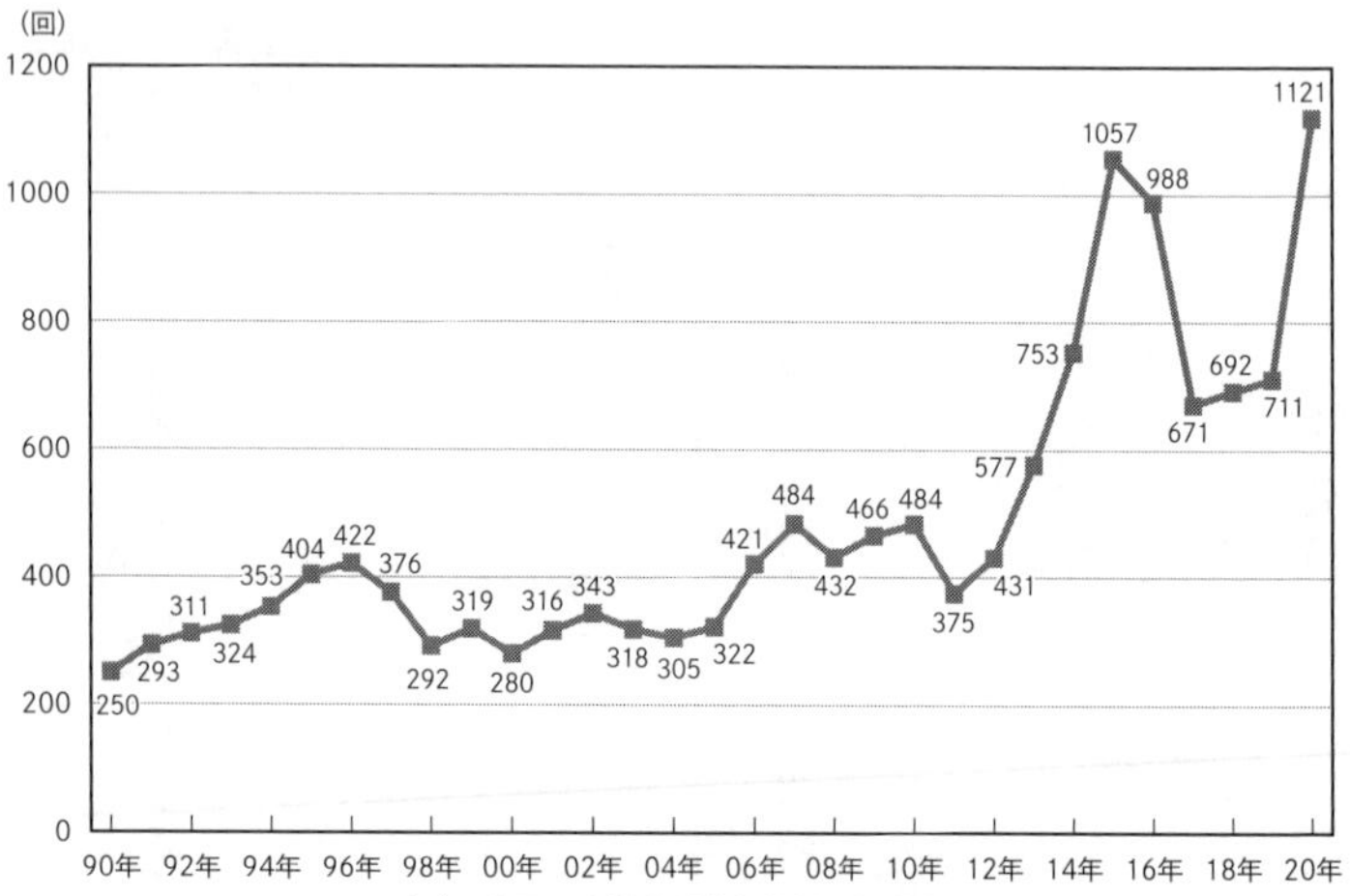

出典：全国47都道府県議会議事録横断検索（http://chiholog.net/yonalog）

が一要因と考えられます（統計を確認すると、特に都市圏への人口集中の傾向が強くなっており、地方圏は危機感を持ち、定住促進に取り組んだと推察します）。

２０１４年には「まち・ひと・しごと創生法」が制定されています。同法に基づき地方創生がスタートしました。この地方創生の動きも呼応していると考えられます。

しかしながら、２０１６年と２０１７年は低下傾向にあります。筆者は、この理由はわかりません。以前、某県の地方議員は「現実的には、人口減少の中で定住促進は難しい」と述べていました。ここから推測できることは、「地方創生疲れ」や「定住人口獲得競争疲れ」があるように感じます。

ところが近年、定住促進（移住促進）の質問等が拡大しています。その理由は、新型コ

ロナウイルス感染症の影響があるのでしょう。なお、議会で定住促進が質問されたのは197
0年代前半から見られます。
議会質問の実例は、次の通りです。

〈議会質問の実例〉

・人口減少問題の克服や東京一極集中の是正が全国的に大きな課題となる中、近年、地方に暮らすことへの関心が高まっています。（中略）今後、移住・定住の促進にどのように取り組まれるのか、御所見をお伺いします（岡山県議会2017年11月定例会、12月5日）。

・移住者と本県の関係を見ると、親族が本県出身であるなど、何らかのつながりのある割合は8割ほどにも達しており、Aターンの一つとして幅広く移住を捉える視点も大切と考えます。（中略）幅広く県内への転入者をふやしていく姿勢が必要と思います。知事はどのような方針と対策で本県への移住・定住を促進していくおつもりか、御所見を伺います（秋田県議会2017年第2回定例会、9月5日）。

図表2　社会増のための住民の2類型

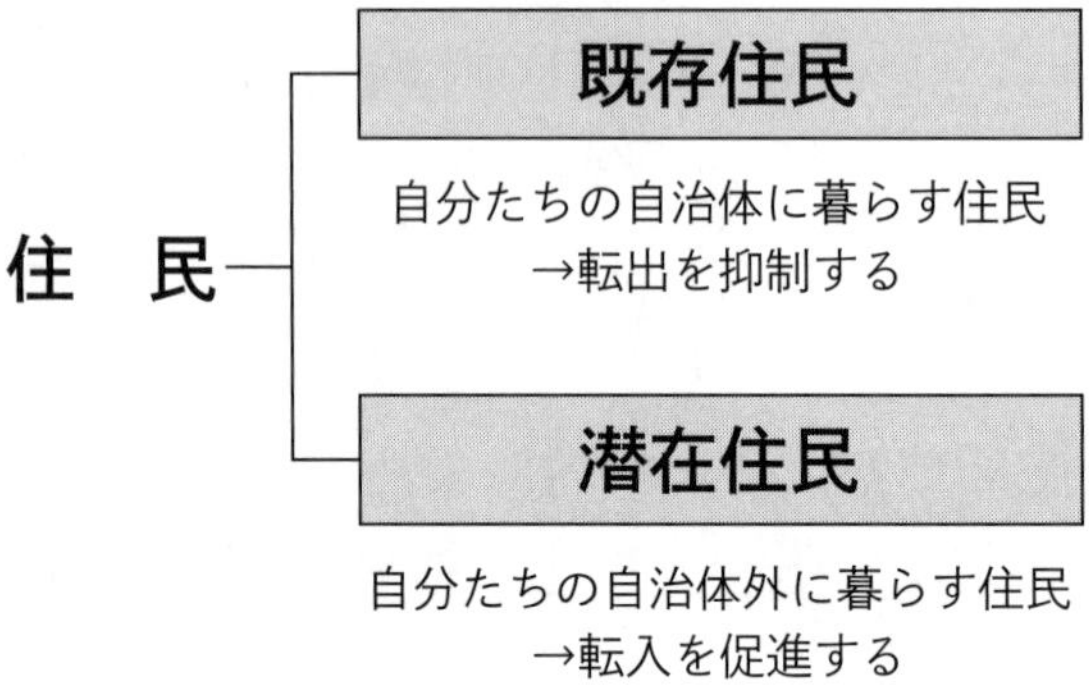

出典：筆者作成

「定住促進」のポイント

定住促進は社会増を意味します。社会増とは、一定期間において、転入者が転出者を上回った状態です（転入者数＞転出者数）。一方で、転入者数より転出者数が多い場合を、社会減と言います（転入者数＜転出者数）。

社会増を達成する視点は単純化できます。それは図表2に集約されます。図表2は住民（人口）を2類型しています。それは「既存住民」と「潜在住民」です。既存住民とは「自分たちの自治体に暮らす住民」です。潜在住民とは「自分たちの自治体外に暮らす住民」です。

社会増（定住促進）を達成するためには、①既存住民の転出を抑制する（引っ越しにより出て行かせない）、②潜在住民の転入を促進する（引っ越しにより来てもらう）、という2手法しかありません。

既存住民の転出を抑えるための一手段は「住宅を購入させる」ことです。住宅を買う場合、一括払いで購入する人は少なく、多くは数十年の住宅ローンを組みます。一度、住宅ローンを組むと、容易に引っ越しすることができません。そのため少なくない自治体が、住宅の購入に際して補助金を支給したり、地域金融機関と連携して住宅ローンの金利を下げたりする取り組みを実施しています。

シビックプライドの醸成を図ることも、住民の定住意向を強くさせる可能性があります。

「定住促進」の限界

地方圏の中山間地域や離島・半島などの条件不利地においては、「定住促進は現実的にはできない」という考えが浸透しつつあります。

また、自分の自治体に他自治体からの転入者を促進することは、他自治体にとっては転出者の増加となります。この状況はゼロ・サム（zero-sum）を意味します。ゼロ・サムとは「複数の主体（プレイヤー）が相互に影響しあう状況の中で、全主体の利得の総和が常にゼロになること」です。

簡単に言うと、勝ち組と負け組が同数であり、全体としてはプラスとマイナスがゼロの状態です。定住促進の勝ち自治体が出る一方で、負け自治体も登場する状態です。ただし日本が移民政策を採用すれば、これらの問題は解消されます（これは現実的ではないと思います）。実際はゼロ・サムではありません。なぜならば、現在の日本は人口が減少しているからです。総和（全体）が縮小しつつあるのが日本の現状です。今、まさに定住促進はターニングポイントに差し掛かっていると言えるでしょう。

2　地方移住って何だろう？

筆者のところに、「地方移住」に関する相談が多くなっています。マスコミからの取材も増えています。その背景には「地方移住の機運が高まっている」という、各種のアンケート調査結果も影響しているようです。当然、国の地方創生の動きもあります。ここでは「地方移住」を対象に議会の動向を確認します。

議会質問等における「地方移住」の動向

図表3は「全国47都道府県議会議事録横断検索」を活用した、「地方移住」に関する議会質問等の推移です。図表3を確認すると、2015年から急激に拡大しています。まさに「地方

図表3　都道府県議会における「地方移住」の質問等の推移

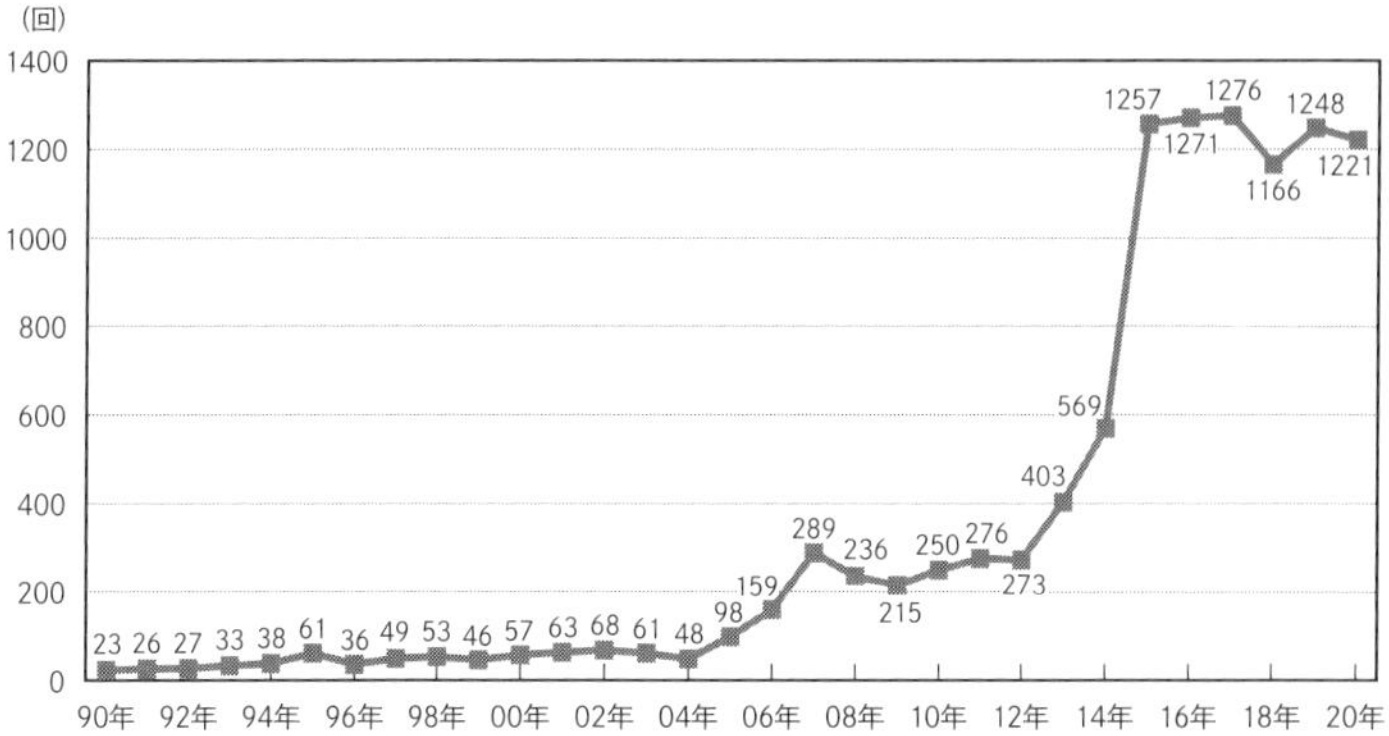

出典：全国47都道府県議会議事録横断検索（http://chiholog.net/yonalog）

移住バブル」の発生です。バブルの理由は地方創生が始まったからです。

移住に関して読者はどんな印象を持つでしょうか。近年は都市圏から地方圏への移住が多く語られます。しかし、過去には海外に関する移住の議会質問等が多くありました。特に1990年代に見られ、日本から行く移住と日本に来る移住がありました。

また、地方圏から都市圏への移住に伴う様々な問題が議会で取り上げられています。例えば、墓地の不足問題や旧住民と新住民の軋轢による地域コミュニティに関する内容です。ところが、地方創生の開始とともに、都市圏（特に東京圏）の住民をいかに地方圏へ移住させるかという質問等が多くなっています。

次に、移住に関する議会質問等を例示します。

〈議会質問の実例〉

・全国では移住ブームが起こっております。（中略）そのような中、人口減少対策に力を入れる本県としての移住・UIJターンの促進の取り組みについて、総合政策部長にお伺いいたします（宮崎県議会令和元年9月定例会、2019年9月19日）。

・移住希望者が移住先を決める理由は幾つもあると思いますが、その一つが移住者に対する支援制度です。現在、県内の各自治体では住宅の新築や購入に補助金を出すなど、移住者に対するさまざまな支援制度を設けていますが、移住希望者が移住地を選ぶ際、どのような支援制度に関心を示す傾向があるのか、お聞かせください（石川県議会平成29年12月第4回定例会、2017年12月12日）。

国は地方創生に関連して、都市圏（特に東京圏）から地方圏への地方移住を後押しするための補助金など、多くのメニューを用意しています。

また「都市圏の住民は地方移住の意向がある」というアンケート調査結果も、地方移住に取り組む契機となっています。内閣府は「新型コロナウイルス感染症の影響下における生活意識・行動の変化に関する調査」を発表しました（2020年6月21日発表）。同調査によると、新型コロナウイルス感染症の影響で「地方移住への関心が高まった」は15・0％となっています（「関心が高くなった」（3・8％）＋「やや高くなった」（11・2％）の合計）。

ディップ株式会社は「2020年度移住動向調査」を発表しました（2020年8月25日発表）。同調査によると、非正規労働者の6割が地方移住に興味を持っていることがわかりました。

国の動向やアンケート調査結果を根拠として、議会でも地方移住に関する質問が増加し、多くが「地方移住を進めるべき」と主張しています。地方圏の自治体にとって、地方移住は地方創生の起爆剤になるのでしょうか。

地方移住の課題

筆者は、多くの自治体にとって起爆剤になるとは考えていません。むしろ、地方移住の分野においても自治体間競争が始まっており、慎重に捉えなくてはいけないと考えています。

きっと地方移住も一部の勝者と多くの敗者が登場するでしょう（一部の勝者にとっては起爆剤になったと言えます）。地方創生とともに、シティプロモーションやインバウンドなど、新しい概念が登場しています。過去を振り返ると、一部の成功事例と多くの失敗事例が残っています。

地方移住には多くの課題があります。第1に、多くの自治体が地方移住に取り組んでおり、レッドオーシャン（競争が激しい分野）となっています。その中で勝ち残っていくためにはよほどの戦略が求められます。しかし、今日の多くの地方移住を確認すると、国の補助金等の獲得を意図した画一的な取り組みです。一定の要件を満たさないと補助金が得られません。そのため補助金を得るということは、他自治体と同じような取り組みとなってしまいます。画一的な地方移住は、ライバルの中で埋没し負けていくでしょう。

第2に、地方にある障害をどう乗り越えるのかという論点もあります。2014年に内閣府が「農山漁村に関する世論調査」を実施しています。同調査には、地方移住の障害が挙げられています。それは、買い物・娯楽施設がない（44・3％）、地域内交通が貧弱（44・0％）、医療機関が少ない（37・0％）、子どもの教育施設が弱い（25・9％）などで、多くの障害があります。これらを改善しないと「選ばれる地方」にはなりません。

その他に、地方移住には多くの課題があります。一つ一つの課題を克服し戦略的に進めなくては、地方移住に踊らされただけの徒労感が残るでしょう。

3 関係人口って何だろう？

議会質問における「関係人口」の経緯

近年、注目を集める概念に「関係人口」があります。例えば、富田能成・横瀬町長（埼玉県）は、2018年度の施政方針の中で「現時点では、まず一歩一歩、『ヒト・モノ・カネ・情報』の流入を促すことによる、交流人口、関係人口の増加と町の活性化の取り組みを継続していきたいと思います」と述べています。

福岡洋一・茨木市長（大阪府）も関係人口に期待しています。2018年度の施政方針で「昨今、まちづくりにおいて『関係人口』なる概念がクローズアップされてきておりますが、これは一過性の観光などの『交流』からより進んで、自らが関わりを持ち活動することで、まちと『関係』していくことを指し、それがいずれ『移住・定住』へとステップアップしていくとの論であります。本市においても、学生や若者の『関係人口』を創出するべく、『関わりしろ』を設けてまいります」と言及しています。その他にも、関係人口に着目する首長は多くいます。

関係人口の定義を確認します。総務省の「これからの移住・交流施策のあり方に関する検討

図表４　都道府県議会における「関係人口」の質問等の推移

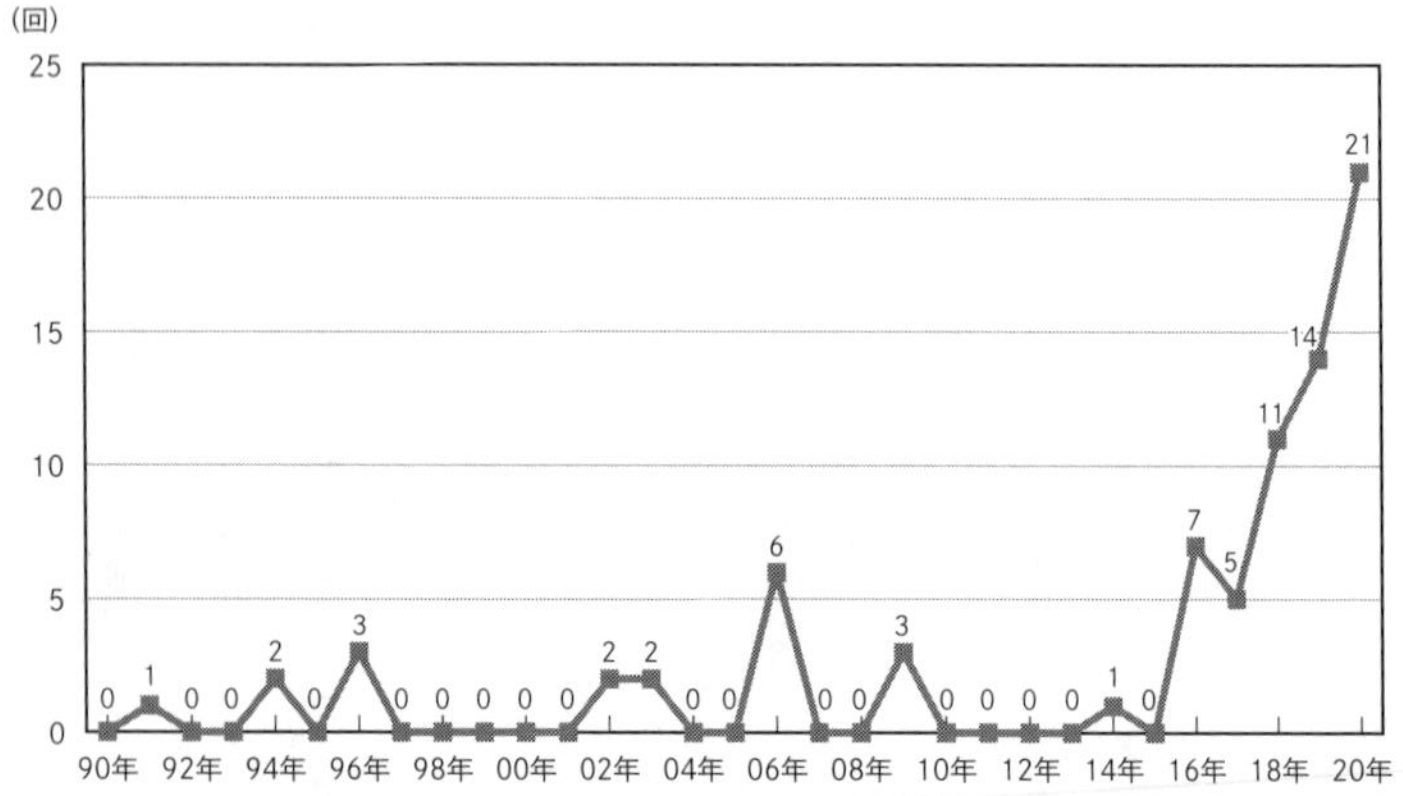

出典：全国47都道府県議会議事録横断検索（http://chiholog.net/yonalog）

会」によると、関係人口とは「移住した『定住人口』でもなく、観光に来た『交流人口』でもない、地域や地域の人々と多様に関わる者」と定義しています。そして関係人口に注目する理由として「地方圏は、人口減少・高齢化により地域づくりの担い手不足という課題に直面しているところ、地域によっては若者を中心に、変化を生み出す人材が地域に入り始めており、『関係人口』と呼ばれる地域外の人材が地域づくりの担い手となることが期待できる」と指摘しています。

議会において「関係人口」が取り上げられた動向を確認します。図表４は、都道府県議会における関係人口に関する質問等の推移です。読者は「関係人口は新しい概念なのに、１９９０年代から使用されている」と思うかもしれません。１９９０年代の関係人口は今回定義している意味で使われているわけではありません。例えば「全体として農業関係人口が大きく減少しないように……」、あるいは「今年度、部が新設された今こそ、観光にスポーツや文化の関係産業や関係人口を……」という文脈で関係人口が登場しています。今回の定義で使用されているのは、２０１７年からと考えられます。

関係人口は新しい概念であるため、都道府県において議会質問の実例は多くありません。そこで市町村まで対象を広げ、議会質問の実例を紹介します。

〈議会質問の実例〉

・観光による交流人口と定住人口の間に関係人口という新しい概念を設定し、一定期間滞在するアーティストやクリエーターの人たちとの関係をしっかりとつくっていく。（中略）そうした上で西部地区を芸術の村に整備する、そのことによってまた本市の人口減少対策にもつながるのではないかと考えておりますが、このことについてお伺いいたします（函館市議会２０１７年2月定例会、3月14日）。

・これからは交流人口ではなく、関係人口という呼び方ができるように、さらに関係を深めることができるようにしていきたいものであります。（中略）今回の芸術祭に来ていただいた皆様や、釣りにみえる方、山登りに来る方、ふるさと納税をしていただける方など、大町に何かの縁を感じて集まってきていただける皆様の、その層を厚くしていくことこそが定住促進も含めてこれからの課題と思うが、意見をお伺いしたいと思います（大町市議会2017年9月定例会、9月6日）。

関係人口のトピックス

一般社団法人地方行財政調査会は、２０１７年12月1日現在の市区の関係人口に関するアンケート調査を実施しています（全８１４市区を対象に実施し、６６４市区から回答を得ています。回答率は81・6％）。同調査によると、関係人口に関する取り組みを「実施している」と回答したのは１８９団体でした。そして「実施に向け検討している」と回答したのは40団体となっています。３９２団体は「実施も検討もしていない」と回答しています。

また関係人口について、総合計画や地方版総合戦略、人口ビジョン等の行政計画に位置付けているかという質問に対しては、「記載している」（類似概念を含む）と回答したのは60団体でした。一方で５８８団体は「記載していない」と回答しています。

今日、急激に関係人口に注目する自治体が増えているような気がします。関係人口そのものは否定しませんが、注意すべきこともあります。過去の国の動向を観察すると、新しい概念を提起し、予算を獲得する歴史があります。そして、その予算（補助金等）を得るために自治体が躍起になって取り組むということを繰り返してきました。

実は、自治体において関係人口を創出しようとする取り組みは以前から行われています。もちろん、その時は「関係人口」とは言われていません。今回の関係人口を新しいものと捉えるのではなく、過去の取り組みに価値を置き、再発見していく必要が求められるでしょう。

4 人口還流って何だろう？

議会質問における「人口還流」の経緯

シティプロモーションに関連して「人口還流」という言葉も浸透しつつあります。例えば寝屋川市（大阪府）の「寝屋川市シティプロモーション戦略基本方針」では「人口還流の視点から、将来、自身の居住地に寝屋川市を選択する人を増やすために、学生を対象とした『フューチャープロモーション』を展開することとします」と記しています。

シティプロモーションの政策目標として人口還流を掲げるのは、那珂市、土浦市（いずれも茨城県）、防府市（山口県）など多くあります。

人口還流の定義を確認します。一般には人口移動の現象を指します。還流とは「再びもとへ

図表5　都道府県議会における「人口還流」の質問等の推移

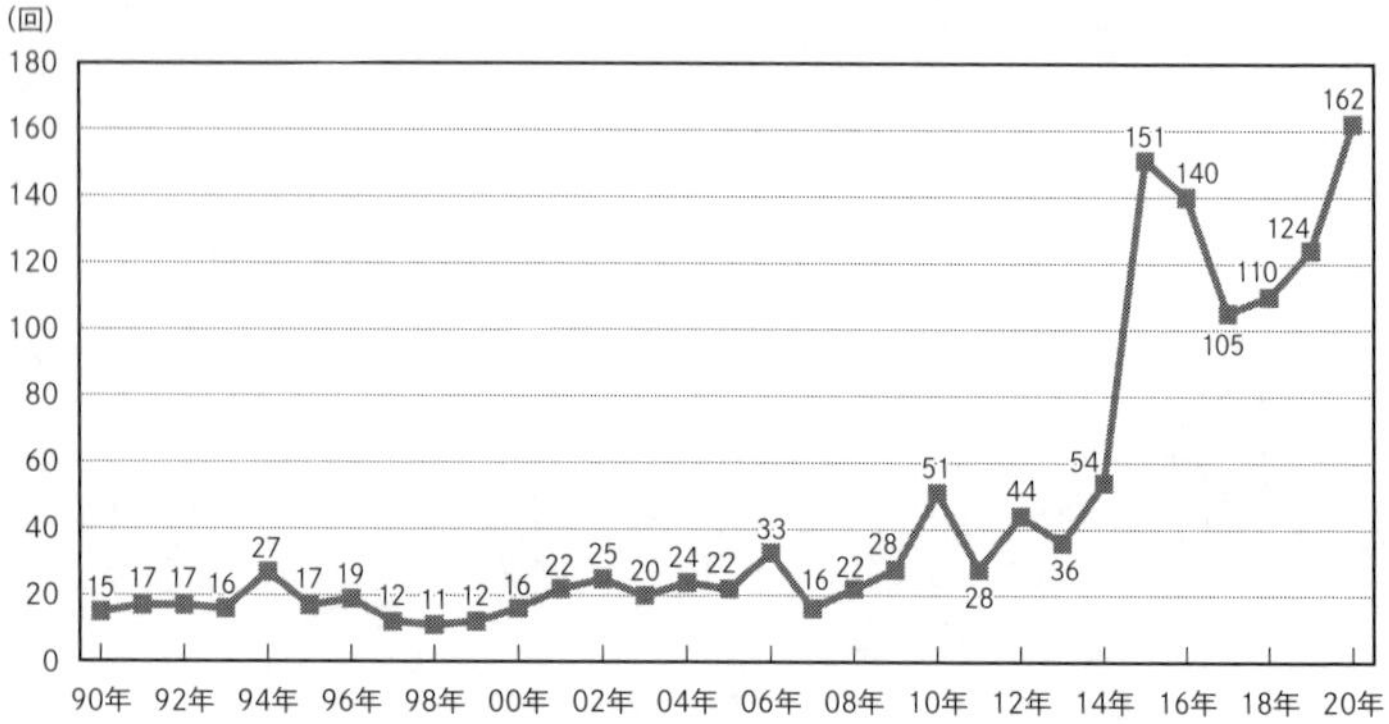

出典：全国47都道府県議会議事録横断検索（http://chiholog.net/yonalog）

流れもどる」という意味があります。そこから転じて、狭義にはＵターンやＪターンと捉えられています。Ｕターンとは地方圏から都市圏へ移住した者が再び地方の生まれ故郷に戻る現象を言います。Ｊターンとは地方圏から都市圏へ移住した者が、生まれ故郷の近くの地域（自治体）に戻り、定住する現象を指します。広義ではＩターンも人口還流となります。Ｉターンとは都市圏で生まれ育ち都市で働いていた者が、その後地方圏に移動する現象です。

議会において「人口還流」が取り上げられた動向を確認します。図表５は都道府県議会における人口還流に関する質問などの推移です。全体的には、右肩上がりで拡大している様子が理解できます。

議会質問の実例は、次の通りです。

〈議会質問の実例〉

・「若者の定着・還流」について申し上げます。（中略）首都圏のU・Iターン推進について、現在13大学と締結している学生就職支援協定をさらに多くの大学と締結するとともに、本県及び県内企業の魅力が一言で伝わるようにPRすべきであります（福島県議会2017年9月定例会、10月4日）。

・本格的な人口減少社会を迎える本県にとって、県内への定着、還流、移住の推進は喫緊の課題であり、特に若い世代の人口定住対策は極めて重要であります。（中略）大学進学と就職時における学卒者の県外への流出が特に問題であると言えます。（中略）そこでお伺いをいたします。若者の県内への就職、定着を進め、地域や時代のニーズに対応した人材を育成するため、今後の県立大学のあり方について、県はどのように考えられるのか、御所見をお伺いいたします（山口県議会2017年6月定例会、6月29日）。

「人口還流」の意義

人口減少時代の中で、人口の維持あるいは減少速度を緩やかにするためには、自然増と社会増しかありません。しかしながら、自然増で人口を維持するのは難しい現状があります。

人口置換水準という概念があります。この意味は「人口が増加も減少もしない均衡した状態となる合計特殊出生率の水準」です。簡単に言うと、今の人口が変わらないための合計特殊出生率です。日本の人口置換水準は2・07です。ところが、実際の合計特殊出生率は1・36です（2020年）。この数字から理解できるように、自然増により人口の維持等を進めていくことは難しく、その結果、多くの自治体は社会増を中心とした政策に舵を切ることになります。

筆者は、地方圏の自治体が社会増を目指すにあたり「人口還流」は有効と考えています。特にUターンやJターンは、しっかりやれば比較的効果が出やすい傾向があります。多くの人は、幼少期や青年期等の若い時期に、自らが生活した地域にアイデンティティを感じています。そして、いつかはその地域に戻りたいと考える傾向が少なからずあります。人口還流は、地方圏の自治体にこそ、大きな可能性があります。ここに人口還流の一つの意義があります。

国際社会保障・人口問題研究所の「第8回人口移動調査」の結果を確認します。同調査によると、県外に出た人のうち、Uターンする人の割合が高い県は、沖縄県が70・9％、富山県が55・3％、静岡県が54・7％となっています。さらに、その県で生まれてUターンした人の割合が高い県は、宮崎県が30・0％、沖縄県が29・3％、鹿児島県が28・8％という数字です。

総合的にみて、沖縄県がUターンの傾向が強くなっています。この背景として、沖縄県の愛郷心の強さがよく指摘されます。沖縄県はUターン率が高いこともあり、人口増が続いています（もちろんUターンだけで人口増を達成しているわけではありません）。

人口還流に注目する自治体

今日、「人口還流」に注目する自治体が増えつつあります。「長野市まち・ひと・しごと創生総合戦略」では、人口還流を一つの柱にしています。

同戦略には「若い世代の地元志向を高め地域への定着と東京圏からの還流を促すには、『ふるさと』への愛着を高めることが必要です。そこで、児童・生徒をはじめ若い世代に多様なライフスタイルを実現できる本市の魅力を伝え、学びと仕事の環境を整えることで地元への定着を促すとともに、市外で様々な経験やスキルを積んだ若者が、未来に夢を抱いて地元に戻り、暮らしを営む『ふるさと』を創ります」と明記されています。ここで記されている考えはシビックプライドに近いものです。

秋田県は「Aターン」という政策を展開しています。Aターンとは、秋田県へのUターン・Iターン・Jターンの総称です。秋田出身の者や、それ以外の者も含めて、秋田県に来てほしいとの願いを込めて、「オールターン（ALL Turn）」のAと「秋田（Akita）」のAとをかけた言葉です。

自治体は全く関係のない人を集めることに注力するのではなく、UターンやJターンという人口還流にもっと着目してもよいでしょう（なおIターンを否定しているのではありません）。ところで「Oターン」という言葉もあります。これは一度UIJターン（人口還流）をした者が、地域での刺激のなさや保守性などに嫌気がさして、再び都市圏に戻ってしまう現象です。Oターンには注意しなくてはいけないでしょう。

5　インバウンドって何だろう？

定住人口の増加による地域活性化は難しい現実があります（ただし絶対に不可能というわけではありません）。そこで交流人口に着目し、地域を活性化しようとする自治体が増えつつあります。交流人口の一視点として「インバウンド」があります。

インバウンドとは、英語の「inbound」からきています。inboundとは「本国行きの、帰航の、市内に向かう」という意味があります。そこから転じて、旅行関連では「訪日外国人旅行」を指しています。対義語は、日本からの海外旅行を指す「アウトバウンド」（outbound）となります。今回は「インバウンド」に関して、議会でのやりとりを紹介します。

議会質問等における「インバウンド」の動向

議会において「インバウンド」が取り上げられた動向を確認します。図表6は都道府県議会におけるインバウンドの質問等の回数の推移です。注目を集めたインバウンドですが、1989年に初めて質問が行われています。その後、右肩上がりで拡大してきました。ただし、周知のとおり、最近は新型コロナウイルス感染症の影響により、「インバウンド熱」は冷めています。

次に、簡単にインバウンドに関する議会質問等を紹介します。

〈議会質問の実例〉

・本年韓国の海外旅行自由化の中で九州各県での誘客の動きが活発化しているときに、県としては、いわゆるインバウンド政策、すなわち、海外からの観光客に対しての誘客のためのパブリシティーやその受け入れ態勢にいかなる対応が予定されているのか、伺います(熊本県議会平成元年2月定例会、1989年3月11日)。

・特に2025年の大阪万博の開催の決定は関西を経由した海外誘客の観点からも大きなトピックスだと思います。今後、大阪万博を念頭に置いたインバウンド対策を行っていくべきと考えますが、所見をお聞きします。（中略）本県でも東京オリンピック・パラリンピックや大阪万博を見据えて海外誘客用に石川県の観光ブランドロゴ・キャッチフレーズを用意する必要があると思いますが、いかがでしょうか（石川県議会平成30年12月第5回定例会、2018年12月13日）。

図表6を確認すると、2010年に急拡大しています。その明確な理由は、筆者はわからないのですが、いくつか推測できます。

第1に、2007年1月に施行された観光立国推進基本法を土台に、都道府県が相次いで観光に関する条例を制定したからです。2007年から2010年の間に、15県が観光に関する条例を制定しています。

第2に、2008年から定住人口が継続的に減少し始めたことにより（2008年は人口減少元年と称されます）、交流人口に注視する自治体が増えてきたことも考えられます。地方圏の自治体を中心に、2000年代半ばから定住から交流への潮流が起きています。

第3に、オリンピックの招致も影響しているかもしれません。2006年から開始された「2016年東京オリンピック構想」が2009年に佳境を迎えていたことも影響していそうです。しかし2016年のオリンピックの招致は落選しています。引き続きオリンピックの招

図表６　都道府県議会における「インバウンド」の質問等の推移

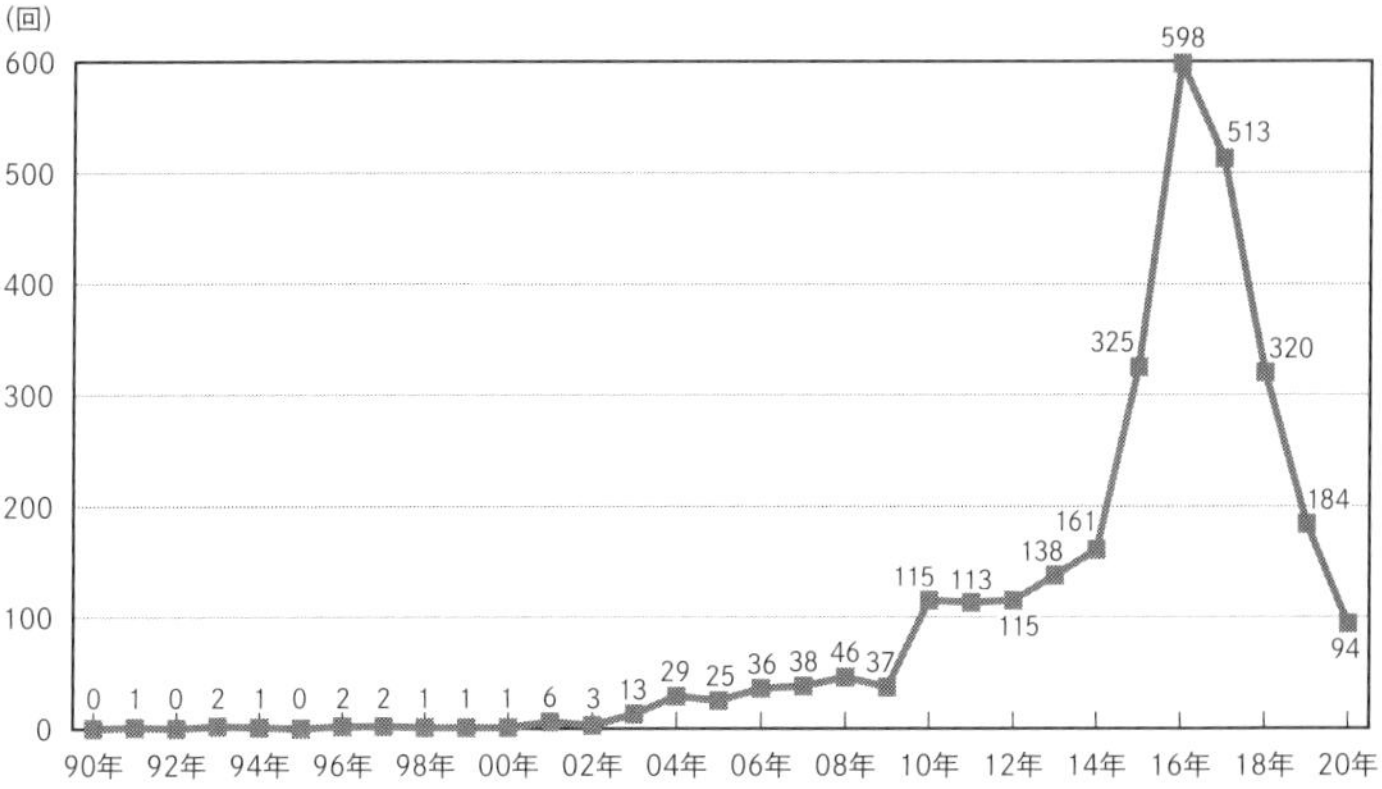

出典：全国47都道府県議会議事録横断検索（http://chiholog.net/yonalog）

致は進んでおり、落選後は２０２０年におけるオリンピックを目指し、実現しました（ただし、開催は1年延期となりました）。

根拠なきインバウンドブームに注意

筆者は、地方圏の中でも条件不利地を抱えている自治体に行く機会が多くあります。その地域でもインバウンドに向けた取り組みを実施しています。そのような地域に多くの外国人が観光客として訪れるとは（あまり）考えられません。私見になりますが、とにかく現地に行くまで大変で、宿泊施設もありません。しかし、当地はインバウンドに取り組んでいます。

図表6を確認すると、新型コロナウイルス感染症の影響が表面化する以前から、議会でのインバウンドについての質問等が逓減しつつあります。

これは行き過ぎたインバウンドの揺り戻しと捉えることもできます。

インバウンドに限らず、政策の全てに当てはまりますが、行き過ぎた傾向には注意する必要があるでしょう。ちなみに、現在（2021年）は、都市圏から地方圏への移住ブームです。地方圏のどの自治体も移住促進に取り組んでいます。歴史は繰り返すと言いますから、どこかの時点で移住促進バブルは弾け、多くの自治体は徒労感のみ残る……ということにならないことを願います。

第2章

地域イノベーションのキーワード

1　シティプロモーションって何だろう？

議会質問における「シティプロモーション」の経緯

図表7は「全国47都道府県議会議事録横断検索」を活用した「シティプロモーション」に関する議会質問の推移です。議会からの質問と執行機関の答弁が含まれています。

1990年代から趨勢《すうせい》的に拡大してきており、2016年にピークを迎えています。2017年以降は低下しつつあります。低下してきている理由は、①シティプロモーションが当たり前になったから、②シティプロモーションの成果が現れないから、などが考えられます。読者はどう思うでしょうか。

次は、議会におけるシティプロモーションの実例です。

〈議会質問の実例〉

・これらの事業においては、東京の伝統的な文化や、現代の東京が持つ先進的かつ近代的な文化を観光的資源としても国内外に発信しつつ、多摩や島しょ、全国各地と連携したプロモーションを展開すべきと考えますが、知事の見解を伺います（東京都議会平成30年第1回定例会）。

・三浦半島地域連携DMOは、半島全体の観光プロモーションやマーケティング戦略の推進など、地域が一体となった観光地経営への取組の司令塔としていくとのことでありました。まず、この半島全体の観光プロモーションに関する進捗状況について伺います（神奈川県議会平成29年総務政策常任委員会）。

シティプロモーションは、いつからはじまったのでしょうか。朝日新聞、産経新聞、毎日新聞、読売新聞の4紙を確認すると、シティセールスという表現は1980年代後半に福岡市が使用しているようです。1995年9月15日の朝日新聞に「東京事務所では89年に、シティ

図表7　都道府県議会における「シティプロモーション」の質問等の推移

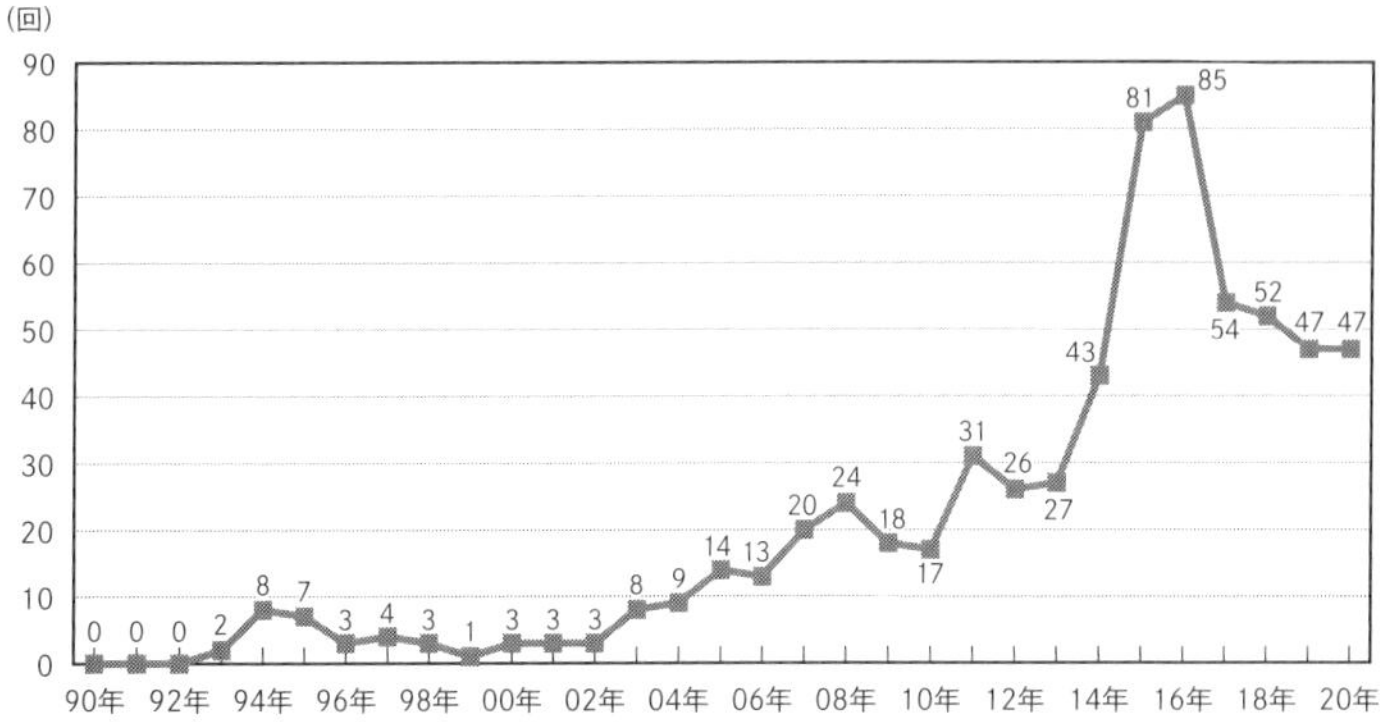

出典：全国47都道府県議会議事録横断検索（http://chiholog.net/yonalog）

セールス担当課長を設けるなど、アジアの拠点都市を目指してイベントの誘致などで売り込みに懸命だ。89年はアジア太平洋博覧会、今年は世界の学生らのスポーツの祭典ユニバーシアード福岡大会を開いた」という記事があります。

一方でシティプロモーションという言葉は、1999年10月29日の読売新聞に見られます。それには「和歌山市は28日、市を総合的に市外へ売り込む『シティプロモーション推進課』を市長公室に設置する機構改革を発表した。市外からの受け入れを一本化した窓口となると共に、市の総合計画や歴史、文化を宣伝し、観光客や企業、国際大会の誘致など市の発展につなげていく」とあります。

いずれにしましても、シティプロモーション（シティセールス）は、意外と古くから実施されてきたことがわかります。

「シティプロモーション」の意味

シティプロモーションの第一人者である河井孝仁・東海大学教授は「地域を持続的に発展させるために、地域の魅力を地域内外に効果的に訴求し、それにより、人材・物財・資金・情報などの資源を地域内部で活用可能としていくこと」と定義しています（河井孝仁、２００９、『シティプロモーション－地域の魅力を創るしごと－』東京法令出版）。

シティプロモーション自治体等連絡協議会は「地域再生、観光振興、住民協働など様々な概念が含まれています。シティプロモーションの捉え方は多々ありますが、その一つは、そこに住む地域住民の愛着度の形成と考えます。その先には、地域の売り込みや自治体名の知名度の向上と捉えることも可能です」と記しています。同協議会は、シティプロモーションを共通事項とした産学官融合の場として２０１３年8月に発足しました。

実は、シティプロモーションに関して決まった定義はありません。その中で、筆者はシティプロモーションを「都市・地域の売り込み」と考えています。この「都市・地域」には、自治体名などが入ります。戸田市（埼玉県）の場合は「戸田市の売り込み」となるし、西条市（愛媛県）は「西条市の売り込み」となります。

もし読者がシティプロモーションを扱う時は、シティプロモーションにより達成する政策目標を明確にする必要があります。これが明確でなくては、論点が曖昧になり、焦点のぼやけた取り組みとなってしまいます。

シティプロモーションの政策目標は何か？

シティプロモーションにより達成しようとする政策目標の横綱は、①定住人口の拡大、②交流人口の増加、になります。実例で紹介した東京都議会と神奈川県議会の質問は交流人口に重きを置いた議会質問と捉えることができます。

今日、多くの議会質問は「定住人口を増加させるためにシティプロモーションを……」や「観光客（交流人口）の拡大のための効果的なシティプロモーションを……」という場合が多くあります。しかし、政策目標は2点だけではありません。実は、様々な政策目標がありま す。この政策目標を明確にしないと焦点が曖昧になってしまいます。この点は注意してください。

2 地域ブランドって何だろう？

シティプロモーションの前に地域ブランド

読者は「営業するコンテンツがないのに、わが社は営業活動をしている」と聞くと、きっと「何を言っているのかわからない」と思うでしょう。ところが、多くの自治体のシティプロモーションは、冒頭の発言そのものです。

地域ブランドという売り込む素材（商品）が明確でないのに、多くの自治体はプロモーション活動（営業）に勤しんでいます。何もない状態でシティプロモーションを推進しているのだから、当然、成果は現れません（失敗に終わります）。

マーケティング（経営学）では、セールス・プロモーションの前にはブランド構築が必須と説かれています。ブランドの構築とは、何を売るかという商品（財やサービス）に加え、企業のイメージブランドもあります。ところが、自治体のシティプロモーションは、ブランドがない状態で進めている傾向が強くあります。その結果、多くの自治体が所期の目標を達成できずにいます。

筆者が自治体のシティプロモーションに関わる時は、最初に地域ブランドの構築を進めま

図表８　都道府県議会における「地域ブランド」の質問等の推移

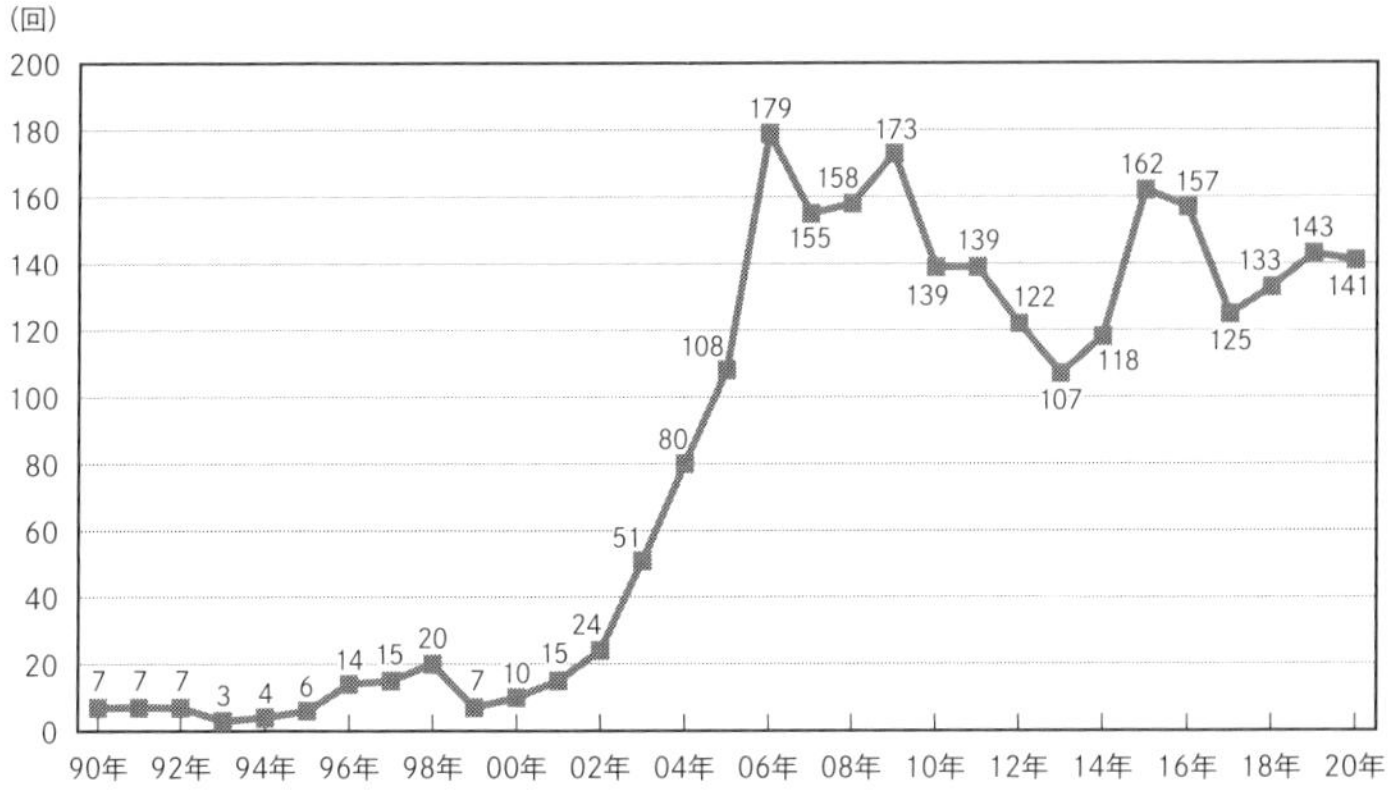

出典：全国47都道府県議会議事録横断検索（http://chiholog.net/yonalog）

す。もちろん、ターゲット層を明確にした上で、そのターゲット層に即した地域ブランドの形成を実施します。地域ブランドが確立した上で、シティプロモーションを展開した方が成功の軌道に乗る傾向が強くあります。

今回は「地域ブランド」が議会でどのように取り扱われてきたかを確認します。

議会質問における「地域ブランド」の動向

議会において「地域ブランド」が取り上げられた動向を確認します。図表8は各都道府県議会における「地域ブランド」の質問回数の推移です。趨勢的に増加してきた様子が見られます。1984年に熊本県議会で初めて質問されています。その時の質問は「私が観光と地域産業との連携について申し上げたいと思いますのは、地場産品を観光面に活用していくことによって、産品の地域ブランドの定着、浸透が進み、このことが広く消費の拡大、市場の拡大につながっていくということであります」です。

２００６年に数字がとびぬけているのは、同年から株式会社ブランド総合研究所の「地域ブランド調査」が始まったからです。実際、２００６年以降は、「地域ブランド調査」に関する質問等が多くなっています。

次に、簡単に認知度に関する議会質問を紹介します。

〈議会質問の実例〉

・質問の第3は、地域ブランド力の向上についてであります。(中略) 東京圏、都心部から人の流れを作るためには、兵庫ならではの地域の魅力づくりに持続的に取り組み、良質な兵庫の地域ブランドとして内外への発信に努める必要があります。(中略) ついては、それぞれの地域ブランドを地域創生に結び付けるとともに、個性が異なる各地域のそれぞれの物語を、多様性と連携を基本に県全体のストーリーに仕立て上げ、壮大な大河物語として完成させてはどうかと考えますが、地域ブランド力の向上に向け、今後、どのように地域資源の活用を進めていくのか、ご所見をお伺いいたします (兵庫県議会平成29年12月第３３８回定例会、２０１７年12月7日)。

・本県では、能登の里山里海の世界農業遺産認定により能登の農産物の注目度は高まっておりますが、一方、金沢市では金沢の伝統野菜を加賀野菜として認定し、広く知られております。古くからその地域でつくられている伝統的な農産物をブランド化し軌道に乗せるには、地域ブランドとして付加価値をつけて、生産者、流通事業者が連携し、消費者へ届ける仕組みづくりが重要だと思います。県の取り組みについて伺います（石川県議会平成30年5月第3回定例会、2018年6月6日）。

地域ブランドの質問の類型

地域ブランドに関する議会質問を観察すると、大きく3類型できます。第1に、「地域ブランド調査」に関する質問です。特にランキングが低い自治体は「ランキングを上げるように」という趣旨の質問が多くあります。

第2に、「地域団体商標制度」に関する内容です。同制度は2006年4月1日からスタートし、「地域の名称」＋「商品（役務）の名称等」に対して一定の要件を満たせば文字商標を認めるというものです。具体的には「大間まぐろ」や「草津温泉」「小田原かまぼこ」などが商標として登録されています。

第3に、地域全体のブランドに関する内容です。これは地域のイメージと換言できます。近年は、地域のイメージ創出・発信に関する質問等が増えています。

注意してほしいのは、地域ブランドランキングです。筆者の調査では、ランキング上位の自治体が定住人口や交流人口を増加させているという正の相関関係はありません。むしろ上位であっても、数値を悪化させている事例の方が多くあります。

同調査を確認すると「地域ブランドランキングを上げれば定住人口が増える」とは一切言っていません。ところが「ブランドランキング上位は定住人口（あるいは交流人口）を増加させる」という前提で質問している傾向があります。この考えは注意しなくてはいけないでしょう。

3　シビックプライドって何だろう？

議会質問における「シビックプライド」の経緯

シティプロモーションに関連して「シビックプライド」という概念が注目を集めつつあります。筆者は自治体の政策創出や地域経営の中において、シビックプライドは、ますます浸透していく重要なキーワードと考えています。

まずは、「全国47都道府県議会議事録横断検索」を活用して、議会においてシビックプライドが取り上げられた動向を確認します。図表9は都道府県議会におけるシビックプライドに関する質問等の推移です。少しずつですが、拡大している様子が理解できます。

議会質問の実例は、次の通りです。


〈議会質問の実例〉

・国内でも、地域活性化の切り札としてシビックプライドが脚光を浴びてきており、動き始めてきています。（中略）県内においても、私の地元尼崎市では、シビックプライドの醸成を重要政策として位置付け、市の地域創生戦略である尼崎市版総合戦略において、国の総合戦略にはない市独自の基本目標として掲げています。（中略）そこで、シビックプライドを醸成する手法について、県として積極的に普及・推進していくとともに、普及・推進に当たっては、人材や他地域での取組状況の情報提供などによる市町支援を通じ、県、市町が連携した取組につなげていくべきと考えますが、ご所見をお伺いいたします（兵庫県議会平成29年第335回定例会、2017年2月27日）。

・本県の誇りやあるいは県民の、最近シビックプライドというような言葉も出てきますけれども、やはり県民の方々のプライドを高めるような、そういった取組を是非積極的に行っていただくことを要望させていただきます（神奈川県議会平成27年産業労働常任委員会、2015年12月14日）。

「シビックプライド」の意味

シビックプライド（Civic Pride）とは、「都市・地域に対する市民の誇り」という概念で使われます。日本の「郷土愛」といった言葉と似ていますが、単に地域に対する愛着を示すだけではありません。

「シビック（市民の／都市の）」には権利と義務を持って活動する主体としての市民性という意味があるそうです。つまりシビックプライドとは、自分自身が関わって地域を良くしていこうとする、当事者意識に基づく自負心を指します（読売広告社都市生活研究局企画制作・伊藤香織他監修、２００８、『シビックプライド―都市のコミュニケーションをデザインする』宣伝会議）。

シビックプライドに注目する首長は多くいます。例えば、阿部裕行・多摩市長（東京都）の２０１８年度施政方針には「住み続けたいまち。子育てしたいまち。老いを迎えても幸せを実

図表9　都道府県議会における「シビックプライド」の質問等の推移

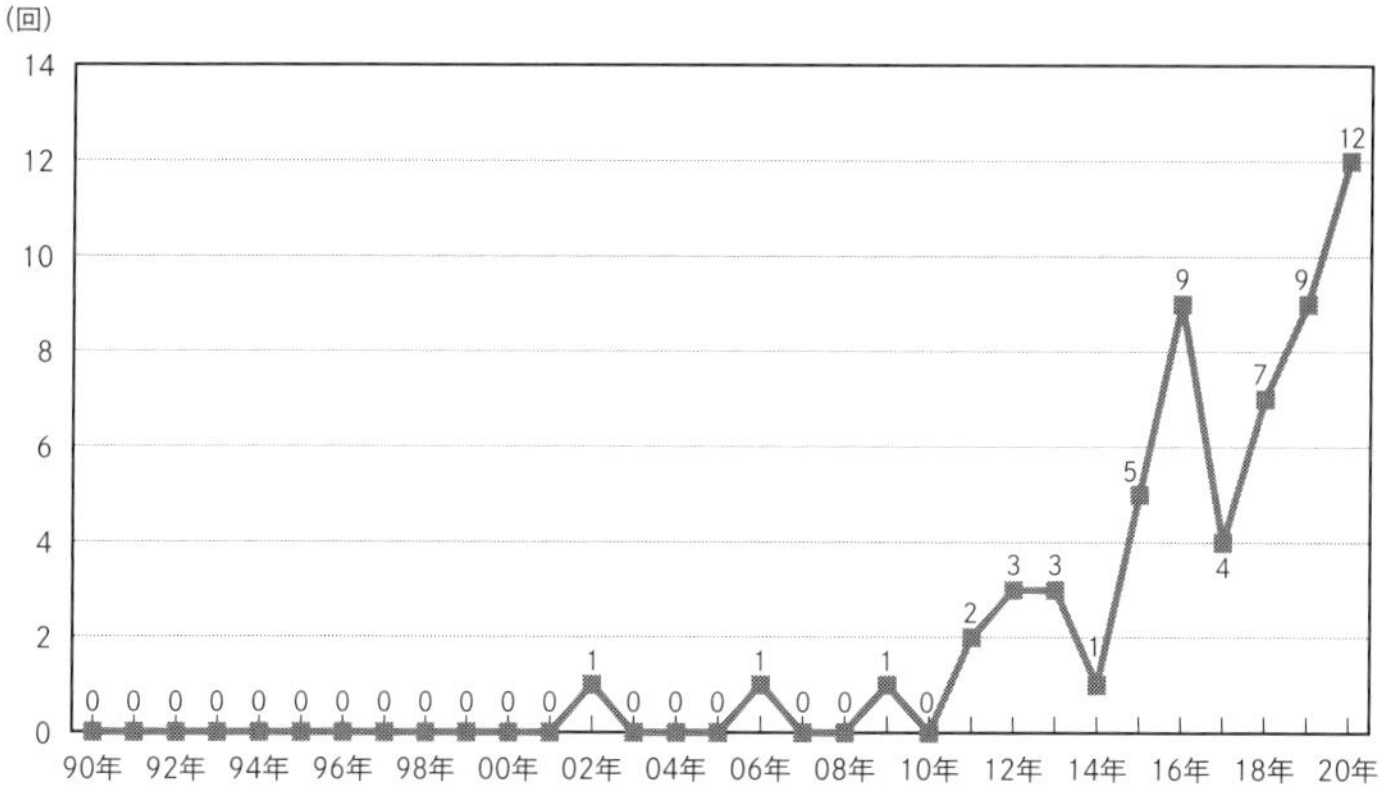

出典：全国47都道府県議会議事録横断検索（http://chiholog.net/yonalog）

感できるまち。いつまでも自分らしく、いきいきと暮らしていける多摩市を全国に発信し、市民の皆さんの『まちを愛する心＝シビックプライド』を大切にしたまちづくりを進めます」と、シビックプライドの重要性を強調しています。

また、広瀬栄・養父市長（兵庫県）の2018年施政方針では「養父市において、まちづくりの基礎となった農業を守ることは、地域の伝統を守り、地域への愛着と誇り（シビックプライド）を守ることとなり、地域の安らぎと安定感を醸し出すことにつながり、そして、移住・定住、企業進出を促すこととなります」と述べています。その他、枚挙に暇がありません。

一方で三菱UFJリサーチ&コンサルティング株式会社は「市民のプライド」という言葉を使用しています。市民のプライドとは「自分が暮らしているまちに対して感じている愛着や誇り、お勧め度合い、イメージなど」を意味します。市民のプライドもシビックプライドに近い概念と思われます。

「シビックプライド」に注目する背景

シビックプライドが注目されるのは、良い効果があると考えられているからです。例えば、足利市（栃木県）の「足利シティプロモーション基本方針」によると、市民のシビックプライドの意識が高まれば、市外への転出も少なくなり、来訪者の中から定住を希望する人も出てくると指摘しています。そして「市民の一人ひとりがまちを構成する一員であるという当事者意識を持って、自発的にまちづくりに参加することを大切にする考え方」と捉えています。

伊賀市（三重県）の「伊賀市シティプロモーション指針」の中では、シビックプライドの効果として、定住・Uターン人口の増加、参画意識の向上、市民による情報発信の増加と言及しています。

上田市（長野県）の「上田市シティプロモーション推進指針」では、市民の地域への愛着の向上（シビックプライドの醸成）により、市民の定住志向の高まりと転出者の抑制が促進され、定住人口が増加すると記しています。

このように、少なくない自治体がシティプロモーションと関連して、シビックプライドを挙げています。そして、シビックプライドの醸成は、定住人口の維持と増加に貢献すると捉えていることが理解できます。

現在はシティプロモーションに関連して使われることが多くなっています。筆者は人口減少時代こそ、シビックプライドは注目されるべき概念と考えています。市民が「都市・地域に対する市民の誇り」を持つことは、一人ひとりの幸福感の醸成につながると考えます。

4 EBPMって何だろう？

読者は「ＥＢＰＭ」（イー・ビー・ピー・エム）という4字を目（耳）にしたことがあるでしょうか。ここ数年、自治体に浸透しつつある概念です。

ＥＢＰＭとは「Evidence Based Policy Making」の略称です。しばしば「証拠に基づく政策立案」と訳されます。筆者は、ＥＢＰＭを「データという根拠をしっかり確保して、政策づくりをしよう」と解釈しています。この考えは政策立案では当たり前です。

定住促進も、地域ブランドも、インバウンドも、ＥＢＰＭがなければ失敗してしまいます。今回はＥＢＰＭに関して、議会でのやりとりを紹介します。

図表10　都道府県議会における「EBPM」の質問等の推移

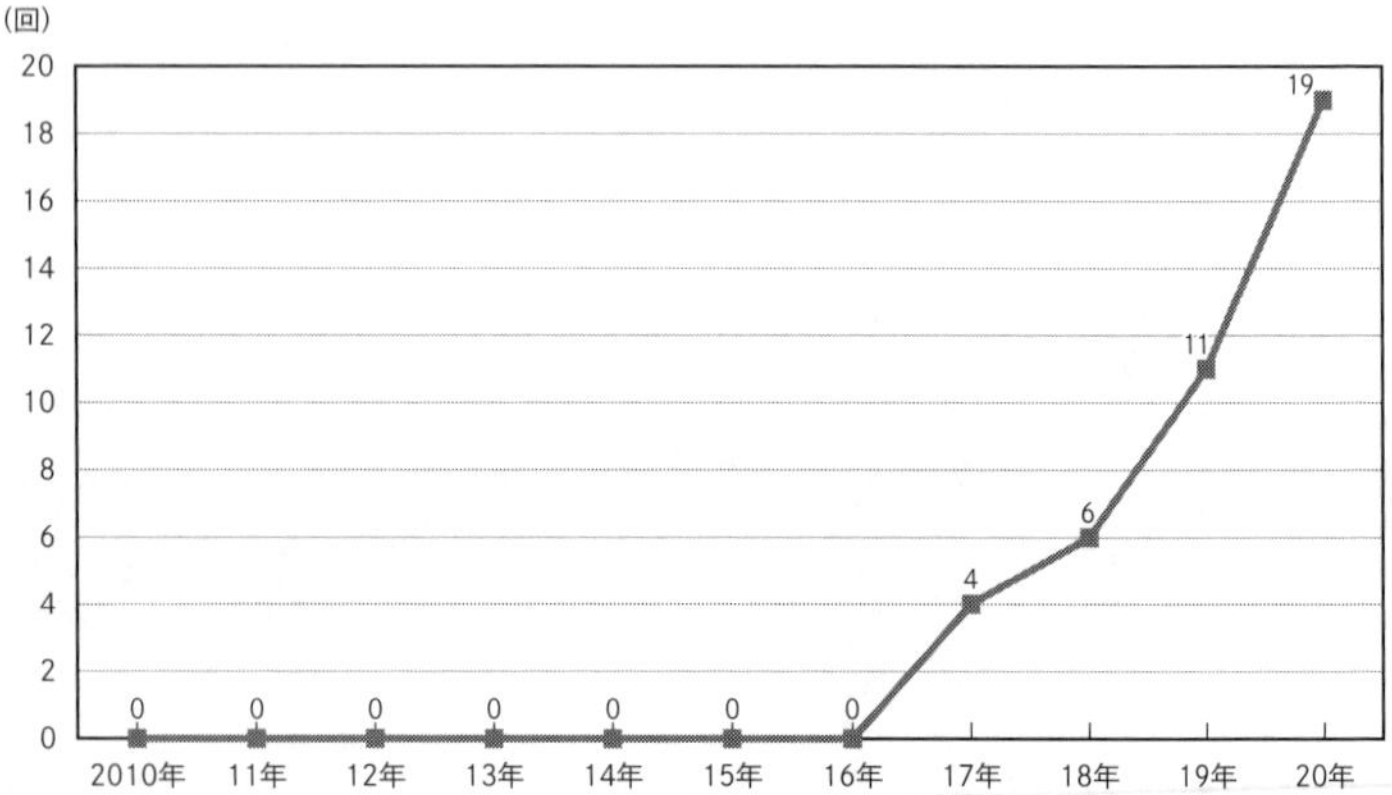

出典：全国47都道府県議会議事録横断検索（http://chiholog.net/yonalog）

議会質問等における「ＥＢＰＭ」の動向

図表10は都道府県議会におけるＥＢＰＭの質問等の回数の推移です。２０１７年から登場しています。その理由は、２０１６年12月14日に制定された「官民データ活用推進基本法」が影響しているからです。同法はＥＢＰＭの根拠法とも言えます。

同法第３条第３項に「官民データ活用の推進は、国及び地方公共団体における施策の企画及び立案が官民データ活用により得られた情報を根拠として行われることにより、効果的かつ効率的な行政の推進に資することを旨として、行われなければならない」とあります。

同条文の「施策の企画及び立案が官民データ活用により得られた情報を根拠として」がＥＢＰＭを表しています。

官民データ活用推進基本法を契機として、オープンデータの整備やビッグデータの活用などが展開されてきました。次に、簡単にＥＢＰＭに関する議会質問等を紹介します。

〈議会質問の実例〉

・根拠に基づく政策立案、ＥＢＰＭを行っていくということも昨年の質問でさせていただいて、統計の重要性が高まっているということで、私は理解しているんですけれども、（中略）こういった人材の育成とか職員に対する研修等々が含まれているという理解でよろしいのでしょうか（埼玉県議会平成30年2月予算特別委員会、２０１８年3月9日）。

・練馬区においては、ひとり親家庭へのニーズ調査を実施し、その回答に基づいて政策の検討をされたと伺いました。根拠に基づいたＥＢＰＭ、証拠に基づく政策立案としても評価ができますが、北区においても、ひとり親家庭に特化してのニーズ調査は検討してもらいたいと思います。北区子どもの未来応援プランの策定に際し、実態調査を行い、その調査結果から子どもの貧困の主要な課題のあぶり出しを行ったと理解しております（北区議会平成30年11月定例会、２０１８年11月26日）。

都道府県議会だけでは、議員のＥＢＰＭに関する質問等が少ないため、今回は特別区議会も対象範囲に広げました。特別区に広げても、ＥＢＰＭの議会質問等は少ない現状があります。例示した議会質問の前者の質問はＥＢＰＭに関する人材育成の必要性を述べています。後者の質問は、定量的なデータだけに偏重するのではなく、定性的な実態調査の必要性を説いています。

「E」が違うEBPM

実は、かなり以前から自治体はＥＢＰＭを実施してきています。しかし、そのＥＢＰＭにより創出された政策の多くが失敗に終わっています。その理由は、同じＥＢＰＭでも「Experience Based Policy Making」のケースが多くあるからです。これは「(個人的な) 経験に基づく政策立案」と訳すことができます (EvidenceではなくExperienceである)。

確かに、政策立案において経験値は重要です。しかし、経験だけではうまくいきません。経験に加え、確固たる証拠 (Evidence) を用意することにより、政策立案の成功率が高まります。

もう一つのＥＢＰＭもあります。それは「Episode Based Policy Making」です。意味は「他事例に基づく政策立案」となります。

経験（Experience）も他事例（Episode）も重要ですが、特に重きを置きたいのは「証拠（Evidence）」でしょう。証拠に根拠を置くことは、政策づくりに関しては、失敗の確率を減らすことができます。

一方で、政策立案の現場に足を運ぶと、Evidence Based Policy Makingではなく、「Mayor Based Policy Making」（首長に基づいた政策立案）や「Guess Based Policy Making」（忖度に基づく政策立案）の場合もあります。これらは、全て非科学的な政策立案です。

筆者が政策立案の現場に入ると、自治体職員から「首長が求めているから……」とか「議会で質問されたから……」という発言が多くあります。このような考えで政策を立案すると、多くが失敗に終わるでしょう。

さらに言うと、職員（担当部門）が証拠に基づいた政策立案を進め、一定の結論を提示しても、市長、副市長、幹部職員等の理事者や議会（議員）が納得しないケースが多くあります。そのためせっかく取り組んだ証拠に基づいた政策立案は、日の目を見ないことがあります。その意味では、理事者や議会（議員）のＥＢＰＭリテラシーが必要になるでしょう。

繰り返しになりますが、ＥＢＰＭを成功させるためには、職員のＥＢＰＭリテラシーの向上はもちろんのこと、同時に政策立案が科学的であるか否かを判断（理解）できる理事者や議会（議員）等の存在も必要です。これらの意識が変わらない限りは、ＥＢＰＭという概念は浸透することはないでしょう。

5　コンパクトシティって何だろう？

コンパクトシティの概要は113頁を確認してください。ここでは、113頁以外の内容に言及します。

議会質問におけるコンパクトシティ

議会において「コンパクトシティ」が取り上げられた動向を確認します。図表11は、各都道府県議会における「コンパクトシティ」の質問回数の推移です。

2003年に石川県議会で「都市計画においてはコンパクトシティといった考え方も出ていますので、それを実践していく必要があるのではないか」という質問が初めて登場しています。同年に福井県議会でも同じ趣旨の質問があります。いずれも人口減少対策に絡めてコンパクトシティを取り上げ、質問しています。

2007年に増加しているのは、2006年に「中心市街地の活性化に関する法律」が改正された影響が大きいです。

2015年に拡大しているのは、冒頭で紹介した国土整備計画の存在に加え、2014年8

月に「立地適正化計画」が制度化された要因が大きいでしょう（法的根拠は「都市再生特別措置法」になります）。立地適正化計画は、都市計画法を中心とした従来の土地利用の計画に加えて、居住機能や都市機能の誘導によりコンパクトシティ形成に向けた取り組みを推進しようと意図しています。

次に、簡単にコンパクトシティに関する議会質問を紹介します。

〈議会質問の実例〉

・立地適正化計画は人口減少の流れを克服するために、各市町が町全体を見渡しながら、コンパクトなまちづくりを進めていく土台となる計画であり、この計画が多くの市町で策定され、計画が実行されることで本県のコンパクトなまちづくりが実現し、地方創生の推進にもつながると考えています。そこでお尋ねいたします。モデル事業で得られた課題等を踏まえ立地適正化計画の策定など、これからのコンパクトなまちづくりについてどのように取り組まれるのか、御所見をお伺いいたします（山口県議会11月定例会、２０１６年12月6日）。

・デマンド型公共交通の構築は、高齢者の足の確保だけではなく、まちづくりや地方創生の喫緊の課題であり、全国でもコンパクトシティや路面電車ＬＲＴ、コミュニティバスの導入など、さまざまな施策が検討されています。（中略）そこでお伺いいたします。今後、県は、公共交通の維持・活性化にどのように取り組まれるのか、御所見をお聞かせください（山口県議会2月定例会、2017年3月9日）。

コンパクトシティと地方創生の矛盾

経済学には「集積の利益」という概念があります。人口や産業などが一地域に集積することにより、様々な利益が生じるという理論です。コンパクトシティは、この集積の利益が前提にあります。

自治体運営に関して言うと、一定の地域に人口が集中（集積）した方が、行政サービスを提供するのに効率がよくなります。また行政サービス費も限定的になるため、自治体財政に優しくなります。

この観点で考えると、コンパクトシティの究極の形は「東京都一極集中」になってしまいます。しかし、国は地方創生により、都市圏から地方圏へ人や企業等の移転を進めています。これはコンパクトシティとは矛盾した考えのように思います。最後の数行は読者への問題提起という意味があります。

図表11　都道府県議会における「コンパクトシティ」の質問等の推移

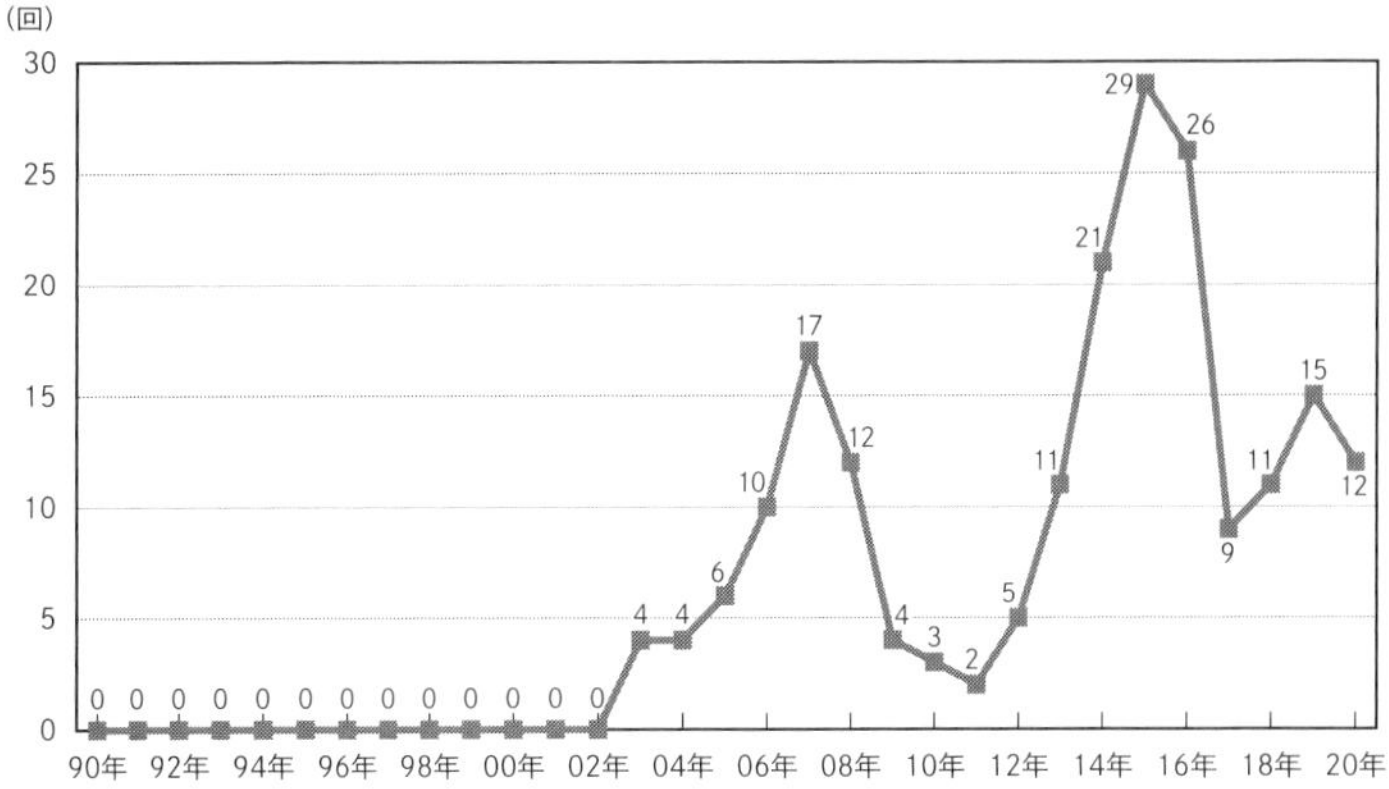

出典：全国47都道府県議会議事録横断検索（http://chiholog.net/yonalog）

第3章

未来創生のキーワード

1　税外収入って何だろう？

議会質問における「税外収入」の経緯

人口が減少することにより、何が問題として発生するのでしょうか。この回答は多々あります。地域経済の停滞があるでしょうし、究極的には自治体の存続にも影響してきます。自治体の存続に関して言うと、かつて「消滅可能性都市」という概念が話題となりました。そして、人口が減少することは歳入が逓減する可能性も高まります。

歳入とは「会計年度における自治体の一切の収入」と定義します。歳出とは「会計年度における自治体の一切の支出」と捉えます。歳入は大きく分けて、「税収」と「税外収入」があります。

人口減少に伴い影響が出るのは「税収」です。一方で、税外収入は、人口減少とは直接的に関係がありません。そのため創意工夫により、税外収入を増加させていくことは可能です。今回は税外収入を紹介します。

税外収入とは「税金によらない収入」です。イメージしやすいのは「ふるさと納税制度」でしょう。同制度は「納税」という2文字があります。しかし、実際は「寄付」です。これは税外収入です。その他、住民票等の発行の「手数料」や公共施設等を使用する「使用料」があります。あるいは行政上の義務違反に科す「過料」もあります。また、命名権（ネーミングライツ）も税外収入です。

議会質問の実例は、次の通りです。


〈議会質問の実例〉

・歳入に関してどのように工夫していくべきなのか。できることとすれば、もちろん若い世代の起業や企業誘致をして税収を上げることでしょう。徴税率を上げることでしょう。法定外税の利用をすることでしょう。税外収入を増やすことでしょう。（中略）自動販売機設置に係る一般競争入札、貸付による効果は約3億円、エレベーター等への広告掲出による成果が約1000万円、ネーミングライツによる効果が約3000万円と……（長崎県議会2017年10月予算決算委員会、10月23日）。
・そこでお尋ねしますが、税外収入の確保に向けた具体的な施策として遊休財産の売却並びに県有施設や印刷物への広告掲載などが掲げられておりますが、近年の実績、それぞれに該当する事案が何件あって、どの程度の収入確保に結びついたのかについてお聞かせください。税外収入に関連して、次はネーミングライツ、いわゆる命名権についてお尋ねいたします（石川県議会2016年4回定例会、12月9日）。

議会において「税外収入」が取り上げられた動向を確認します。図表12は、都道府県議会で過去に「税外収入」が取り上げられた質問等の回数です。一時期、拡大していますが、その多くは「ふるさと納税（税外収入）により、税金が取られる」という趣旨の質問等です。ちなみに、ふるさと納税制度は、2008年4月の地方税法等の改正によってスタートしました。同制度は人口減少による税収の減少への対応や、地方と大都市の格差是正を趣旨としていました。

2008年にスタートしたものの、しばらくは認知されず、ふるさと納税制度は活用されませんでした。しかし、2011年3月11日の東日本大震災により、ふるさと納税制度が注目を

図表12　都道府県議会における「税外収入」の質問等の推移

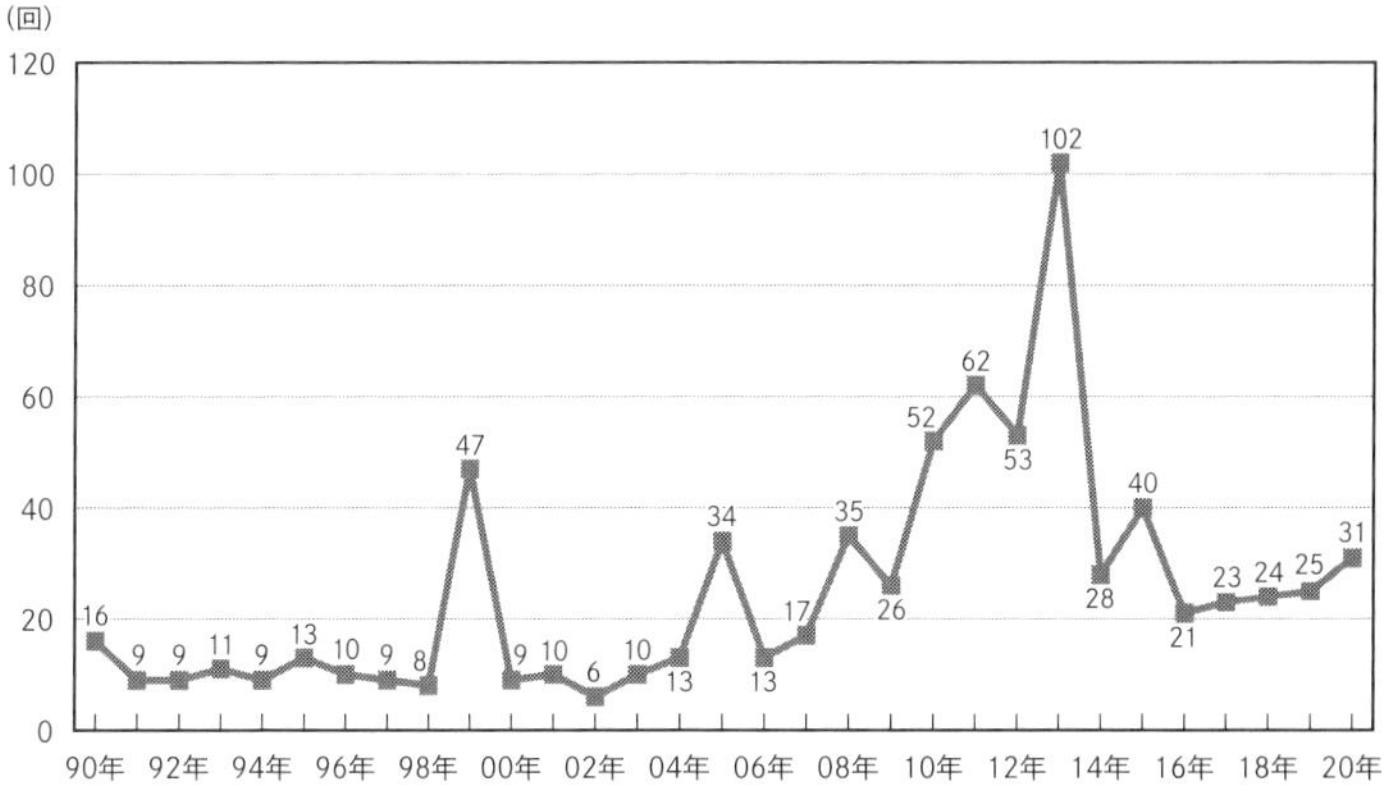

出典：全国47都道府県議会議事録横断検索（http://chiholog.net/yonalog）

集め広がっていきます。2013年の質問等の多さは、都市圏（主に東京圏）でふるさと納税制度に対する懸念が増えたからです。当時は、都道府県は税外収入により「稼ぐ」という発想は意外に少ないのが現状でした。

1950年代にも注目された「税外収入」

図表12は、1990年以降のみしか記していません。しかし1950年代も、議会で税外収入が取り上げられる傾向がありました。1950年代は、税外収入に注目する議会は多くありました。当時は、朝鮮戦争の特需が終わった反動により、多くの自治体の財政が逼迫したからです（朝鮮戦争は1953年7月27日に休戦に入りました）。

全国的に自治体の財政が厳しくなりつつあり、そこで「税外収入」に注目した議会が多かったと推測されます。1955年に国は自治体を支援するため「地方財政再建促進特別措置法」を制定しています。同法を根拠に「財政再建団体制度」がつくられ、国は財政の厳しい自治体を支援するようになりました。

同法は「地方公共団体の財政の再建を促進し、もつて地方公共団体の財政の健全性を確保するため、臨時に、地方公共団体の行政及び財政に関して必要な特別措置を定める」ことが趣旨です。現在では、同法に代わり「地方公共団体の財政の健全化に関する法律」（2007年制定）となっています。

1950年代は「税外収入」に一時期注目が集まりました。しかし、高度経済成長期に入ることにより税収の拡大が達成され、税外収入熱は冷めていきました。

税外収入の注意点

今回は税外収入を紹介しています。確かに税外収入に注目する必要はあるものの、税収の拡大を置き去りにしたら、本末転倒です。

今回紹介した議会質問の実例にもありますが、税収拡大を目指して「起業や企業誘致」も重要です。今日多くの自治体の徴税率は100％ではありません。この徴税率を高めていくことも大切です。

いきなり税外収入だけに注目するのはよくないと考えます。税収を増やす努力をした上で、税外収入にも取り組むというスタンスが本来の姿と思われます。

2　協働って何だろう？

読者は「今さら協働？」と思われるかもしれません。しかし協働の概念は、すでに第Ⅱ部で取り上げた「シビックプライド」などと関係してきます。また協働の実際の活動は「関係人口」や「ＳＤＧｓ」に関連付けることができます。そこで、今回は「協働」に関して、議会でのやりとりを言及します。

議会質問等における「協働」の動向

議会において「協働」が取り上げられた動向を確認します。図表13は、各都道府県議会における「協働」の質問等の回数の推移です。１９８７年に初めて協働という言葉が議会に登場し、右肩上がりで拡大してきました。２０１２年の１００７回をピークに、近年は逓減傾向にあります。

次に、簡単に「協働」に関する議会質問等を紹介します。なお、議会での「協働」の言葉は執行機関からの発言が多くなっています。意外と議会（議員）からの発言は少ない状況です。議会から質問される時は「協働の定義の確認」がほとんどです。また、「施策や事業に、どのように協働を関係させていくのか」という趣旨の質問が多くなっています。

〈議会質問の実例〉

・協働という言葉が言われて歳月は経つとは思うが、一般生活の中で協働は、馴染みが薄い。NPOや市民活動を行っている方々にとっては、ごく普通に使われているが、共に働くという「共働」と、どのように違うのだろうか。あまりぴんとこないところがある。協働の定義は何か（群馬県議会平成30年第3回定例会厚生文化常任委員会、2018年12月7日）。

・全国的に定住人口が減少していく中で、今後は交流人口に地域居住人口、ICTを活用いたしました情報交流人口、地域づくりをサポートしていただける協働人口といったさまざまな人口を獲得していく視点も必要でありまして、これらの方向性は長期ビジョン編素案の中でもお示しをさせていただいているところであります（徳島県議会平成19年2月定例会、2007年2月22日）。

図表13　都道府県議会における「協働」の質問等の推移

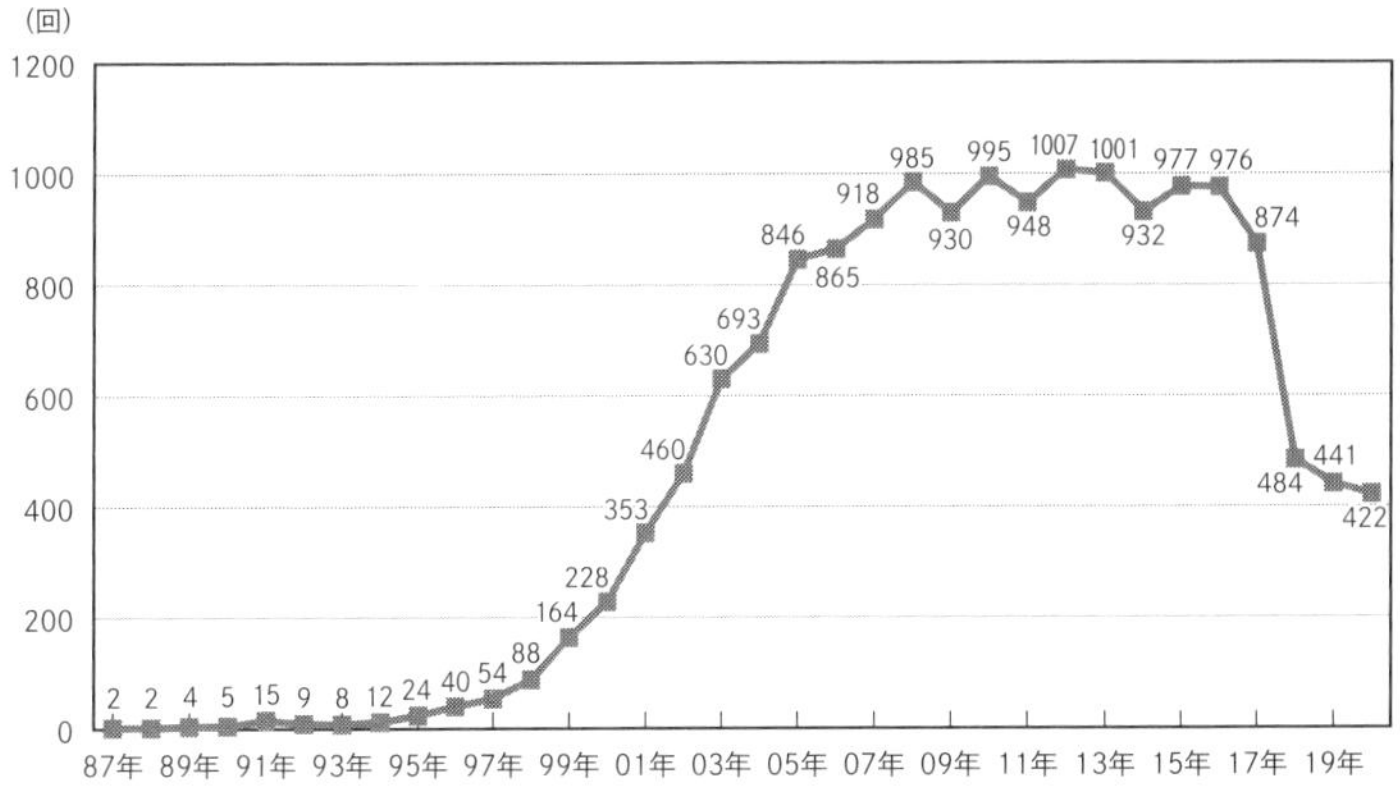

出典：全国47都道府県議会議事録横断検索（http://chiholog.net/yonalog）

実例にある後者の発言は知事発言です。そこに「協働人口」との表現があります。その意味は「自治体や地域の様々な主体と一緒に地域づくりをする人口」です（国土交通省、2014、『新たな「国土のグランドデザイン」』）。

協働人口は、その地域に居住か否かは関係ありません。同概念は「その自治体のファン」と捉えてもよいでしょう。以前から現場では「応援人口」という表現もあります。応援人口とは「その地域や自治体を応援したい人口」です。協働人口も応援人口も、現在流行っている関係人口に類似した考えと言えます。

「協働疲れ」と「協働の失敗」

近年、協働が議会で扱われなくなった一理由は、協働に類似した概念が登場してきたからと推察されます。今日では「共創」や「協創」という概念も使われるようになってきました。

共創は「社会的課題の解決を目指し、民間事業者と行政の対話により連携を進め、相互の知恵とノウハウを結集して新たな価値を創出すること」という意味があります（横浜市「共創推進の指針」）。一方で協創は「市職員、市民、事業者、NPO、市民団体、学識経験者などが、信頼関係に基づいて協力し、具体的な成果を創り出すこと」と定義されます（小紫雅史・生駒市長『「イコマニア」とは？』）。これらの言葉は協働に類似した概念と言えます。

また、協働の実際の取り組みとして、関係人口や応援人口などが登場しています。これらの結果、協働が議会でも注視されなくなってきたと言えるかもしれません。

さらに言うと、自治体には「協働疲れ」という現象もあるようです。1980年代後半に協働という概念が提起され、自治体は金科玉条のごとく協働を使用してきました。しかし、協働を具体的に、何にどのように活用すべきかが曖昧な状況でした。その結果、協働を政策に採用しても明確な成果が出てきませんでした。

こうなる背景は、協働の概念が多義的だからです。自治体は何かにつけて協働を政策に活用してきましたが、成果の出ない状況が続き、「協働疲れ」という現象が起きています。

同時に協働を進めることで、自治体外の主体と軋轢が生じるケースも見受けられます。それは「協働の失敗」と言えます。協働の失敗とは「地方自治体と住民等の協力関係の中で、それぞれの主体が当初期待した通りに協力関係が進まず、かえってそれぞれの主体間で不信感が増大し、その結果、外部不経済が生じること」と定義できます。

外部不経済とは、例えば、行政情報の非公開化（住民のデメリット）、住民の流出（自治体のデメリット）などをはじめ、双方のデメリットが該当します。一度、協働の失敗が起こると、関係修復に時間がかかります。

今日、協働を取り巻く課題は多々あります。しかし、協働の持つ意義は無視できません。そこで、近年は協働という言葉は使用しませんが、類似する概念や取り組みに乗っかろうとしている自治体が多いのではないでしょうか。今、改めて「協働」を再考する時期に来ているのかもしれません。

3 コミュニティって何だろう？

筆者が自治体の政策づくりに関わっていると「コミュニティ」という言葉がしばしば登場します。安易に使われるコミュニティですが、その持つ意味は多義的です。

コミュニティの意味を大きく3類型すると、自治体や町内会のような「エリア型コミュニティ」があります。また、ＮＰＯのように何かしらの共通課題により集まった「テーマ型コミュニティ」があります。さらに、リアルの世界ではなくバーチャル（ｗｅｂ）の世界を通じ

図表14　都道府県議会における「コミュニティ」の質問等の推移

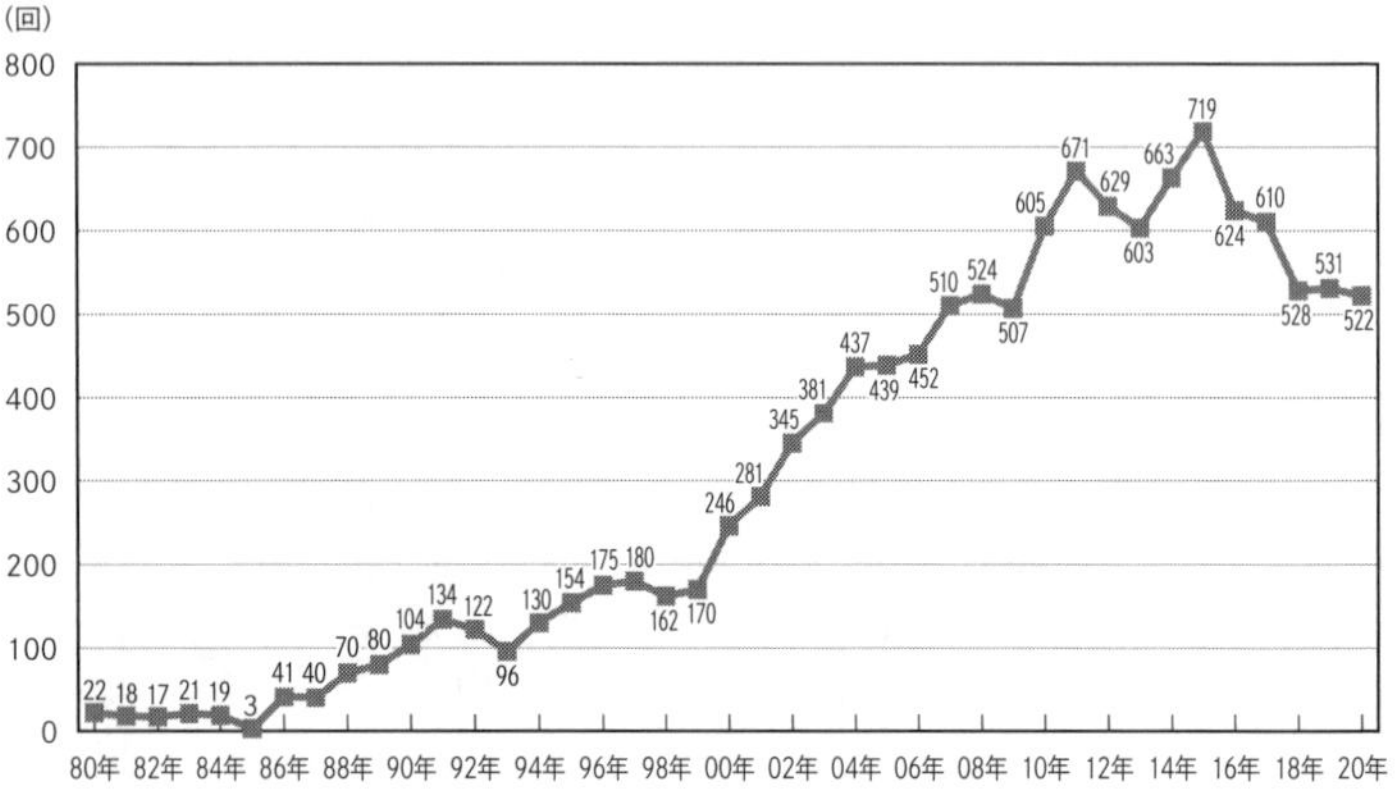

出典：全国47都道府県議会議事録横断検索（http://chiholog.net/yonalog）

て形成された「ＩＣＴ型コミュニティ」も存在しています。

今回は「コミュニティ」に関する議会でのやりとりを紹介します。なお、今回取り上げる議会での質問等はコミュニティ全体を対象とします。コミュニティバス、コミュニティスクール、コミュニティカフェ、コミュニティビジネス、セーフコミュニティなど、個別具体的（施策・事業レベル）な取り組みは対象としません。

議会質問等における「コミュニティ」の動向

図表14は「全国47都道府県議会議事録横断検索」を活用した「コミュニティ」に関する議会質問等の推移です。議会からの質問と執行機関の答弁が含まれています。図表14を確認すると、趨勢的に右肩上がりで増加してきたことが理解できま

す。しかし2015年を契機に逓減しつつあります。

コミュニティに関する議会でのやり取りは1970年代から確認できます。執行部の答弁になりますが、埼玉県議会1979年2月定例会においては「都市社会施設整備特別事業の考えかたを持続しながら、コミュニティ形成に必要と考えられる施設を新たに加えていくなど、よりコミュニティ施策を全面に打ち出すこととといたしたところでございます」という発言があります。

次に、簡単にコミュニティに関する議会質問等を紹介します。

〈議会質問の実例〉

・地域コミュニティの中で人と人との関係が希薄になっている昨今、自主防災組織の活動が低調になることは時代の流れと言えてしまう。（中略）県では、来年度、自主防災組織体制強化推進事業において、インセンティブ支援として、訓練未実施組織の訓練の継続実施を促す支援を拡充して行うとしている。（中略）今後こうした地域の訓練実施促進について、どのような取組を展開していくのか、お伺いする（兵庫県議会平成31年度予算特別委員会、2019年3月4日）。

・シニア世代が長く楽しめるものでもあり、身体、精神だけに限らず、ご近所の集まりに定期的に出かけるなど、社会的なつながりを持てるものであります。（中略）交流大会の実施に当たっては、各種目の関係団体などの協力も得ながら、幅広い都民の参加を募るとともに、大会を地域コミュニティの強化につなげていくべきだと考えますが、知事の見解を伺います（東京都議会平成31年予算特別委員会、2019年3月25日）。

前者の兵庫県議会の質問は「エリア型コミュニティ」を対象としています。後者の東京都議会は「テーマ型コミュニティ」に関する内容です。

エリア型コミュニティの再生に向けた一視点

エリア型コミュニティの再生に向けた事例を紹介します。近年、条例によりエリア型コミュニティを活性化しようとする機運が起きつつあります。例えば、南富良野町自治会活動推進条例、さいたま市自治会等の振興を通じた地域社会の活性化の推進に関する条例、川口市町会・自治会への加入及び参加の促進に関する条例、所沢市地域がつながる元気な自治会等応援条例などがあります。これらは「自治会活性化条例」と称することができます。筆者が確認したところ、全国で20弱の条例が存在しています。

特に議員提案政策条例が多いのが特徴です。これらの契機となったのは横浜市です。同市は2011年度に「横浜市地域の絆をはぐくみ、地域で支え合う社会の構築を促進する条例」が議員提案政策条例で成立しています。

別の観点では、焼津市つつじ平自治会地域振興基金条例があります。焼津市条例は基金条例です。基金条例とは、特定目的のために財産を維持し、資金を積み立てたり、定額の資金を運用したりするために設ける財産についての規定です。そして基金の運用から生ずる収益金や基金の趣旨に添う寄附金などにより、特定目的を実施することができます。また、赤穂市自治会自衛防災隊員の公務災害補償条例も特徴的です。

読者が議員ならば、議員提案政策条例により、エリア型コミュニティの活性化を目指してもいいかもしれません。

4 地方分権って何だろう？

最近耳にしなくなった言葉に「地方分権」があります。地方分権とは、国がもっている地方に関する決定権や必要な財源を自治体に移したり、国の自治体に対する関与を廃止・縮小したりすることで、住民に身近な行政サービスは住民に近い自治体が実施することができるように

図表15　都道府県議会における「地方分権」の質問等の推移

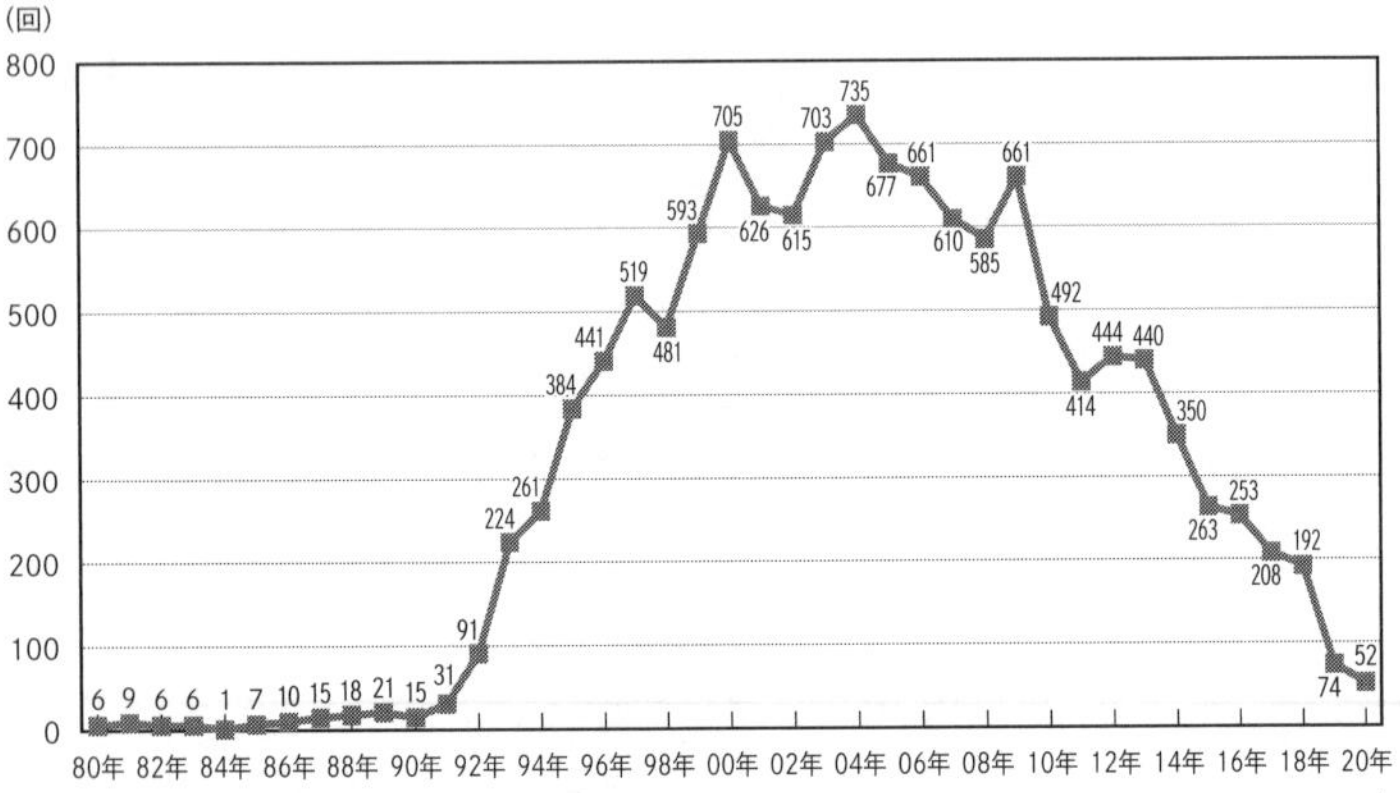

出典：全国47都道府県議会議事録横断検索（http://chiholog.net/yonalog）

する取り組みです。

地方分権は住民に身近な行政サービスを地方自治体の判断で決められるようにする取り組みです。このことを筆者は「地方自決権」と称しています（あるいは「地域自決権」としています）。地方のことは地方自らが決めていく権利です。

地方分権は、自治体のことは自治体が責任を持って決めていく権利の確立です。ここでは「地方分権」に関する議会でのやりとりを紹介します。

議会質問等における「地方分権」の動向

図表15は「全国47都道府県議会議事録横断検索」を活用した「地方分権」に関する議会質問等の推移です。議会からの質問と執行機関の答弁が含まれています。図表15を確認すると、１９９０

年代前半から右肩上がりで増加してきたことが理解できます。2000年代前半にピークを迎え、2010年以降は逓減しています。

地方分権に関して、議会でのやり取りは1970年代後半から確認できます。当時は「地方の時代」というスローガンが浸透しつつありました。当時の神奈川県知事であった長洲一二氏が提唱したと言われています。地方の時代に関連して、地方分権も議論されました。しかし、国を巻き込むことはなく、大きな波にはなりませんでした。

2000年にピークを迎えたのは、同年4月から施行された「地方分権の推進を図るための関係法律の整備等に関する法律」（通称「地方分権一括法」）が影響しています。同法は全部で475本の関連法案からなります。同法は機関委任事務制度が廃止になり、国の関与のルール化等が図られました。

〈議会質問の実例〉

・2006年に地方分権改革推進法が成立して12年余りの歳月が流れました。本年5月には第9次地方分権一括法が成立し、これまで権限移譲、義務づけ、枠づけの見直しも行われてきましたが、県は、地方分権改革の進捗状況と成果をどう捉えているのか。また、地方分権一括法の課題をどのように認識しているのかお聞かせください（愛媛県議会令和元年

第365回定例会、2019年9月24日)。

・地方分権で、より県と水戸市が事務の引き継ぎの部分で、遺漏がないように県の支援を引き続きお願いをしたいというふうに思いますので、特段円滑に、今後、移行ができるというような特徴的な取り組みなどがありましたらば、お答えいただければと思います(茨城県議会令和元年総務企画常任委員会、2019年6月17日)。

地方分権に関する質問等の類型

図表15から、地方分権に関する質問等の推移は、おおまかに3時代(3潮流)に分けられます。1970年代から1980年代は、地方分権に関して、国等に対する「要望」が多くなっています。当時は中央集権であり、地方分権とは遠い状況でした。そこで「地方の時代」をはじめ、国等に対して権限を分けてもらう要望が多くありました。

1990年代からは、地方分権に関する「具体的な取り組み」が多くなっています。これ以降、具体的な取り組みに対する質問は現在も続いています。当時は、まさに地方分権がダイナミックに動いていた時期にあたります。国等から移譲される権限をどのように活用するのかという趣旨の質問が多くあります。例えば、宮城県議会は「地方分権が進む中、介護事業の許認可や新たな介護事業への参入の申し込みなどは……」とか、千葉県議会は「都道府県が行うとされていた一般旅券発給申請の受理及び交付事務は、地方分権一括法の公布、施行を背景に、平成18年3月より都道府県が法定受託している範囲内で市町村への権限移譲が可能となっております」という答弁が見られます。

２０１０年後半以降は、地方分権の「評価」が見られつつあります。得られた権限を活用することにより、いかに住民の福祉が増加したのかという視点です。評価の質問等が多くなっていますが、筆者は、地方分権はまだ終えたとは思っていません。今後は、住民目線に立った地方分権が求められます。

改めて「地方分権」を考えるべき

図表15を見ると、２０１０年に「地方分権」の質問等が大きく減少しています。地方分権にかわり、当時議会で取り上げられたキーワードは「地域主権」です。２００９年９月に民主党の鳩山由紀夫内閣が発足し、地域主権という概念が提唱されました。地方分権が地域主権に食われた感があります。

再度、図表15を確認してほしいのですが、２０１４年も大きく減少しています。それは「地方創生」が始まったからです。これ以降、地方創生が中心的なトピックスとなります。

今日、地方分権がトーンダウンしつつあります。こういう時だからこそ、自治体は再度、地方分権を考え直す時期に来ているのではないでしょうか。そうでなくては、いつまでたっても国主導の地方分権であり、自治体は大きな果実を得られないと思われます。

5　政策立案って何だろう？

地方分権や地域主権、あるいは地方創生であっても、それらを実現していくためには「政策力」が求められます。政策の捉え方は多くの考えがあります。ここでは「政策立案」に限定して議会でのやりとりを紹介します。

議会質問等における「政策立案」の動向

図表16は「全国47都道府県議会議事録横断検索」を活用した「政策立案」に関する議会質問等の推移です。図表16からは1990年代から右肩上がりで拡大してきた様子が見てとれます。1990年以前も政策立案の言葉は見られ、古くは1960年代から登場しています。しかし長いこと一桁でした。

議会で政策立案がトピックスとなったのは、1990年代です。1990年に11回と初めて二桁に入り、拡大してきました。政策立案が求められるようになってきた一背景に地方分権があります。

次に、簡単に政策立案に関する議会質問等を紹介します。

〈議会質問の実例〉

・EBPM―証拠に基づく政策立案について質問いたします。人口減少が加速化し、人員も予算も限られる中で、限られた人員と予算をどこに充てるのか、どの政策が真に求める効果を生むのかについて、真剣に考えていかねばなりません。（中略）大学や民間との連携、データサイエンティストなどの外部人材の活用も視野に入れ、協力体制を整えていく重要性を感じております。こうした連携、外部人材活用について、知事のお考えを伺います（滋賀県議会令和元年11月定例会議、2019年12月11日）。

・政策立案及び遂行に外部のプロフェッショナル人材の活用というものも検討すべきではないかと私は思っております。（中略）また、何といっても、知事が選択と集中で成果をおさめている農業、観光といった、まさにこれからの戦略的取り組みが必要とされる分野でのプロフェッショナル人材の活用を考えてもいいのではないかと思っておりますが、その辺

について の知事のお考えをお聞かせください(青森県議会令和元年第298回定例会、2019年6月19日)。

政策立案を高めるには、自治体外の主体を活用することも考えられます。その意図を持った質問が後者の青森県議会です。ここでは自然人を念頭に置いているようですが、法人でもよいでしょう。大学や研究機関等との連携も政策立案を高めていく一助となります。すなわち「公民連携」です。

都道府県の議会質問では見つけられませんでしたが、政策立案のある者を採用するという発想もあるでしょう。つまり採用試験の改革です。もともと優秀な者を採用すれば、職員研修も対外的な連携も必要ないかもしれません(職員研修や公民連携を否定しているのではありません)。このような観点からか、近年、採用試験の改革を進める自治体が増えつつあります。

議会にみる「政策立案」の差

都道府県議会の議事録を確認すると、執行機関に対する政策立案の質問が多くありました。一方で市町村の議事録を調べると、比較的、議会自らが政策立案を高めるという意思表示の発

図表16　都道府県議会における「政策立案」の質問等の推移

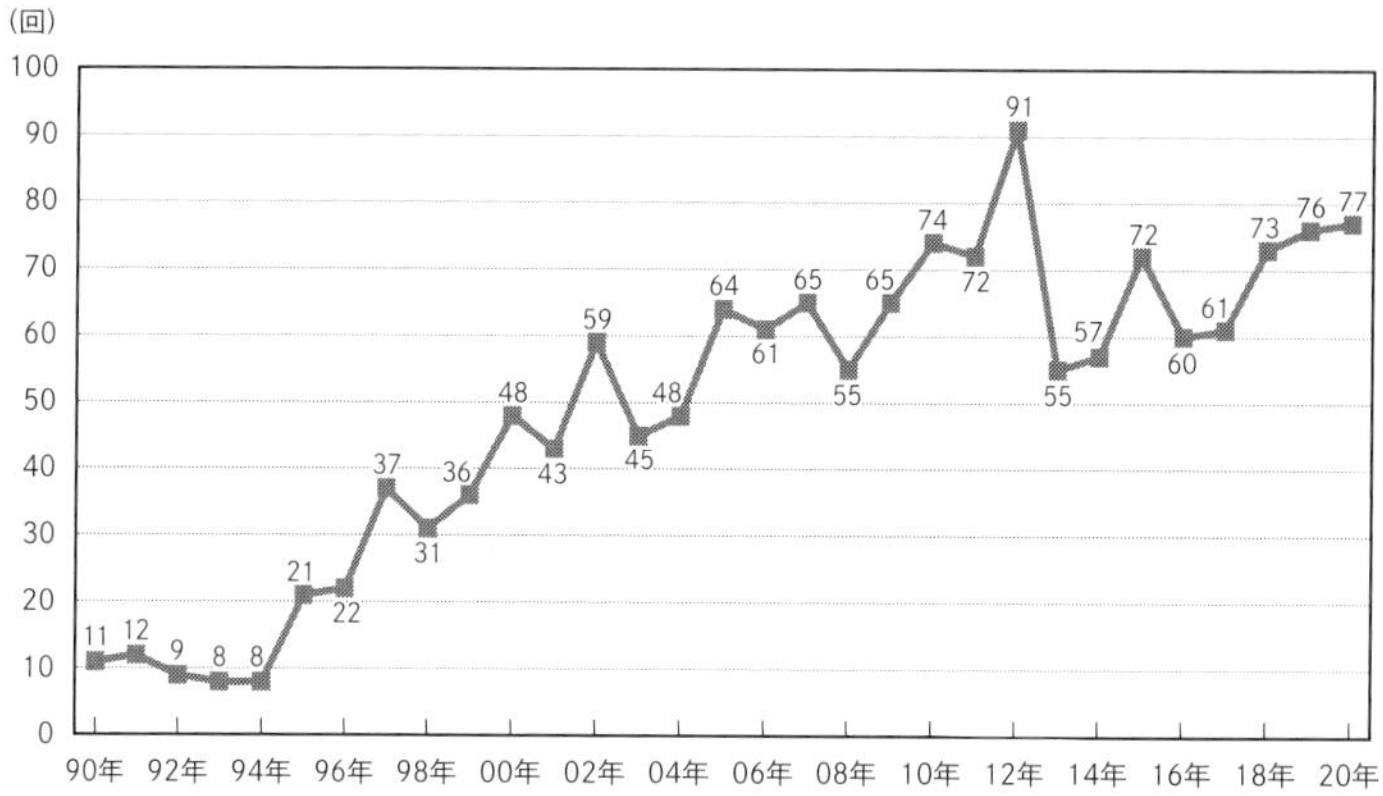

出典：全国47都道府県議会議事録横断検索（http://chiholog.net/yonalog）

言が見られました（全てを計量的に分析したわけではありませんから、筆者の個人的な感想です）。

例えば、「倉敷市議会が今後目指すべきは、やはり政策立案能力といいますか、まさにそれが本来議会が果たすべき役割だと思うからでございます。（中略）そういう政策立案に果敢に取り組んでいく、チャレンジしていく、それは条例も含めてとなります」（倉敷市議会令和2年第1回臨時会）や「私たち議員は、議会として果たすべき役割を十分認識いたしまして、市民を代表する議決機関として、また、政策立案機関として、市民の皆様の期待と信頼にお応えできるよう、議員全員が力を合わせ、努力していく所存でございます」（茨木市議会令和元年第5回定例会）などがあります。

筆者は、都道府県議会が悪くて、市町村議会が良い、と言いたいのではありません。執行部も議会も双方が政策立案を高めていかなくてはいけません。そうしなくては不確実の時代において、的確な対応をしていくことは難しいでしょう（特に新型コロナウイルス感染症という未経験の出来事に、執行部も議会も振り回される傾向にありますし……）。

議会（議員）の政策立案（力）の法的根拠は議会基本条例により担保されつつあります。一方で執行部、特に自治体職員の政策立案（力）の法的根拠が薄いように感じます。地方自治法や地方公務員法には明確に書かれていません。法的根拠ではありませんが、各自治体が策定する「人材育成基本方針」に明記されています。場合により、条例や規則といった法的根拠を用意することも一案かもしれません。

6　自助・共助・公助って何だろう？

菅義偉・内閣総理大臣は、「自助・共助・公助、そして絆」を掲げています。自然災害を例にとり、それぞれの意味を考えます。自助とは「自分の命と財産等を守るために、自分で防災に取り組むこと」です。共助とは「災害に関連して、近所や地域の方々と助け合うこと」になります。公助とは「市町村をはじめ警察・消防等による公的な支援」と捉えられます。

菅内閣総理大臣は「自助・共助・公助」を強調します。この概念は1990年代から見られ

図表17　都道府県議会における「自助・共助・公助」の質問等の推移

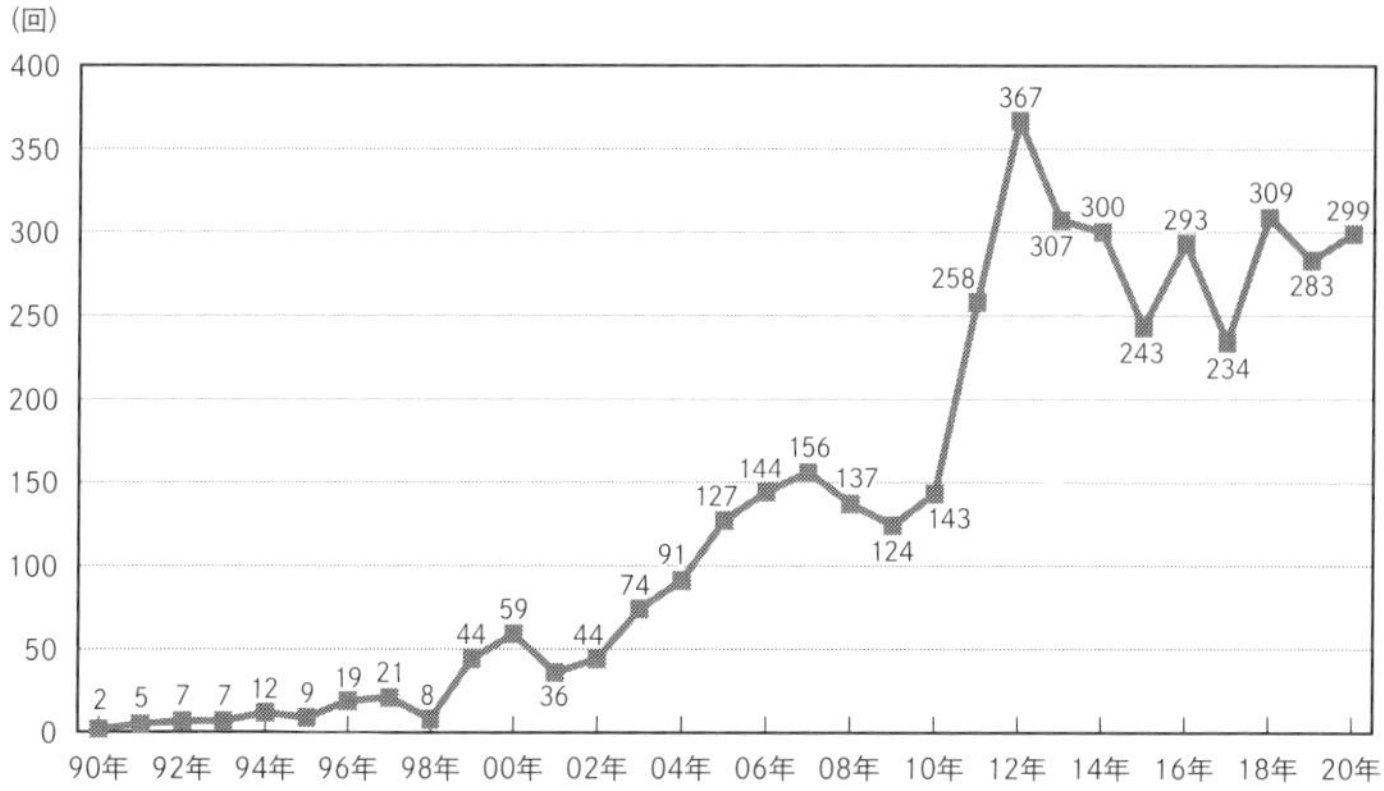

出典：全国47都道府県議会議事録横断検索（http://chiholog.net/yonalog）

ます。ここでは都道府県議会の議会質問等から、「自助・共助・公助」の経緯を確認します。

議会質問等における「自助・共助・公助」の動向

図表17は「全国47都道府県議会議事録横断検索」を活用した「自助・共助・公助」に関する議会質問等の推移です。図表17を確認すると、1990年から登場しています。1989年以前は、都道府県議会においては見られません。兵庫県議会平成2年度決算特別委員会（1990年12月6日）において、福祉部長（当時）が「地域における助け合いの運動などの共助活動を進めるなど、公助、自助、共助のバランスのとれた福祉社会の形成を目指す」と答弁しています。

図表17を確認すると、2011年と2012年に議会質問等が増加しています。この理由は東日

本大震災が背景にあると推察されます。また当時は「絆」という言葉（概念）も多く聞かれました。

次に、自助・共助・公助に関する議会質問等を例示します。

〈議会質問の実例〉

・県民防災力の強化についてお伺いいたします。（中略）災害時の新型コロナウイルス感染症への対策をしっかりと見据え、公助の対策はもとより、これまで以上に県民の自助、共助の取り組みを促進すべきと考えます。そこで、新型コロナウイルス感染症に配慮しつつ、県民防災力の強化をどのように図っていくのか、御所見をお伺いいたします（徳島県議会令和２年６月定例会、２０２０年６月19日）。

・猛烈な豪雨に対応するには、都民の自助、共助を促すソフト面での対策も重要であります。下水道局でも取り組みを進めていくべきだと考えますけれども、この点につきましてのご見解をお伺いいたします（東京都議会平成25年度公営企業会計決算特別委員会、２０１４年11月10日）。

過去の議会質問等を確認すると、多くが自然災害に関する文脈で「自助・共助・公助」が使われています。たまに犯罪被害に関する文脈でも見受けられますが、圧倒的に自然災害に関連して活用されています。一方で、社会保障制度に関しても使用されています。２００６年の『厚生労働白書』にも記載があります。

視点を変えて、条例における「自助・共助・公助」の記述を確認します。筆者の調べた範囲では、「自助・共助・公助」を明記しているのは約１７０条例を確認できます。

例えば、北海道防災対策基本条例に明記されています。同条例の第３条が基本理念です。条文は「防災対策は、自助、共助及び公助のそれぞれが効果的に推進されるよう、防災対策の主体の適切な役割分担による協働により着実に実施されなければならない」と記されています。

条例における「自助・共助・公助」も９割程度が自然災害に関係します。その他、明記が見られる条例は、自治基本条例、地域コミュニティ推進条例、総合治水対策推進条例、健幸（健康）推進条例くらいです。

基本的に「自助・共助・公助」は自然災害に関連して使われてきたようです。一方で菅内閣総理大臣の言動を確認すると、「自助・共助・公助」は自然災害だけに特化した言葉ではない印象を受けます。菅総理は、行政のあらゆる分野に対して活用することを意図しているのではないでしょうか。言い方に語弊があるかもしれませんが、一歩間違えると「自助・共助・公助」の乱用につながる可能性があります。

自助・共助・公助と家助

「自助・共助・公助」に関して、筆者の持論を述べておきます。今日、「自助・共助・公助」という流れで使われることが多くあります。筆者は自助の次には、家族の援助である「家助」があるべきと考えています。この「家助」が消失しつつあるように思います。なお、筆者の言う「家助」を「共助」の中に組み込む自治体もあります。しかし、筆者は家助と共助は分けて考えた方がよいという立場をとります。

近年、筆者は自身の研究（子どもの貧困など）や大学での業務（保護者対応）など、様々な場面で「家族の関係は、こんなに薄いものなのか」とか「家族が助けてくれなくてはどうするのか」と実感することが多くありました。明らかに「家助」（家族の援助）がなくなりつつあると実感しています（ちなみに筆者の家族のことではありません）。

自助の次は共助というのが、当たり前のパターンになっています。しかし、本当は「家助」の復権が必要でしょう。自治体は、自助や共助の強化を説いています。それらも重要ですが「家助」に価値を見出し、後方支援する取り組みも必要と考えます。

第III部
地域創生のＱ＆Ａ

第Ⅲ部は、筆者が地域創生（地域づくり）に関して尋ねられることを「Q＆A形式」で記しています。質問を9のカテゴリーに分けています。なお、第Ⅲ部は、過去筆者が地方議員や自治体職員の質問に回答してきた内容を改めて取りまとめたものになります。

第Ⅲ部を読むにあたり、注意してほしいことが2点あります。第1に、回答した時期により、現在に合わないような質問・回答が少しあります（明らかに時代に合わない内容は掲載していません。ただ「今後に役立つかもしれない」と思う質問・回答は残しています）。例えば、インバウンド（外国人観光旅客の来訪）です。現在は新型コロナウイルス感染症の影響により、インバウンドの芽は摘まれています。しかし、アフターコロナにおいては、インバウンドの可能性があるため言及しています。

第2に、第Ⅲ部は全体的に地方議員や自治体職員を念頭に回答しています。ただし、地方議員や自治体職員だけに活用できる回答ではありません。地域創生に携わる方ならば、第Ⅲ部で示す回答は役立つと考えます（明らかに地方議員だけ、自治体職員だけに役立つ回答は、第Ⅲ部には記していません）。

筆者が地域創生の現場に入り、経験的に実感したことを中心に記しています。その意味では読者への問題提起という意味があります。関心のある質問・回答から読み進めてください。

第１章

地域イノベーションの視点

Q1　地方分権、地方創生の時代において、議員や自治体職員はどのような能力が求められますか。

自治体のホームページを確認すると、今、様々な「○○の時代」の中を歩んでいるようです。例えば、地方分権の時代、人口減少の時代、地方創生の時代、縮小都市の時代などの言葉を見ることができます。これらの言葉の根底にある思考は、今までに経験したことがなく、先の見えない（予測のできない）というニュアンスでしょう。

このような時代において、議員や自治体職員は、あるいは地域創生に関わる人は、「政策形成能力」の確立と向上が求められます。筆者の考える政策形成能力とは、「問題を発見し、その問題を解決するため、一定の政策目標を立て、それを実現するために必要なしくみ・しかけをつくり上げる能力」です。この定義は時系列的に考えています。重要なのは、最初の5文字の「問題を発見」です。

本屋に行くと、問題解決の手法やフレームワーク（思考の枠組み）を記した本はたくさんあります。例えば、ロジカルシンキングやSWOT分析、マトリクス分析など、問題解決の手法を明記した本が多くあります。それらの問題解決の手法を明記している本をたくさん読んだとしても、「何が問題か」が発見できなければ、せっかく学んだ問題解決の手法を活用することができません。問題が発見できてこそ、問題解決の手法が活用できるのです。そこで重要なのは、「問題の発見」に注力することです。

ところが、問題を発見することとは、意外と手間暇がかかります。筆者の感覚では、問題を発見するのに時間も労力も6～7割程度を要してしまいます。さらに言うと、問題発見の能力を体得するためには、地域創生の現場において、ある程度の訓練が必要です。

しかし、「訓練している時間がない」という現実があります。そういう機会が与えられないということもあるでしょう。その場合は、すでに問題解決に取り組んだことのある上司や先輩、あるいは大学教員やシンクタンク研究員などから、彼ら彼女らの経験を「耳学問」とするとよいでしょう。耳学問とは「自分で修得したものではなく、人から聞いて得た知識」です。

筆者は、しばしば経験者から話を伺い、耳学問をしています。耳学問で得られた知識や知見が疑似体験となり、政策創生に貢献しています。

議員や自治体職員、また地域創生を進めていく当事者に必要となるのは「政策形成能力」です。その能力の中に、政策法務や政策財務、政策人事、政策組織などが含まれていると理解しています。ここで記した諸概念について簡単に紹介します。

まずは、政策法務です。その定義は「法を政策実現の手段としてとらえ、有効かつ効果的に地域固有の課題の解決や政策の推進を図るために、法令を地域適合的に解釈運用し、地域特性に応じた独自の条例を創る法的な活動」です（出石稔、2008、『自治体職員のための政策法務入門』第一法規）。

次に政策財務です。この概念は確定した定義はありません。例えば「地方自治体における『個別の政府政策に伴う政府支出の〈ヤリクリ〉』であり、『支出論つまり政策論』を重視する」という説明があります（松下圭一、1996、『日本の自治・分権』岩波書店）。筆者なりに考え、「政策を実現する手段とした財務に関する様々な取り組み」と定義します。この様々な取り組みの中には、税収や税外収入の拡大を検討したり、歳入歳出の最適化を考えたり、健全な財政を進めるための条例立案などがあります。

政策法務や政策財務は、しばしば目にする概念です。これに加えて、筆者は政策人事と政策組織も必要と考えています。簡単に言及すると、政策人事とは「政策を実現する手段とした人事に関する様々な取り組み」になりますし、政策組織とは「政策を実現する手段とした組織に関する様々な取り組み」です。政策に実効性を持たせるには、法務、財務、人事、組織などをしっかりと進めることが大切です。

Q2　先の見えない時代です。このような時に使える手法はありますか。どのような視点から政策づくりを進めればよいでしょうか。

現在は「不確実性の時代」と言われます。「一寸先は闇」は言いすぎるかもしれませんが、先々まで予測するのは至難の業です。ただ「シナリオ法」を活用すれば、想定していない事象が起きても、ある程度は、よい方向に軌道修正ができるかもしれません。そこでシナリオ法を紹介します。

シナリオ法とは「シナリオ・プランニング」や「シナリオ・ライティング」とも称されます。ここでは「シナリオ法」と統一します。シナリオ法は「将来に発生する可能性のある事象や、その可能性について、一定の論理的な整合性を保ちながら、将来像を具体的に記述したもの」と定義できます。

具体的には、将来人口推計やデルファイ調査をはじめ、様々な未来予測から仮説を立てて、将来の情景を時間や分野を区別して予測を記述します。そして起こりうる事象を予測し、複数の代替案を作成します。

デルファイ調査とは、科学技術の将来展望に関するアンケート調査になります。デルファイ調査は科学技術・学術政策研究所が実施しています。同調査は、今後30年間で実現が期待される科学技術等の実現時期や重要性などを専門家が予測する調査になります（ｗｅｂで「デルファイ調査」と検索すれば、国等の調査結果が抽出されます）。

将来人口推計は、国立社会保障・人口問題研究所の発表している資料を活用します。少なくない自治体は独自の将来人口推計を実施しています。

これらの未来予測を活用しつつ、行政の外部環境に生じる様々な事象を論理的に検討し、現在の状況から将来どのような状況が生まれるかを予測していきます。それがシナリオ法です。

シナリオ法は、２、３通りの未来を表現します。各シナリオは構造的に異なっています。定性的に時間の要素を伴った将来の環境変化についてのストーリーです。シナリオ法は、一般的には、「最良」「妥当（普通）」「最悪」の３つを例示することが多いです。それらのシナリオが、政策判断に影響を与えることになります。国立社会保障・人口問題研究所の将来人口推計は、「上位推計」「中位推計」「下位推計」を提示しています。これもある意味、３つのシナリオと言えます。

シナリオ法の歴史に言及します。シナリオ法は、米空軍が戦争時に開発した戦略的プログラムの一つとして誕生したと言われています。その後、１９６０年代にハドソン研究所やスタンフォード研究所等がシナリオ法を未来予測という形で活用し、広まることになりました。

国際石油会社のロイヤル・ダッチ・シェルがシナリオ・プランニング（シナリオ法の一つ）を用いて、１９７３年の第一次石油危機や１９８６年の石油価格暴落の可能性を予測していました。同社は関連会社等に、それらに用意しておくよう呼びかけていました。そして危機に的確に対応した結果、シェルは１９７０年には７大メジャー中で最弱でしたが、１９９０年には最大となりました。この経緯から、シナリオ法の有効性が広く周知されるようになりました。

シェルは特徴的なシナリオを用意しています。その中では、ゴルバチェフ登場以前のソ連経済の崩壊を予見しています。さらに、ゴルバチェフ登場後はソ連経済の立ち直りの遅れを予測したシナリオも作成しています。

話はややそれますが、「対策」と「政策」の違いを記しておきます。人口減少の中で、人口を維持し増加させるためには、「対策」ではなく「政策」という発想が重要です。対策は「現実対応」になります。それは「今、目の前にある問題を何とかしたい」という一心で取り組むことを意味します。どうしても狭視眼的な見地からの行動になってしまいます。

一方で、政策は未来志向です。未来志向のためには、根拠をもって問題解決に当たらなくてはいけません。その根拠の一つが既存の統計データであり、今回紹介したシナリオ法です。未来志向には希望が湧いてきます。多様な観点から可能性を探ることになります。その結果、心にも余裕が生まれ、成功の軌道に乗りやすくなります。

そして政策を検討する際は、未来のシナリオを複数作成するとよいでしょう。シナリオ法の活用は、対策行政から政策行政への変貌です。読者もシナリオ法を活用し、未来予測をしてみてはどうでしょうか（筆者は対策行政を否定しているわけではありません。対策も重要です）。

Q3 シティプロモーションやシティセールスという言葉をよく聞きます。これらの言葉の意味は何ですか。

今日、多くの自治体がシティプロモーションやシティセールスを推進しています。既存の取り組みから考察すると、シティプロモーションとシティセールスの言葉に大きな意味の違いはありません。シティプロモーションやシティセールスの意味は、多義的な概念を含んでおり、定義化することは難しい状況です。

藤沢市（神奈川県）は、シティプロモーションという言葉を使用しています。その意味を、「都市の魅力やイメージを効果的かつ継続的にアピールすることで、都市のブランド価値（都市としての優位性）を高め、都市を発展させていく取組」と定義しています（『ふじさわシティプロモーション推進方針』)。

戸田市（埼玉県）はシティセールスという言葉を使用していました。そしてシティセールスを「まちの魅力を市内外にアピールし、人や企業に関心を持ってもらうことで、誘致や定着を図り、将来にわたるまちの活力を得ることにつなげる活動」と定義しています（『戸田市シティセールス戦略改訂版』)。

藤沢市や戸田市に限らず、昨今では多くの自治体がシティプロモーションやシティセールスに関する戦略や指針等の行政計画を策定し、積極的に推進しつつあります。シティプロモーションやシティセールスを定義している既存の多くの自治体は、藤沢市や戸田市の意味と大きな違いはありません。そのため「多義的である」と指摘することができます（以下では「シティプロモーション」という言葉に統一します)。

繰り返しますが、シティプロモーションは多義的な概念を含んでいます。しかし、目指す方向性は多々あります。この「目指す方向性」とは目標と換言してもいいかもしれません。

例えば、①認知度の向上があります。自分たちの自治体の存在を知ってもらわなければ、観光に来てくれませんし、引越しして来てくれません。つまり何も始まりません。そこで、この「認知度の向上」を掲げる自治体が多くあります。そして②情報交流人口、③交流人口、④定住人口、の増加を目指す場合も多くあります。特に定住人口の増加を掲げるシティプロモーションが多いのが実状です。さらに、⑤現在生活している住民が地元地域に愛着心を持つことも重要です。このことは「シビックプライド」と称されます。

また、⑥「スタッフプライド」を掲げる活動も登場してきました。スタッフプライドは墨田区が使用しています。⑦協働人口の獲得も重要です。⑧人口還流の考えもあります。⑨近年は「関係人口」を取り上げる自治体が増えています。シティプロモーションの対象となるのは、自然人だけではありません。法人も対象になります。そこで、⑩企業誘致も取り組みの一つとなります。このようにシティプロモーションが目指す方向は多方面に拡大している状況があります。図表1はそれぞれの言葉の意味です。

以下は、筆者の考えになります。筆者はシティプロモーションを「都市・地域の売り込み」と端的に捉えています。この「都市・地域」には読者の自治体名が入ります。例えば「戸田市の売り込み」や「藤沢市の売り込み」となります。

都市・地域を売り込むことにより、その結果、多様な住民から「選ばれる自治体」に変貌する能動的な活動です。多様な住民とは図表1に記した内容になります。

既存のシティプロモーションを観察すると、民間企業のある取り組みと類似しています。それは「営業」です。その意味で、シティプロモーションは、自治体における営業活動と換言してもよいと思います。しかし、自治体の組織に「営業部」や「営業課」という名称をつけることは、現時点ではやや違和感があります。そこで「シティプロモーションという言葉を使用し、実際は営業活動している」というのが筆者の認識になります。

図表１　シティプロモーションにおける主な用語の説明

用語	定義
情報交流人口	国土交通省によると、「自地域外（自市区町村外）に居住する人に対して、何らかの情報提供サービスを行う等の『情報交流』を行っている『登録者人口』」のこと。情報提供の手段はインターネットのほか、郵便やファクス等も含まれる。同省は「重要な点は、不特定多数に対する情報提供サービスではなく、個人が特定でき、何らかの形で登録がなされていること」としている。
交流人口	その自治体を訪れる（交流する）人のこと。訪問の目的は、通勤や通学、買い物、観光など、特に問わないが、一般的には交流人口というと観光誘客と捉える傾向が強い。
定住人口	その自治体に住んでいる人であり、居住者である。また定住人口も、その属性を細分化すると、住民登録をしている場合と、必ずしも住民登録をしていない場合がある。住民登録をしていない人口とは、一時だけ滞在する「滞在人口」である。一時とは数日間の滞在ではなく、あるまとまった期間の滞在である。また、二地域を往来する「二地域居住人口」などにも分けられる。
シビックプライド	住民が抱く「都市に対する誇りや愛着」とされることが多い。同概念は、『シビックプライド―都市のコミュニケーションをデザインする』（読売広告社都市生活研究局著、2008、宣伝会議）において提唱されている。
スタッフプライド	東京都墨田区によると「自治体職員の自覚と責任感を併せ持つ自負心」であり、自らが勤務する自治体への愛着心である。民間企業には「愛社精神」という概念がある。愛社精神とは「自らが勤める会社を愛する気持ち」である。この愛社精神は、経営者に対する忠誠心とは別次元にある。スタッフプライドは、愛社精神に近い考え方と思われる。
協働人口	国土交通省の「新たな『国土のグランドデザイン』」に登場した概念である。端的に言うと、自治体や地域のさまざまな主体と一緒に地域づくりをする人口である。「その自治体のファン」と捉えてもよい。居住しているかどうかは問わない。「応援人口」という言葉を使用する場合もある。応援人口も、協働人口に類似した考えである。
人口還流	還流とは「再びもとへ流れもどること」という意味がある。そこから転じて、狭義にはUターンやJターンと捉えられている。Uターンとは地方圏から都市圏へ移住した者が再び地方の生まれ故郷に戻る現象を言う。Jターンとは地方圏から都市圏へ移住した者が、生まれ故郷の近くの地域（自治体）に戻り、定住する現象を指す。なお、広義ではIターンも人口還流となる。Iターンとは都市圏で生まれ育ち、都市で働いていたが、その後地方圏に移動する現象である。
関係人口	移住した「定住人口」でもなく、観光に来た「交流人口」でもない、地域や地域の人々と多様に関わる者（総務省「これからの移住・交流施策のあり方に関する検討会」）

※人口の中には、自然人に限らず法人等も含まれる場合もある。

出典：筆者作成

２００８年までは、人口が右肩上がりで増加してきました。そのため歳入（特に税収）は基本的に拡大基調でした。しかし人口減少を迎え、歳入が逓減していく時代になりました。そこでシティプロモーションという営業活動を実施することにより、逓減する歳入を克服しようとしている（あるいは歳入の逓減の速度を遅くする）というのが筆者の理解です。

組織名に「営業」という2文字を採用する事例も登場しています。福井県の「観光営業部ブランド営業課」や箕面市（大阪府）の「地域創造部箕面営業課」、三浦市（神奈川県）の「経済部営業開発課」などがあります（三浦市は２０２１年3月で廃止になったようです）。しかし、現時点では組織名に「営業」という言葉が入ることは少ない現状があります。その代わりに「シティプロモーション課」を設置して、営業をしている自治体が増えつつあります。

Q4　プロモーション動画の製作が流行っています。プロモーション動画の注意点を教えてください。

民間企業はプロモーション動画を大量に製作してきました。プロモーション動画とは「消費者にある商品やあるサービスを購入してもらうことを目的とし、その目的を達成するための宣伝活動用や販売促進用の動画」と定義できます。

民間企業が商品やサービスを売る場合は、ターゲットを設定します。そのターゲットに対して新聞や雑誌等を活用し、「文字」や「絵」だけで商品やサービスを伝えるのは限界がありま す。そこで、売り込みたい商品やサービスを「動画」で伝えた方が消費者に価値が伝わりやすくなり、理解も深まります。ここに動画の価値があります。

従来から民間企業はプロモーション動画を活用してきました。近年では自治体もプロモーション動画を製作し、地方創生に取り組みつつあります。しかし、プロモーション動画には注意すべき点があります。

読者に質問です。プロモーション動画の視聴回数が多い自治体は、定住人口や交流人口を増加させているのでしょうか。

筆者は1万回以上視聴されたプロモーション動画を対象に、製作する1年前と、1万回以上視聴された1年後の定住人口と交流人口の増減を調べました。対象自治体は20自治体になります。

回答は、多くの自治体が定住人口や交流人口を減少させています。つまりプロモーション動画を製作しても、定住人口と交流人口の増加という観点から捉えると、効果が薄いと言えるかもしれません。

もちろん定住人口を増加させている自治体もあります。定住人口を増加させた一要因としてプロモーション動画の存在は否定しません。しかし、人口を増加させているのは、特別区や県庁所在地に位置する自治体のプロモーション動画であり、そもそも人口を拡大させる要素を持っていたと判断できます。

以前、ある自治体のプロモーション動画の担当者と意見交換をしました。その自治体のプロモーション動画は視聴が10万回を超えました。そして担当者は「プロモーション動画があるからこそ、定住人口の減少幅がこの程度で済んだ」と言います。しかし、この自治体は県平均の人口減少率よりも大きく人口を減らしています。その意味で「プロモーション動画があるからこそ」は説得力に欠けます。

筆者はプロモーション動画の存在を否定する気はありません。ただし、最近は「プロモーション動画を製作すること」が目的化しているきらいがあります。そうではなく、定住人口の増加や交流人口の拡大などの政策目標を明確にした上で、その目標を達成するためのプロモーション動画を製作しなくては失敗に終わるということを指摘しておきたいと思います。

Q5　現在、シティプロモーションを進めていますが、成果が上がりません。どうしてでしょうか。

多くの自治体がシティプロモーションに取り組んでいます。筆者は2000年代半ばに、初めてシティプロモーションに関わりました。その時は、シティプロモーション活動をする自治体は少なく、数えることができました。しかし、今では数えることはできません。

シティプロモーションの定義を考えます。決まった定義はありません。学識者により異なり、自治体により違っています。その中で、筆者はシティプロモーションを「都市・地域の売り込み」と考えています。この「都市・地域」には、自治体名などが入ります。戸田市（埼玉県）の場合は「戸田市の売り込み」となりますし、西条市（愛媛県）は「西条市の売り込み」となります。また、シティプロモーションは、自治体における営業活動と換言してもよいと考えます。

さて、シティプロモーションが成功しない要因です。成功しない理由は多々考えられますし、自治体により異なるでしょう。その中で筆者が考える根本的なことを2点に絞って言及します。

（シティ）プロモーションは、民間企業の経営活動の一手法です。プロモーションは「マーケティングの4P」という概念において登場します。マーケティングの4Pは、マーケティングを展開する上で、最も基本となる取り組みです。4Pとは、①Product（製品・商品）、②Price（価格）、③Promotion（プロモーション・販促）、④Place（流通）、の4つを指します。それぞれの頭文字のPから4Pと称しています。マーケティング戦略を考える時は、それぞれの4Pを意識しながら進めていきます。

ここまで記して、勘のいい読者はシティプロモーションが失敗する理由がわかったと思います。シティプロモーションの失敗の原因の多くは、「プロモーション」にしか取り組んでいないことにあります。自治体は、Product（製品・商品）を創出せず、Price（価格）も検討せず、Place（流通）という発想もない状態で、Promotion（プロモーション・販促）に取り組んでいるのです。これでは成果は上がりません。重要なことは、4Pを意識して進めることです（図表2）。

経営手法であるマーケティングの4Pを、筆者なりに行政活動に当てはめると次のようになります。①ターゲットのニーズに対応した「製品・商品」（ブランド）を創出（開発）し、②ターゲットに最適な「価格」（魅力）を設定します。③ターゲットに情報を届けるために最も効率的な「流通網」（マスメディア）を選定し、④ターゲットに対して最も効果的な「プロモーション」を展開するという流れになります。しかし、現在の多くのシティプロモーションは①

図表2　マーケティングの４Ｐ

セグメント化によりターゲット層を決定する。そして4Pを関連させて進めていくことが求められる。

出典：筆者作成

図表3　自治体におけるマーケティングの視点

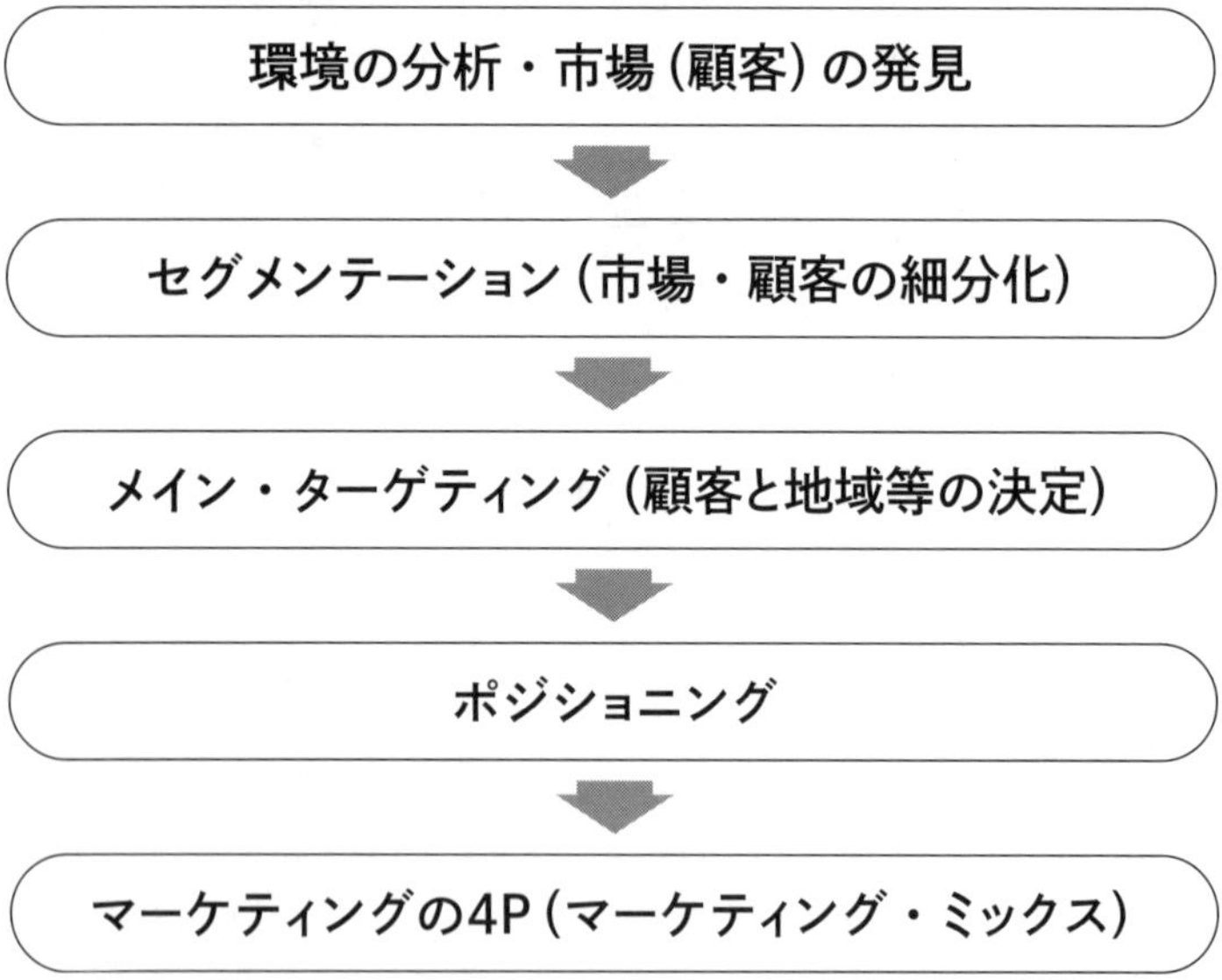

出典：筆者作成

〜③を検討せず、④のプロモーションだけを実施している状態です。これでは当然失敗していきます。

マーケティングの4Pを意識すれば成功の軌道に乗る……というわけでもありません。シティプロモーションを成功させるためには、図表3の段階を踏むことが大切です。簡単に概略を記します。

最初に「環境の分析・市場（顧客）の発見」です。対象とするターゲット層を大まかに把握する段階です。次に「セグメンテーション（市場・顧客の細分化）」を通してターゲット層を明確にします（絞り込みます）。そして「メイン・ターゲティング（顧客と地域等の決定）」となります。例えば、定住人口を増やす場合は、獲得する対象層と奪う地域を決定します。続いて「ポジショニング」に移ります。ここではメイン・ターゲットに自治体の魅力を認知させる活動を立案します。その後に、マーケティングの4Pとなります。マーケティングの4Pは最終段階なのです。

図表3を意識せず、多くの自治体はシティプロモーションだけを進めるため、失敗していきます。シティプロモーションを実施する当事者は、図表3は意識しなくても、図表2のマーケティングの4Pくらいは理解してもらいたいものです。

Q6　地域ブランドを検討する上でのポイントは何ですか。

地域ブランドはシティプロモーションと密接な関係にあります。実は以前、自治体において地域ブランドは一時期流行りました。その後、しばらく動きはなかったのです。ところが最近はまた注目を集めつつあります。筆者のところにも、地域ブランドに関する問い合わせが増えています。

地域ブランドの先進事例を紹介します。盛岡市（岩手県）は、2006年1月に「盛岡ブランド推進計画」を策定しています。盛岡市の価値や魅力を盛岡ブランドとして開発し、普及、啓発を目指しています。現在は、前計画の課題を踏まえ、「第二次盛岡ブランド推進計画」が進んでいます。

塩尻市（長野県）は、2007年3月に「塩尻『地域ブランド』戦略」を策定しています。塩尻市のイメージを向上させることにより、市民が市に対し愛着や誇りを持ち、地域において生産された産品・サービスの付加価値を高めることを目指しています。

宇都宮市（栃木県）は2009年3月に「宇都宮ブランド戦略指針」を策定しています。宇都宮市のイメージ・魅力を高めることで、市民の地域への誇り・愛着を醸成し、地元企業に

図表４　先進事例にみるブランドの定義

自治体	ブランドの定義
盛岡市	盛岡の価値や魅力と、そこから生まれる安心や信頼といったイメージも含めて、「盛岡ブランド」と位置付けています（「第二次盛岡ブランド推進計画」）。
塩尻市	本市における「地域のブランド化」とは、市場に対し本市が良好なイメージを有し、本市において生産された産品・サービスの付加価値が向上するとともに、市民が塩尻地域に対する誇りと愛着を持っている状態にすること（「塩尻『地域ブランド』戦略」）。
宇都宮市	宇都宮ブランドとは、宇都宮という“都市”に対して、市内外の人や企業からの信頼・好感・期待を恒常的に獲得するとともに、他自治体との差別化を誘引する、本市独自の「価値やイメージ」（「宇都宮ブランド戦略指針」）。

出典：筆者作成

とっては付加価値の向上、行政にとっては、人と企業の集積による都市力の向上を目指しています（図表４）。

たまたまかもしれませんが、上記の３自治体は、人口減少時代において勝ち組と言えるかもしれません。２０１０年と２０１５年の国勢調査から人口の増減を確認します。盛岡市は▲０・２ポイントほど人口が減少しています。一方で、岩手県全体では盛岡市を大きく上回る▲３・７ポイントの減少です。県内他自治体と比べると、盛岡市は人口減少をいかに食い止めているかが理解できます。宇都宮市は１・４ポイントほど増加しています。ところが栃木県全体では▲１・６ポイントも減少させています。

読者からは「盛岡市や宇都宮市は県庁所在地であるからだ」という声が聞こえてきそうです（県庁所在地であっても大きく人口を減少させている自治体もあります）。塩尻市は県庁所在地ではありません。同市は▲０・７ポイントの人口減であるのに対し、長野県全体では▲２・４も減少させています。これらの事例から結論付けるのは危険ですが、地域ブランドの構築は、人口減少時代においても「選ばれる」可能性があるのかもしれません。

先述では簡単に地域ブランドの概念を紹介しました。ここからは、「地域ブランドを検討する上でのポイントは何ですか」という問に対する筆者の回答に言及します。

地域ブランドの要諦は、まさに「ブランド」の4文字に集約されます。ブランドの語源は、牛を放牧する際に自分の所有する牛と、他者が所有する牛を差別（区別）するために押す焼印（burned）と言われています。つまりブランドとは「差別化」であり、「違いづくり」という意味があります。

差別化を進めるためには、当然比較対象が必要となってきます。読者の自治体がブランドに取り組む場合は、どの自治体と差別化していくのでしょうか。この点を明確にする必要があります。

ブランドのポイントは「差別化」（違いづくり）になります。そのためにはライバルの自治体を設定し、差別化に取り組んでいかなくてはいけません。ところが、ブランドに取り組む既存の自治体は「ブランド」という言葉を使用しながら、実は差別化になっていない事実が多々あります。差別化というより、実は他自治体の「模倣化」という現状が多くあります。これでは地域ブランドは失敗に終わります。

注意してほしいのは、地域ブランドは手段であり、目標（目的）ではありません。地域をブランド化することにより「何を達成したいのか」を明確にしなくてはいけません。設定した目標（目的）から逆算して、手段とした地域ブランドに取り組んでいくことが求められます。

Q7　私の自治体はブランドランキングが低くなっています。このままでは定住人口が減ってしまいます。どうすればよいですか。

筆者は、このような質問をよく受けます。その時は「気にしないことです」と回答しています（無責任のようで、すみません）。

冒頭の質問にもありますが、「ブランドランキングが下がると定住人口が減る」とよく言われます。あるいは「ランキングを上げると定住人口が増加する」とも指摘されます。これは本当でしょうか。

実は、これは都市伝説のようなものです。都市伝説とは「口承される噂話のうち、現代発祥のもので、根拠が曖昧・不明であるもの」という意味があります。

議会の議事録を確認すると、少なくない地方議員が「ブランドランキングを上げて、定住人口を増やすべき」と質問しています。本当にブランドランキングが上がれば、定住人口は増加するのでしょうか。

筆者は、某調査機関が発表しているブランドランキング上位30団体と、過去10年間の人口増減数を確認しました（使用したのは2016年のブランドランキングと、2005年－2015年の国勢調査です）。その結果は、30団体のうち定住人口が増加しているのは13団体でした。

この「13団体」という数字をどう考えるかは、読者により異なると思います。筆者は「ブランドランキング上位の自治体でも、17団体も人口が減少している」と捉えます。17団体の多くが、所属する都道府県の人口減少率以上に人口が減っています。

さらに、人口が増加している13団体のうち7団体は、札幌市（北海道）や新宿区（東京都）などの政令市や特別区になります。そもそも、政令市や特別区は人口牽引力があるのです。そうなると、注目すべき数字は「6団体」となります。この6団体は、鎌倉市（神奈川県）や金沢市（石川県）、軽井沢町（長野県）など、長年かけてブランドをしっかり構築してきた自治体です。

先に紹介した「ブランドランキングを上げて、定住人口を増やすべき」と発言した議員の自治体は、すぐに鎌倉や金沢になることができるのでしょうか。現実的には難しいと思います。ブランドは歴史が創り出すものだからです。歴史は短期間で形成されるものではありません。

一方で、ブランドランキングが低い戸田市（埼玉県）や流山市（千葉県）の定住人口は大きく増加しています。すなわち、定住人口を増やしたければ、ブランドランキングを上げるのではなく、人口が増えている自治体に共通する要素を抽出し、それを自分たちの自治体に移転す

図表5　定住人口とブランドランキングのマトリクス

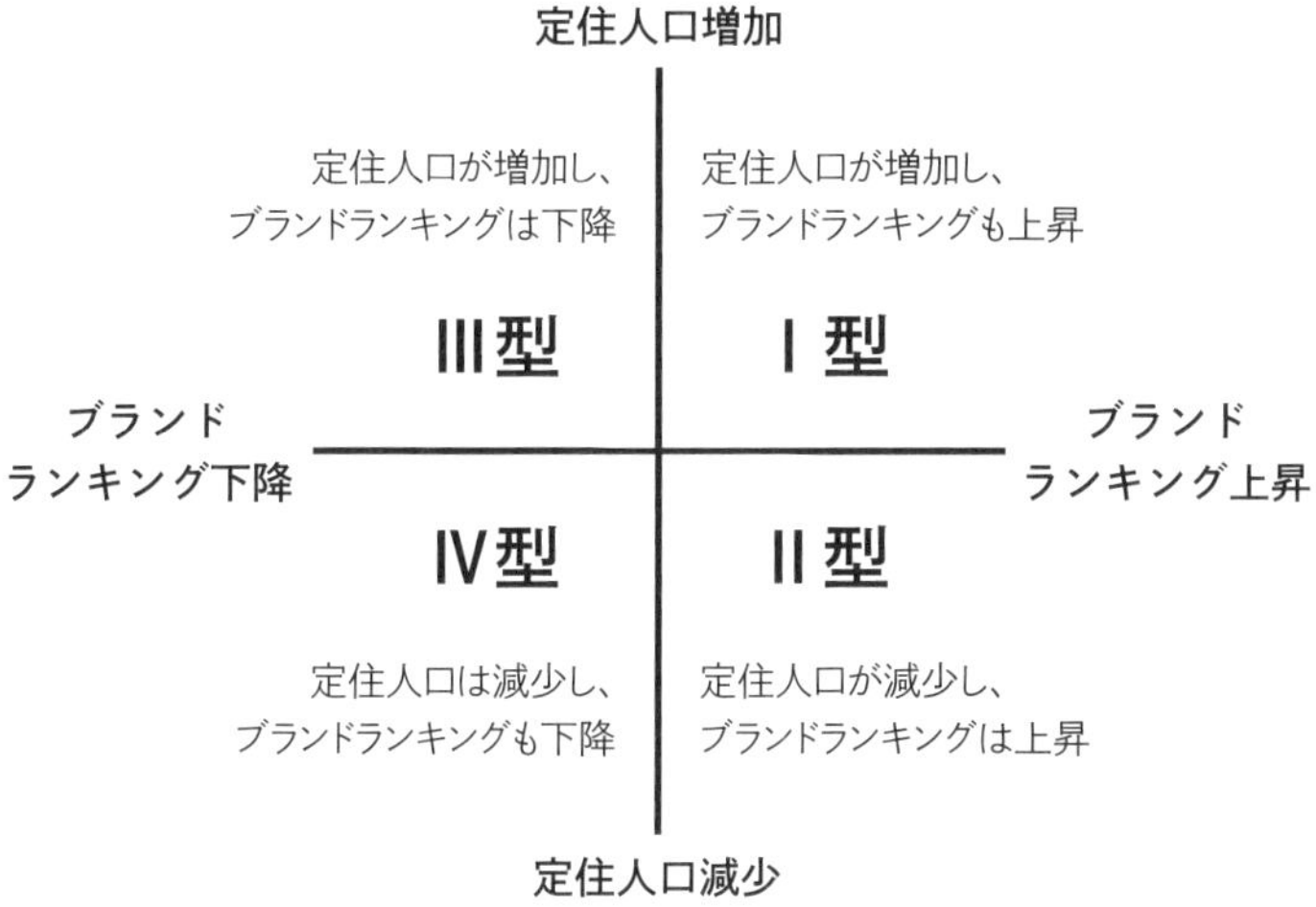

出典：筆者作成

ることが大切ということです。なお、交流人口においても同様のことが言えます。ブランドランキングの高い自治体が、交流人口を増加させているという正の相関を見て取ることはできません。

　図表5は、定住人口とブランドランキングのマトリクスです。縦軸に定住人口があり、増加・減少となっています。横軸にブランドランキングを用意して、上昇・下降となっています。一番望ましいのは「定住人口が増加し、ブランドランキングも上昇」というⅠ型です。

　次に望ましいのは「定住人口が増加し、ブランドランキングは下降」のⅢ型です。そしてⅡ型の「定住人口が減少し、ブランドランキングは上昇」は、決して望ましいとは言えません。

重要なことは、たとえブランドランキングが低下しても、定住人口が増加すればよいのです。しかし、実際は、ブランドランキングばかりに目が行くため、Ⅱ型を志向している自治体が一定数存在しています。もちろん、ブランドランキングの上昇を目指すことが目的であるならば、それでよいでしょう。しかし、多くの自治体は人口の維持や増加が基本的な目的です。そうであるならば、定住人口の増加に注力すべきであり、ブランドランキングに躍起になる必要はないでしょう。

なお、筆者はブランドランキングそのものを否定しているわけではありません。自分たちの置かれている状況を客観的に把握するにはいい指標と思います。注意してほしいのは、その数字の上昇だけに躍起になり、本当の目的を忘れてしまうことです。

Q8　最近、行政活動にマーケティングを採用する事例が増加していると聞きました。その考えを教えてください。

マーケティングを行政活動に採用する事例が増えています。流山市（千葉県）のマーケティング課は有名です。マーケティングを導入することにより、同市は行政活動にイノベーションを起こしてきました。

東村山市（東京都）には、都市マーケティング課があります。同課の主な業務はシティプロモーションの推進です。そしてシティプロモーションを進めていくために、東村山市シティプロモーションアンケート調査、転入・転出アンケート調査、認知度アンケート調査、東村山市の人口動態などの調査・分析に取り組みました。

北上市（岩手県）は、2017年3月2日の「北上市施政方針」の中で、髙橋敏彦市長が「政策企画課内にシンクタンク機能を持たせた（仮称）政策マーケティング係を新設し、多様化する市民ニーズや複雑化する行政課題に的確に対応するとともに、施策の的中率を高めていきたいと考えております」と述べています。その後、政策企画課に政策マーケティング係が設置されています。

マーケティングの行政への適用は、近年流行りだした印象がありますが、行政活動にマーケティングを採用した動きは1999年からあります。

同年に青森県は「政策マーケティング」という概念を開発しました。同県の政策マーケティングの定義は「県民がより満足した人生を送れる青森県を実現していくために構築されたシステム」でした。

政策マーケティングを概略的に言うと、同県における政策的なニーズを生活者の視点から発掘し、県民の理想と行政の現実のギャップを明らかにした上で、このギャップを埋めるために

図表6　マーケティングの定義

定義	出典
マーケティングとは、企業および他の組織がグローバルな視野に立ち、顧客との相互理解を得ながら、公正な競争を通じて行う市場創造のための総合的活動である。	日本マーケティング協会
顧客満足を軸に『売れる仕組み』を考える活動。	グロービスMBA経営辞典
マーケティングとは、個人や組織が製品の創造を行い、市場での交換を通じて自らのニーズや欲求を満たすために行う様々なプロセスのことである。	日本オペレーションズ・リサーチ学会
マーケティングとは、組織と利害関係者にとって有益となるように、顧客にたいして価値を創造・伝達・提供し、顧客との関係性を管理したりするために行われる組織的な活動とその一連の過程である。	米国マーケティング協会

出典：筆者作成

官民様々な主体が参入する政策市場を形成しようという活動です。

各自治体が使用しているマーケティングの意味は多様です。参考として図表6は、一般的なマーケティングの定義になります。おおよそ方向性は類似しているような感じはするものの、細かい点では異なっています。

筆者が考える自治体のマーケティングに言及します。筆者は「マーケティング」（marketing）の言葉に注目しています。この言葉を分解すると、「market」（市場）＋「ing」（創る）となります。つまり、マーケティングとは「市場を創る能動的な取り組み」と解されます。民間企業は市場を創造していかなくては倒産してしまいます。市場を拡大させていくことは、民間企業を成長させていくためには必須です。そして、市場とは「顧客」と換言することができます。民間企業を倒産させないためには、継続的に顧客（市場）を創造（創る）していかなくてはいけません。

自治体における「顧客」は何でしょうか。筆者は「住民」と捉えています。すなわち、筆者は自治体のマーケティングを「住民を創る能動的な取り組み」と定義しています。今回の質問の回答は「自治体が住民を創造しようとする取り組み」となります。

Q9　行政活動に民間企業のマーケティングなどの経営手法が導入されつつあります。注意するべきことはありますか。

行政活動の中に、マーケティングをはじめとした民間企業の経営手法が採用されつつあります。例えば、ブランディングやターゲット戦略、ランチェスター戦略、セグメント化、プロモーションなど枚挙に暇がありません。

民間企業の経営手法が行政活動に入ることにより、イノベーション（新機軸）が起きる要素となっています。その意味では、マーケティングに限らず、民間企業の経営手法をどんどん採用していくとよいと考えます。

筆者は、自治体のアドバイザーを務めていますが、民間企業の経営手法を行政活動に当ててはめることにより、画期的な政策を創出してきました。

しかしながら、注意すべきことがあります。私見になりますが紹介します。押さえておくべきは、民間企業の経営活動は、基本的には「利潤最大化」を目指しています。利潤を継続的に上げていかないと、民間企業は倒産してしまいます。短期的には利潤が得られなくても、中長期的には利潤を確保するように活動します。利潤最大化を目指すという経営は、①不採算部門の撤退、②利益の出ない市場には参入しない、という行動を採用します。

ここで一つ考えなくてはいけないことがあります。それは「地方自治体の事業（業務）は利潤（利益）を上げることができるのか」です。筆者は民間企業に勤務した後、自治体に転職しました。自治体職員を経験して実感したことは「自治体の事業の多くは利潤を上げられない」ということです。

例えば、生活保護は利潤を上げられるでしょうか。自殺対策も厳しいと思います。ここで例示したのは極端かもしれませんが、自治体の多くの業務は利潤を上げることが難しいと考えます。民間企業が利潤を上げることができないため、自治体が担当していると言うことができます。ただし、企業会計を採用する上下水道事業などは、利潤を出していくことはできそうです（自治体の事業の中で、継続的に利潤を獲得できるケースは少ないと考えます）。

自治体がマーケティング等の経営手法を採用すると、既存の多くの事業から撤退する可能性があります。その理由は、自治体の多くの事業は不採算部門であり、かつ利益の出ない市場だからです。その意味で、マーケティング等の経営手法を導入すると、自治体の存在の否定へとつながる可能性があります。

だからと言って、いわゆる「お役所仕事」をしていいわけではありません。お役所仕事とは「形式主義であり、不親切で非能率的な役所の仕事振りを非難していう言葉」という意味があります。

そこで、行政活動に経営手法を採用する際に注意すべきことは、「住民の福祉の増進」を担保した上でマーケティングなどの経営手法を使っていくことです。

自治体の目的は「住民の福祉の増進」です。この言葉は、地方自治法第1条の2にあります。確認しますと、「地方公共団体は、住民の福祉の増進を図ることを基本として、地域における行政を自主的かつ総合的に実施する役割を広く担うものとする」と明記されています。

同条文に「住民の福祉の増進を図る」とあり、自治体の目指す方向であり、目的とも言えます。やや抽象的な回答となってしまいましたが、民間企業の経営手法は利潤最大化を目指しているため、行政活動に採用すると間違いが起こるかもしれません。そこで「住民の福祉の増進」という基本を常に押さえた上で、民間企業の経営手法を採用していく必要があると考えます。

自治体の「理念」というか、「意義」を確固とした上でマーケティングを活用する必要があると考えます。そうしないと自治体の存在価値を否定してしまいます。特に、近年は行き過ぎたマーケティングの導入により、住民の福祉が減退する様子も散見されます。

近年は安易に（と言ったら失礼ですが）マーケティングといった民間企業の経営手法を採用する自治体が多くなっています。マーケティング等を採用して成功した自治体の事例だけに注目して、自らの団体にも移転しようとする悪しき傾向です（議会質問を確認すると、そういう趣旨の発言が多くあります。何も考えずに移転しようとしているから「悪しき傾向」としました）。しかし、実はマーケティングを採用して成果の上がらない自治体、あるいは住民の福祉の減退を招いた自治体があることも知るべきでしょう。

第２章

定住人口・移住促進の視点

Q1　人口減少に対応するにはどのような視点を持てばよいでしょうか。

人口減少の改善は難しいことではありません。当たり前のことを当たり前に実施すれば、ある程度は改善されます。まず基礎的視点を紹介します。

人口増加を目指すためには、「自然増」と「社会増」しかありません。自然増とは、出生者数が死亡者数を上回った状態になります（出生者数＞死亡者数）。逆に、出生者数より死亡者数が多いと「自然減」と捉えます（出生者数＜死亡者数）。

社会増とは、自分の自治体への転入者が転出者を上回った状態になります（転入者数＞転出者数）。逆に、転入者数より転出者数が多いと「社会減」と捉えます（転入者数＜転出者数）。

転入者とは「引っ越して来る人」になります。転出者は「引っ越して行く人」になります。

繰り返しますが、人口増加を目指す取り組みは「自然増」と「社会増」しかありません。当たり前のことですね。

そして、簡単に実現できるかどうかはわかりませんが、実は自然増を達成する視点も単純です。自然増は出生者数を増やす必要があります。その時に考えるポイントは2つしかありません。「①夫婦（既婚者）に現状よりもう一子以上多く産んでもらう」ことです（もちろん子どもを希望する夫婦が対象です）。「②独身者に結婚してもらう」ことです（もちろん結婚を希望している人が対象です）。自然増は、この2手法しかありません。

国立社会保障・人口問題研究所の調査によれば、夫婦の最終的な子ども数とみなされる「完結出生児数」は1・94人となっています（2015年調査）。この数字は、結婚から15年から19年の期間の夫婦の平均出生子ども数が1・94人を意味しています。つまり結婚してもらえれば、平均的に2人弱の子どもを産むということです。

ただし、注視することがあります。それは「年収300万円の壁」です。内閣府の「結婚・家族形成に関する調査」（2011年）によると、男性の年収が300万円を下回ると既婚率が大きく低下することが明らかになっています。男性の既婚率は20代・30代では年収300万円未満が8～9％で最も低く、一方で年収300万円以上になると約25～40％程度となり大きな開きがあります。この現象を「年収300万円の壁」と称しています。

地方圏は、なかなか年収が300万円に届かない実態があります。そのため未婚者の増加や高い所得を求めて都市圏に人口が移出してしまいます。筆者が提案する一手段として、「一カ所で300万円以上を稼ぐという発想から、数カ所で300万円以上を稼ぐ」という仕組みの構築です。例えば、月から水までは介護に従事して200万円を稼ぎ、木と金はカフェで働き150万円を稼ぎ、トータルで300万円を超えるという発想です。こういう仕組みが構築できれば、地方圏に人は留まるでしょう。

もう一つの視点として、自然増を実現するには、死亡者数を減らす取り組みも重要です。一人でも多くの「③高齢者にいつまでも元気で長生きしてもらう」ことが考えられます。健康寿命の延伸になります。

「④高齢者以外の死亡者数の減少」も大切です。死亡の原因は、老衰によって死亡するばかりではありません。例えば5～14歳では不慮の事故と悪性新生物（癌）が死因の原因となっています。また、15歳以上は自殺も増えてきます。この不慮の事故や悪性新生物、自殺等をなくしていくことも、自然増の可能性を高めることにつながります。つまり自然増は4手段しかありません。

一方で、社会増を目指していく視点も単純です。それは、「①現在住んでいる住民（既存住民）を対象に転出を抑制」します。そして、現在は住んでいませんが、「②今後住む可能性のある住民（潜在住民）を対象に転入を促進」していきます。社会増の実現は、既存住民を対象とするか、潜在住民を対象とするか、という2手段しかありません。

潜在住民の転入を促進するポイントとして、人生の転機のタイミングを狙うことが考えられます。

総務省の「住民基本台帳人口移動報告」によると、18歳や60歳前後の移動者数が多くなっています。18歳は高校卒業後の就職や大学入学に伴う移動と考えられます。60歳前後は定年退職や単身赴任からの復帰による移動と思われます。人生の転機にある、こうした年齢層を狙った政策展開も一案です（ただし、現在は定年が延びているため、60歳前後の人口移動傾向は縮小するかもしれません）。

また「住宅購入のタイミング」も重要です。国土交通省の「住宅市場動向調査」によると、住宅取得時における世帯主の平均年齢は分譲戸建住宅が40歳前後、分譲マンションは43歳前後で推移しています。これらの年齢層を狙った政策展開も考えられます。少なくない自治体が住宅の購入に際して補助金を支給したり、地域金融機関と連携し、住宅ローン（住宅取得借入金）の金利を下げたりする取り組みを実施しています。

人口減少を改善するための基本的な視点を紹介しました。その中で重要なことは「絞る」ことです。民間企業で言う「選択と集中」になります。対象層をしっかり絞り込み、的確に政策を展開して行けば、成果は必ず出てきます。これは筆者の経験から指摘できることです。

人口減少を克服するには、闇雲に政策を実施しては効果が得られません。社会増を目指すには、対象とする住民層と奪う地域を明確にしなくてはいけません。

対象とする住民層の「子育て世帯」というのはダメな回答です。子育てをもっと細分化する必要があります。例えば「0～3歳児を抱える家庭」とか「小学校低学年の世帯」という感じです。そこまで絞り込みます。ちなみに、自治体は全ての住民を対象とするのが前提です。その上でメイン・ターゲットを決定するという思考です。

また、奪う地域を決める必要もあります。全国を対象にプロモーションを実施しては効率が悪く、成果も得られません。そこで奪う地域を明確にして、集中的にプロモーションをしていくと比較的効果が上がります。

Q2　人口を増やすにはどうすればよいですか。

人口を増やす方法は多様です。その中で、一つおもしろい視点を紹介します（本当は「おもしろい」と言ったら語弊があるのですが……）。それは「学力が高い自治体ほど、人口増加率も高いという相関が読み取れる」ということです。特に都市圏において言えることです。

図表7は、埼玉県内の市における学力テストの結果と、人口増加率の散布図になります。全

図表7　学力テストと人口増減率（市）の関係

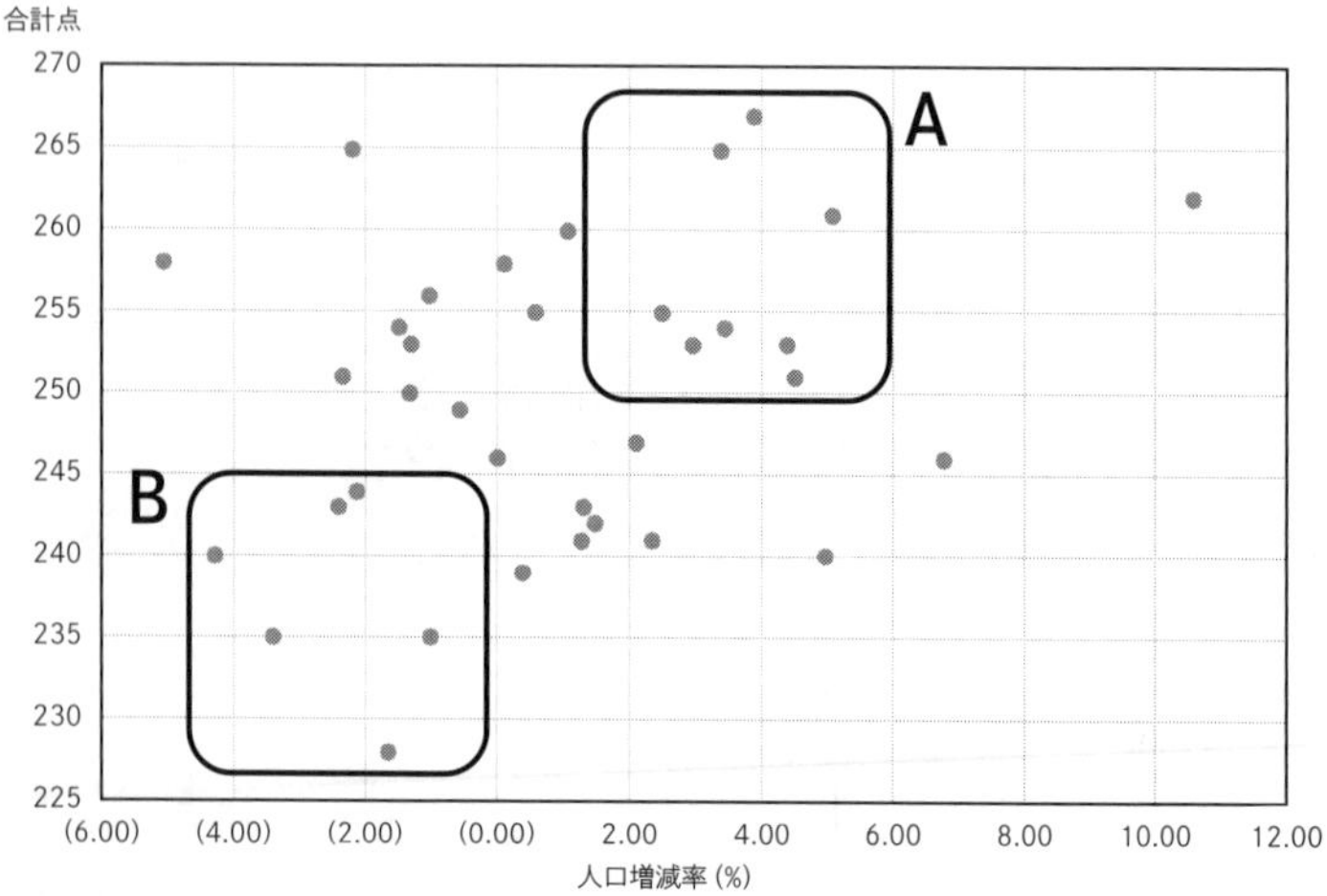

注）人口増減率は「2015年国勢調査」による。学力テストは「埼玉県平成29年度全国学力・学習状況調査結果」による。国語A、国語B、算数A、算数Bの合計点である。

出典：総務省「2015年国勢調査」、埼玉県「平成29年度全国学力・学習状況調査結果」をもとに筆者作成

体的に言えることは、学力テストの結果が良い自治体が人口を増加させていることです。外れ値を除いて検討します。外れ値とは、他の値から大きく外れた値です。図表7の右上のAグループは、平均点258点であり（県平均253点）、人口増減率は3・6ポイントとなっています。左下のBグループは、平均点238点であり（県平均253点）、人口増減率は▲2・4ポイントとなっています。

学力テスト上位10位の自治体の人口増加率は、平均2・11ポイントとなっています。一方で、学力テスト下位の自治体は人口の増加が小さくなっています。数値は0・14ポイントです。今回入手できたデータの平均は0・94ポ

イントです。人口が減少している自治体の0・14ポイントは、平均よりも大きく低い結果です。

人口増減率では、H市（▲4・89）、K市（▲2・14）、S市（▲2・75）、T市（▲0・45）などは、学力テストの結果を公表していません（カッコ内は人口の減少率です）。学力テストの結果が良ければ公表すると考えられます。学力テスト下位の自治体は、人口減少率も大きいということが言えるかもしれません。

この観点からいうと、学力の向上に取り組むことが、人口増加にも貢献すると言えるかもしれません（ただし、人口増加している地域が学力向上につながっているとも言える可能性もあります。そこで「問題提起」という意味で読んでください）。

今回紹介した内容は都市圏の都道府県に言えそうです。埼玉県に限らず、神奈川県、大阪府にも見られました（そもそも学力テストの結果を公表する都道府県が少なく、なかなか分析できません）。

よく考えると当たり前ですが、子育て世帯に関しては「教育」という要素は、居住地を決定させるキラーコンテンツ（圧倒的な魅力）となりそうです。

Q3 人口の増加を意図した条例はありますか。

今まで、多くの自治体が人口の増加を目指した条例を制定しています。情報提供の意味として、いくつか紹介します。

行田市（埼玉県）には「行田市定住促進基本条例」があります。行田市条例は「定住の促進に関し、基本理念を定め、並びに市、市民等及び事業者の役割を明らかにするとともに、定住を促進するための基本的な事項を定めることにより、定住の促進に関する施策を総合的かつ計画的に推進し、もって本市の活力に満ちた元気なまちづくりに資する」ことを目的としています（第1条）。

行田市は、行田市定住促進基本条例と行田市定住促進基本計画を両輪として、「住む」「育む」「働く」の定住促進分野と、「魅力アップ」「情報発信」の交流促進分野において総合的な取り組みを進めています。

その他、綾部市住んでよかった定住促進条例、南牧村定住促進条例、韮崎市定住促進住宅条例など枚挙に暇がありません。筆者は全ての自治体の条例は調べきれていませんが、少なくとも300条例以上あります。

金山町（福島県）には「金山町若者定住促進条例」があります。同条例の制定は1989年ですから、定住促進条例の老舗と言えるでしょう。金山町条例は「地域産業の振興、研修事業、交流事業、イベント事業、快適な生活環境の整備等を図り、若者の定住を促進する」ことを目的としています（第1条）。条例名にあるように「若者」に特化した条例です。金山町条例における若者とは「16歳以上40歳未満の者」と定義しています（第1条第1号）。

若者に特化した条例も、九重町いきいきふるさと若者定住促進条例、宮古島市若者定住促進条例など、多くの自治体が制定しています。

ここで紹介した定住促進条例は、他地域からの転入促進を目指しています。人口を維持していくためには転出阻止の視点もあります。

松浦市（長崎県）には、「松浦市住みたい・住み続けたいまちづくり条例」があります（2015年）。松浦市条例は「市民一人ひとりが安全・安心で潤いのある豊かな生活を営むことができ、松浦市に住んでいて良かったと実感できる、住みたい・住み続けたいまちづくりに取り組み、その実現に向けた施策を総合的かつ計画的に推進する」ことが目的です（第1条）。

平戸市（長崎県）にも「平戸市ずっと住みたいまち創出条例」があります（2015年）。同条例は「急速な少子高齢化及び若年世代の流出等による人口減少の進展に的確に対応し、魅力あふれる産業の振興を促進するとともに、市民が安心して暮らし、次代を担う子どもたちを健やかに育成するため、市民、市民活動団体、事業者及び市が一体となり、将来の平戸市の定

図表８　人口の維持・増加に関連した条例

条例名	目的規定	制定年
福島県過疎・中山間地域振興条例	この条例は、過疎・中山間地域の振興に関する基本方針を定め、その実現を図るための施策を総合的かつ計画的に推進することにより、豊かで住みよい調和のとれた持続的に発展する地域社会の実現に資することを目的とする。	2005年
北海道子どもの未来づくりのための少子化対策推進条例	この条例は、社会全体で少子化対策を総合的かつ計画的に推進するため、少子化対策の推進に関し、基本理念を定め、並びに道及び事業者の責務並びに道民の役割を明らかにするとともに、道の施策の基本となる事項を定めることにより、安心して子どもを生み育てることができ、かつ、子どもが健やかに成長できる環境を整備し、もって子どもの未来に夢や希望が持てる社会の実現に資することを目的とする。	2004年
健康寿命日本一おおいた県民運動推進条例	この条例は、健康寿命日本一おおいた県民運動について、その基本理念を定め、県民、県、健康づくり関係者及び事業者の役割等を明らかにするとともに、県民運動の推進に関する本県の施策の基本となる事項を定めることによって、健康寿命日本一おおいた県民運動を推進し、もって、全ての県民が生涯を通じて心身ともに健やかで活力あふれる人生を送ることができる「生涯健康県おおいた」の実現に資することを目的とする。	2017年

出典：筆者作成

住人口の維持と、市民がずっと住みたいまちを創出する」ことが目的です（第1条）。松浦市条例も平戸市条例も、市の魅力を高め、市民の継続定住を志向した条例と言えます。

図表8は、人口の維持や増加に関連した条例になります。

香川県は議員提案政策条例として「子育て県かがわ少子化対策推進条例」を制定しました。香川県条例は通称「婚活『おせっかい』条例」とも言われています。

香川県条例の第10条の見出しは「結婚の支援」となっています。条文は「県は、未婚化及び晩婚化の流れを変えるため、市町、事業者等と連携して、結婚を望む男女に対し出会いの場を提供するなど、県民が一体となってこのような結婚の支援を行う『おせっかい運動』の促進に努めるものとする」と明記されています。結婚を促すための第三者の「おせっかい」については賛否両論あるものの、このような「おせっかい」を盛り込んだ条例は、香川県が持つ人口減少への危機感のあらわれと理解できます。

深浦町（青森県）には「深浦町出逢い・めぐり逢い支援条例」があります。同条例は「町内外の独身者を対象に、結婚の円滑な推進、定住の促進及び少子化対策を図る」ことが目的となっています（第1条）。出会いの促進を目指した単刀直入な条例としては、紀勢町（三重県）に「紀勢町キューピット条例」がありました。ただし、２００５年2月14日に、紀勢町は近隣の大宮町・大内山村と合併し、大紀町となり同条例は失効しています。

今日、地方創生の動きが加速化しています。地域の特性に応じた独自の人口の増加を目的とした条例が、もっと登場してきてよいと思います。

Q4　新型コロナウイルス感染症の影響により、移住の機運が高まっていると聞きます。移住の施策を進める時に注意することはありますか。

筆者の結論は、「地方移住は慎重に進めるべき」です。その理由を、長くなりますが言及します。

今日、国は地方創生の一環として、地方における起業、UIJターン等の移住を支援しています。地方移住の機運が高まりつつある状況は、多くの調査から確認できます。

内閣府は「新型コロナウイルス感染症の影響下における生活意識・行動の変化に関する調査」を実施しています。同調査は、2020年の5月25日から6月5日にかけて、インターネットにより行われました。全国の15歳以上の男女1万128人が回答しています。調査結果の詳細は、内閣府のホームページで確認していただきたいのですが、図表9は三大都市圏で生活する人々の地方移住の意向結果になります（図表9の備考にある「7県」は「8県」の間違いと思われます。しかし、図表9は引用なので「7県」と記しています）。

図表9　三大都市圏居住者における地方移住の意向結果

質問　今回の感染症の影響下において、地方移住への関心に変化はありましたか。
（三大都市圏居住者に質問）

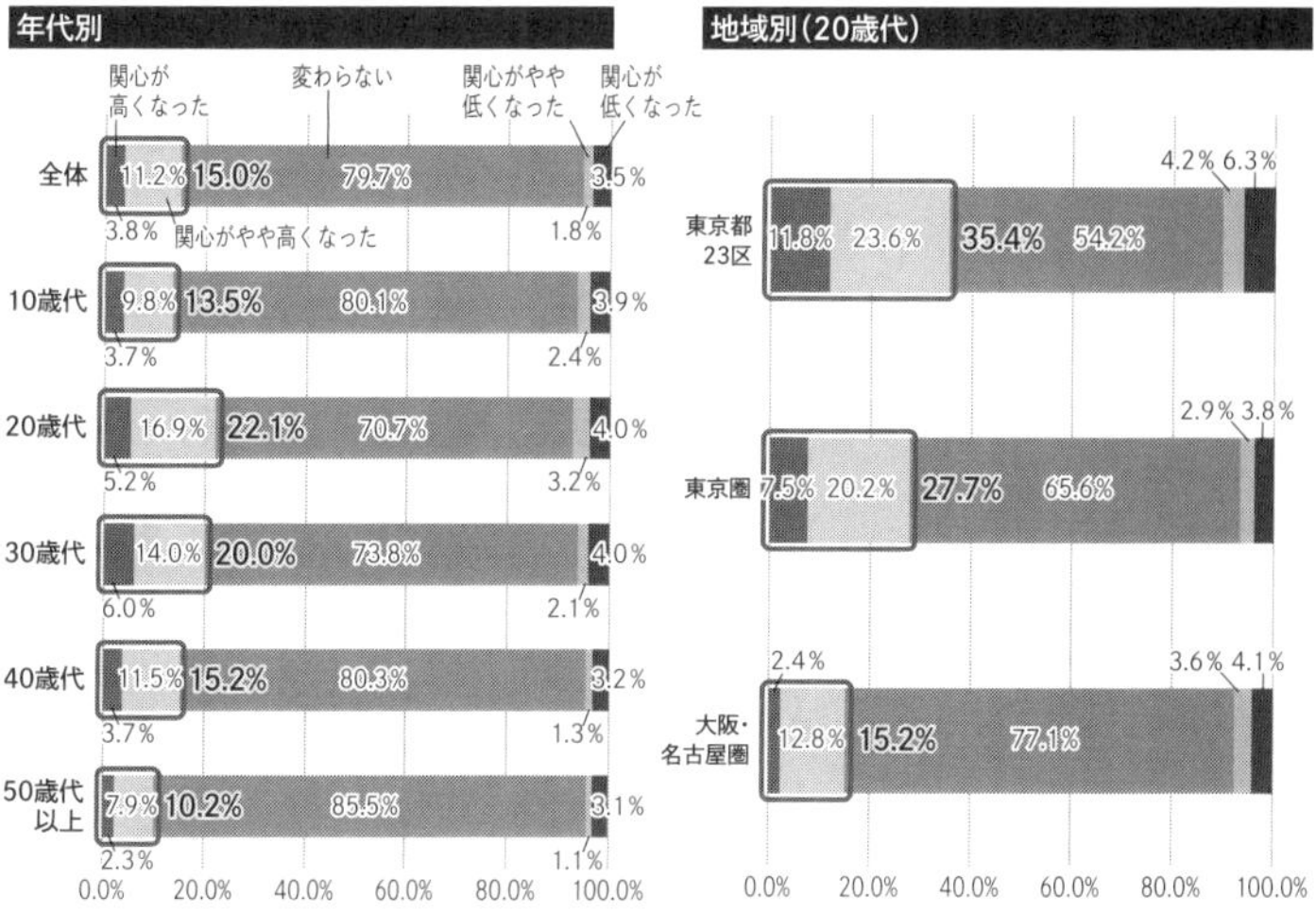

（備考）三大都市圏とは、東京圏、名古屋圏、大阪圏の1都2府7県。
・東京圏：東京都、埼玉県、千葉県、神奈川県　　・名古屋圏：愛知県、三重県、岐阜県
・大阪圏：大阪府、京都府、兵庫県、奈良県

注）図表9は内閣府の調査結果を引用している。「備考」にある「1都2府7県」は、「1都2府8県」の間違いと思われる。

出典：内閣府「新型コロナウイルス感染症の影響下における生活意識・行動の変化に関する調査」

図表9を確認すると、新型コロナウイルス感染症の影響で「地方移住への関心が高まった」は15・0％となっています（「関心が高くなった」（3・8％）＋「やや高くなった」（11・2％）の合計）。東京圏の20代は27・7％に達しています。この27・7％を推計しますと、12万265人になります（『日本の地域別将来推計人口　平成30（2018）年推計』の2020年人口推計を活用しました）。

さらに、内閣府調査によると「地方移住への関心が高まった」を20代に限定すると、東京23区は35・4％という結果です。新型コロナウイルス感染症により、3人に1人以上の割合で地方移住を考える契機となっています。内閣府は、地方移住への関心が高まったのは、東京周辺を中心に、かつ都心に住んでいる人と結論しています。

同調査結果を受けて、「新型コロナウイルス感染症は、都市圏に住む人々の地方移住に影響を与えている」という報道が多くなっています。確かに新型コロナウイルス感染症の影響は、日々の行動に変化をもたらしています。しかし、安易に「地方移住の傾向が高まった」という機運に乗ることは注意しなくてはいけません。注意する視点は3点あります。

第1に、調査の設問にある「地方」の定義が曖昧ということです。今回の内閣府調査に限らず、過去、国等は地方移住を問うアンケート調査を実施してきました。その度に思うことは「地方」の定義が明確ではないということです。読者が「地方移住へ関心を持ちましたか」と尋ねられた時、その「地方」はどこを思い浮かべますか。

多くの人が、①「地方」というカテゴリーで有名な沖縄や長野（軽井沢）などを考えるでしょう。②自らの故郷である「地方」を思いつくかもしれません（20代の多くは三大都市圏で生まれており、地方＝三大都市圏をイメージするかもしれません）。③地方と言っても、現在の住まいから近い「地方」の可能性もあります。すなわち、「地方」と言っても限定された地方です。闇雲に地方移住を考えるケースは少ないのです。

東京圏の20代のうち、地方移住を考えているのは約112万人いると推計しました。そのうちの0・1％くらいは、当てもなく「地方」を考えているかもしれません。しかし多くの場合は、何かしらのイメージを持った「地方」と推察します。

そして①や②の地方を思い浮かべても、現実的な話で地方移住を断念する可能性が強くあります（現実的な話とは、自分の雇用や子どもの教育、医療などです）。そのため地方移住の行動は、（結果的には）③の「地方」を選択する可能性が強く、現在の住まいから近い地方に移ることになると推察します。

第2として、地方移住を目指すライバルが多いということです。図表10は、筆者が最近（1カ月以内に）見た地方移住の記事です。現在は、多くの自治体が地方移住の取り組みを進めつつあります。ライバルが多く、勝ち残るには埋没しない地方移住が求められます。そのためには地方移住においても、いかに差別化するかが重要です。

現在は地方移住の分野でも自治体間競争という仁義なき戦いが勃発しようとしています。こ

図表10　最近の地方移住の記事

地方移住の記事
A市は、新型コロナウイルスの影響で移住についての問い合わせが増えていることを踏まえ、UIターンでの移住者に補助金を支給する支援事業を開始した（2020年8月13日）。
B市は、新型コロナウイルスの感染症にともなう新しい生活様式により、「住んで良かった、住み続けたいと思われる市」を実現した「Bスタイル」を提唱する。同取り組みにより移住者を呼び込むとしている（2020年8月5日）。
C町では、コロナ禍における新しい生活様式の定着に向けて、町の魅力を再発見し、定住移住を目的とした「C町おもてなしMAP」を作成した（2020年8月4日）。
D市は8月中にも、旅行先で休暇を楽しみながら仕事にも取り組む「ワーケーション」推進に向けた実証実験を開始する。市内の宿泊施設でワーケーションを実施した企業に対して、1泊当たり5000円を上限に、宿泊費の半額を補助する（2020年8月3日）。
E県は、新型コロナウイルスの影響でテレワークなど場所や時間にとらわれない働き方が普及していることを受け、県への移住促進PR事業を展開する（2020年7月28日）。
地方移住の関心の高まりを受け、F市は、市にUIJターンした30～50代の10人を「移住アンバサダー」に任命した。市の魅力、暮らしやすさのPRや、移住を考えている人の相談に当たる。実際に移り住んだ人の生の声を聴くことで、積極的に移住を検討してもらうのが狙い（2020年7月15日）。
G市は、新型コロナウイルス感染症を契機に地方移住の機会をとらえ、市への関心を高め移住の検討につなげてもらおうと、県外在住者に向けたPR動画を職員が作成した。市のホームページやインターネット交流サイト（SNS）で配信し、移住セミナーなどでも活用する（2020年7月14日）。
政府は「まち・ひと・しごと創生会議」を首相官邸で開き、地方創生に関する施策の基本方針案を示した。東京の企業に勤めながら働く場所を地方に移すリモートワークを後押しし、地方への移住や定住につなげることなどが柱。近く閣議決定し、地方創生の方向をまとめた総合戦略の改定に反映させる（2020年7月15日）。

出典：筆者作成

図表11　地方移住の障害

【問】都市住民が農山漁村地域に定住する際の問題点は何だと思うか（複数回答可、総回答者数700人）。

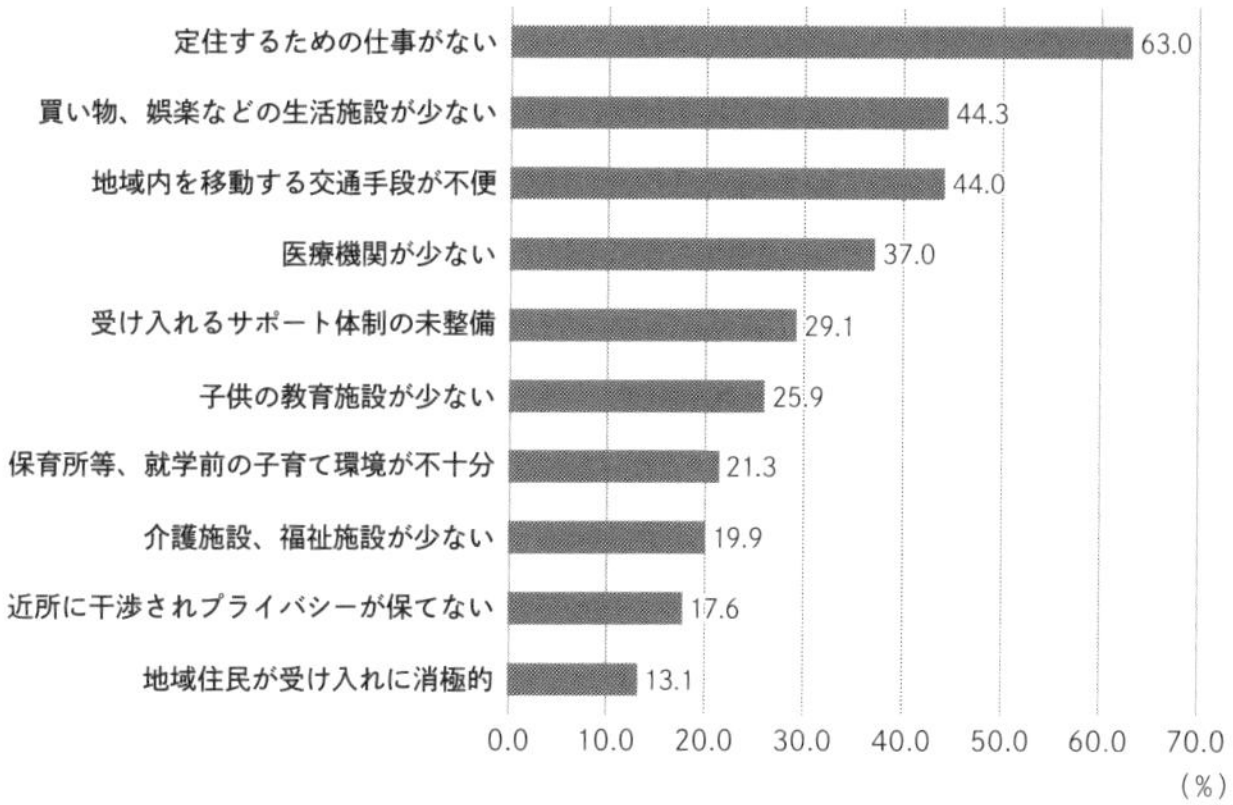

出典：内閣府「農山漁村に関する世論調査」（2014）

の点は冷静に判断する必要があるでしょう。冷静にというのは「自分たちの自治体は地方移住に向いているのか」や、「あえて地方移住は実施しない」ということです。

第3に、「地方移住にある障害をどのように克服するのか」という課題があります。図表11は、2014年に内閣府が実施した「農山漁村に関する世論調査」です。図表11には、地方移住の障害が挙げられています。それは、買い物・娯楽施設、医療機関の整備、子どもの教育などについてです。これらは都市圏の自治体と比較すると、どうしても地方圏に位置する自治体の弱点となります。実際は、これらの弱点を気にしない人が地方移住している現状があります。

これらの弱点を克服できない限りは、新型コロナウイルス感染症により登場した地方移住の機運も一過性に終わるでしょう。

実は、2000年代半ば以降、何度か地方移住の機運が発生しています。現時点においては、大きな潮流とならずに終了しています。その最大の理由は、図表11にある地方の弱点が改善できなかったからと考えています。なお、図表11にある最大の障害である「定住するための仕事がない」は改善されつつあります。2014年当時は想像できなかったテレワークやリモートワークが日常化してきているため、かなり改善されつつあります。

昨今は「新型コロナウイルス感染症により地方志向が高まったから」という安易な理由で、地方移住に取り組む傾向が強くなっています。筆者の周りにも、安易な取り組みが蔓延しています（さらに言うと当事者は「安易な取り組み」と思っていないところに大きな問題があります）。しかしながら、戦略性を持って地方移住を進めていけば、ある程度の成果は導出できます。戦略性とは、明確な政策目標を置き、データを根拠として、他自治体の動向を見据えながら進めていくことです。

Q5　地方圏に位置するため地方移住の施策を提案しようと考えています。どのような視点を持てばよいですか。

筆者のところに地方移住に関する問い合わせが増えています。国の地方創生は地方移住に力を入れています。すでに、施策の一つに「地方へ移住して社会的事業を起業した場合は最大300万円支給（単身の場合は最大260万円）」という取り組みがあります。2021年度からは東京23区居住者等が地方に移住し住宅を購入した場合に、家電等と交換できるポイントを付与する制度を用意するそうです。同制度は1回あたり最大100万円分になるようです。

すでに回答していますが、筆者は、現時点において地方移住に取り組むことは不確実性があり、危険だと思っています。地方圏の中でもブランドを確立している地域は、地方移住という自治体間競争の中で勝ち残っていくことはできるでしょう。しかし、多くの地方自治体にとっては徒労感だけが残るような気がしています（そうは言っても、地方移住を戦略的に進めて、実績を残している地域もあります。例えば、愛媛県西条市があります）。

近年は新型コロナウイルス感染症の影響により、東京「都」の過度の集中は緩和される傾向が見られます。しかしながら、東京「圏」に限定すると、相変わらず人口は集中しています。

確かに、東京都から近隣県に人口移動が進みつつあります。この傾向が継続的に続くのか、一過性のものであるかは、もう少し見極めなくてはいけません。ちなみに、筆者の個人的な見解は、東京圏から地方圏へ人口移動が加速化することは、10年程度はないと考えています。ただ、そうは言っても、10年程度の期間では数％の移住の可能性はあると捉えています。

特別区の人口は約９５０万人であるため、２％で19万人、５％では47・５万人です。現在の移住促進は、19万人〜47・５万人を１７１８市町村が奪い合うことになります。平均値をとると1市町村あたり１１０名〜２７６名です。ただし、平均的に移住が促進されることはなく、今まで通り一部の自治体が多くの移住者を集め、多くの自治体が移住者を獲得できないことになるでしょう。

地方移住が進まないと考える理由は、地方圏では日常生活の脆弱性が目につくからです。ただし、あと10年程度経過すれば自動運転が普通になり、「交通手段が不便」が解消される可能性があります。ＧＩＧＡスクール構想が始まり成果が出てくれば、ＩＣＴを使った教育が日常になるため、地方圏における「子育ての教育施設」も改善されます。オンライン診療は「医療機関が少ない」を克服します。このように考えると、あと10年程度の技術革新により、地方移住のデメリットの多くが改善される可能性はあります。その日に備えて、先行的に手を打っていくということはアリかもしれません。

都市圏と比較して地方圏は日常生活が脆弱です。自分の雇用や子どもの教育、交通環境、医療などが弱いのです。地方圏が移住先として選ばれるためには、脆弱である要素を全て改善するのではなく、何かに特化すれば、東京圏と遜色がなくなります。むしろ、東京圏を超えることができます。例えば、「わが市は教育でいく」とか「自分たちの町は医療に特化する」などです。

第３章

観光誘客（交流人口）の視点

Q１　観光振興に注目が集まっています。その中で注意するべきことがありましたら、教えてください。

注意すべきことは多々あります。その中で、現在（２０１７年当時）筆者が気にしているのは「インバウンド（外国人観光旅客の来訪）を冷静に捉えること」に集約されます。

筆者は仕事の関係で、多くの自治体を訪問します。すると、どの自治体に行っても、大なり小なりインバウンドに取り組んでいる実情があります。この傾向は気を付けなくてはいけないと考えています。

簡単にインバウンドの現状を確認します。近年、国はインバウンドに取り組んできました。

2006年に「観光立国推進基本法」が制定されました。同法は「21世紀の我が国経済社会の発展のために観光立国を実現することが極めて重要であることにかんがみ、観光立国の実現に関する施策に関し、基本理念を定め、並びに国及び地方公共団体の責務等を明らかにするとともに、観光立国の実現に関する施策の基本となる事項を定めることにより、観光立国の実現に関する施策を総合的かつ計画的に推進し、もって国民経済の発展、国民生活の安定向上及び国際相互理解の増進に寄与する」ことを目的としています（第1条）。

日本政府観光局（JNTO）によると、2016年の訪日外客数は、前年比21・8％増の2403万9000人です。この数字は、1964年以降で最多の訪日外国人数となりました。インバウンドは、今後も拡大していくと言われています。JTBは2017年の訪日外国人数は推計2700万人と予測しています。みずほ総合研究所は2017年の訪日外国人数は2800万人としています。このような積極的な予測から、多くの自治体はインバウンドを観光振興の重要な一つの柱としつつあります。

八代市（熊本県）は「八代市インバウンド観光戦略計画」を策定しています。インバウンドに特化した行政計画の策定は、小山市（栃木県）や豊岡市（兵庫県）などにも見られます。湯浅町（和歌山県）は、地域再生計画の一環として「湯浅町インバウンド観光等推進計画」を策定しています。駒ケ根市（長野県）は「中央アルプスインバウンドプロモーション計画」の動きが見られます。さらに美郷町（秋田県）は「インバウンドサイクリングコース計画」を策定しようとしています。このように全国的にインバウントに向けた取り組みが見られます。

筆者が気にしているのは、どの自治体もインバウンドに取り組んでいる現状です。筆者は地方圏の中でも条件不利地を抱えている自治体にも行く機会が多くあります。その地域でもインバウンドに向けた取り組みを実施しています。言い方に語弊があるかもしれませんが、そのような地域に多くの外国人が観光客として訪れるとは、あまり考えられません。

もちろん「可能性は全くない」とは言えませんが、外国人観光客が、日本人が訪れたことがない地域に率先して観光に行くことは、必ずしも現実的ではないような気がします。

先日、筆者が訪問した地域は、東京から片道5時間、しかも宿泊施設がないという自治体です。そこでもインバウンドが観光振興の重要な柱となっていました。

この状況は、インバウンドの「出羽守」（でわのかみ）化がはじまっていると言えます。本来、出羽守とは出羽国を治めた国守のことを指します。しかし、ここで使用している意味は、「……では」を多用する悪しき傾向です。

具体的に言うと、八代市「では」インバウンドに向けた行政計画を策定し、美郷町「では」インバウンドサイクリングコースを設けようとし……、全国的な傾向「では」、今インバウンドが熱いから……、という「……では」ばかりを強調することを意味します。

この出羽守化とは、周囲ばかりを気にする一方で、自分たち（自治体）の意見を持っていないことの裏返しです。このような状況では観光振興は成功しません。

観光振興を進める上で、「データ収集」（Data Collection）と「データ分析」（Data Analysis）をしていない状態で、インバウンドという政策立案をしている状況です。こういうことを「思いつき政策立案」と言います。思いつきでは、99％は失敗に終わるでしょう（たまたま運がよくて成功する可能性が1％くらいはあると思います）。

インバウンドと同様に、多くの自治体が取り組みつつあるのが、観光戦略の司令塔となる日本版DMOです。日本版DMOについて、観光庁は「多様な関係者と協同しながら、明確なコンセプトに基づいた観光地域づくりを実現するための戦略を策定するとともに、戦略を着実に実施するための調整機能を備えた法人」と説明しています。日本版DMOも、多くの自治体で見られる現象です。

筆者はインバウンドや日本版DMOを否定するのではありません。しかし、もう少し冷静（客観的）に、自分たちの自治体を観察した方がいいと思います。安易にブームに流されている自治体が多いような気がします。

Q2　観光振興をうまく進めるポイントは何ですか。

観光振興を進める上で、最低限把握しておかなくてはいけないことは「日帰り観光客を狙う」のか、「宿泊観光客に焦点を絞る」のか、です（これは基本ですが、多くの自治体がこのような発想がありません）。観光客の形態は、この2パターンしかありません。

政策の成果を確実に高めるためには、メイン・ターゲットを絞り込むことが重要です。図表12のように観光客層のターゲティングをより細かく検討する必要があります（顧客をセグメント化することが重要です）。

図表12は、まず「日帰り」と「宿泊」に分かれます。次に「日帰り」は、「独身者」と「既婚者」に類型できます。さらに「独身者」は「男性」と「女性」に分けて考えます（ここに入れるかは検討しなくてはいけませんが「LGBTQ」も加えてもよいと思います）。

また「既婚者」は、4つに分けることができます。第1に「DINKs」です。これは「Double Income No Kids」の略であり、「夫婦共働きで子どもがいない世帯」を意味します。第2に「DEWKs」であり、「Double Employed With Kids」の略です。つまり「夫婦共働きで子どもがいる世帯」です。第3に「SINKs」という概念も存在します。これは「Single

図表12　観光客層のセグメント化

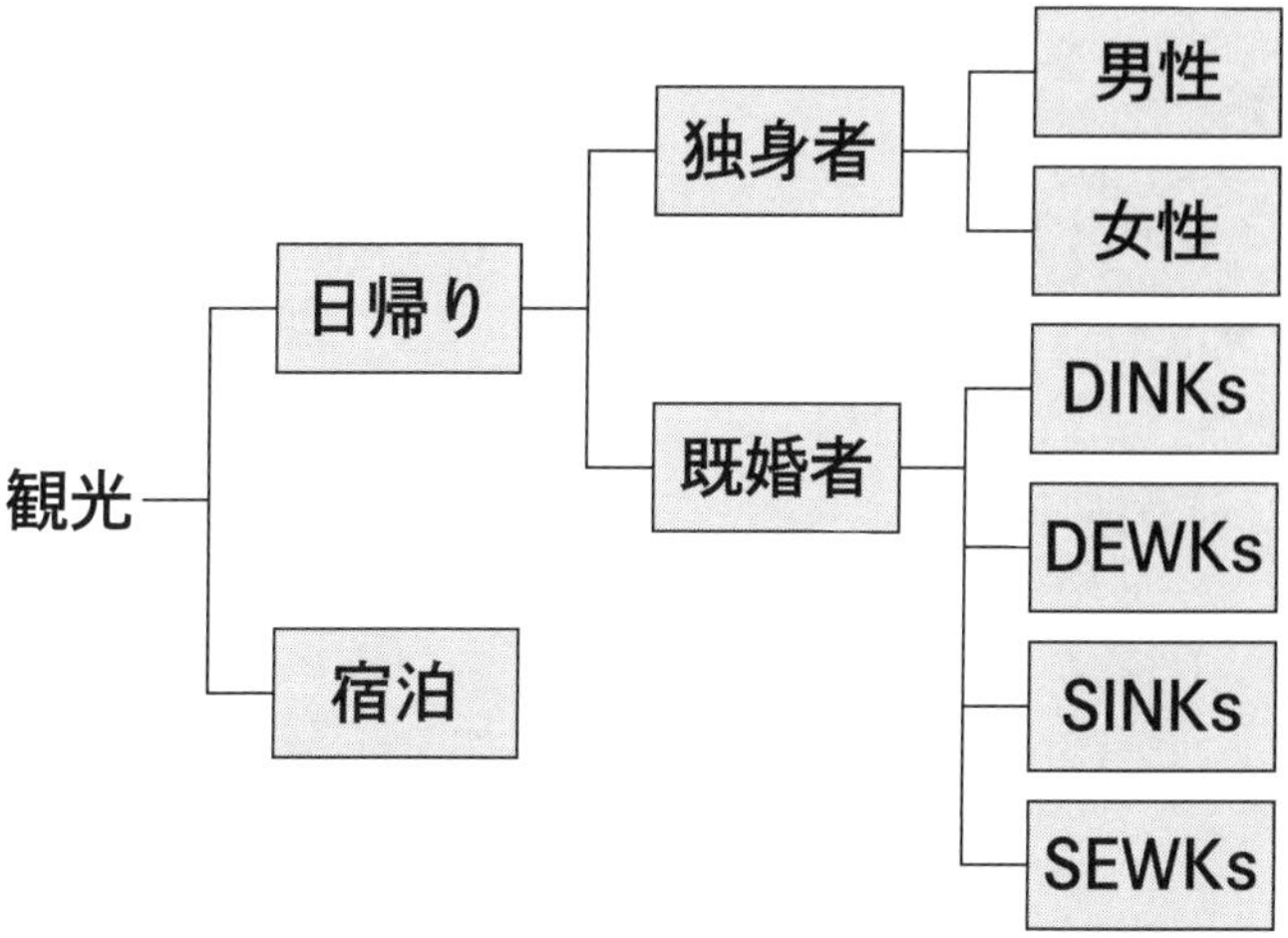

※上記は一例。宿泊も、日帰りと同じ構造になる。男性・女性等の右には、世代別（10歳代、20歳代、30歳代……）や（世帯）収入別がくる。また世帯年収等にも分けて考える。

出典：筆者作成

Income No Kids」の略であり、「夫婦のどちらか一人だけ働いていて子どもがいない世帯」です。そして第4に「SEWKs」があります。これは「Single Employed With Kids」となり、「夫婦のどちらか一人だけ働いていて子どもがいる世帯」となります。

図表12は一例であり、絶対ではありません。例えば、宿泊は1泊2日から長期滞在等に分けられるでしょう。DEWKsやSEWKsは子ども数によりさらに細分化できます。図表12を活用して、観光客の全ての層を対象とするのではなく、しっかりとメイン・ターゲットを絞り込むことが大切です。

例えば、自分の自治体は「日帰り↓

既婚者→DEWKs→30歳代前半→世帯年収600万円を狙った観光振興を進める」という感じです。そして絞り込むためには、しっかりと地域資源を把握しなくてはいけません。売り込もうとする地域資源は「『誰』に売れるのか」という政策研究により明確にする必要があります。ここで言う「政策研究」は、民間企業の「マーケティング」や「市場調査」になるでしょう。特に「誰」という対象層を明確にすることがポイントです。

「日帰り」か「宿泊」かが決定すれば、どの地域から観光客を持ってくるかという地域のターゲットも決まります。例えば、神奈川県相模原市で日帰りの観光振興を進める場合は、北海道旭川市の住民は対象にならないでしょう。旭川市から相模原市に移動するには、公共交通機関を活用して約5時間（片道）かかります。これでは日帰りの観光はできません。相模原市が日帰りに絞った観光振興をする場合は、近隣自治体を中心に進めることになります。対象地域が明確になったら、それらの地域に広告を集中的に投入していくことになります（プロモーションを進めます）。

かなり前になりますが、筆者がA市に行った時、観光振興課の課長と話す機会がありました。筆者が「観光振興は日帰り客と宿泊客に分けて政策を進めなくてはいけないですよ」と指摘すると、課長は「私たちの自治体では宿泊客に焦点を絞って観光振興を進めています（から大丈夫です）」と即答でした。

課長と意見交換している時は「しっかり観光振興を進めているんだなぁ」という印象を持ち

ました。しかし、後日A市の状況を調べていくと、市内に宿泊施設がないことがわかりました。つまり宿泊客を対象に観光振興しても、観光客が泊まる施設がないのです。

これでは政策効果は得られません。A市は全く政策研究をしないで、観光振興を進めている状況です。そういえば、課長は「なかなか目に見える成果が上がらず困っている」という趣旨も言っていました。成果が上がらないのは、当然ですよね。

Q3　観光を地域経済に結び付けるためには、どうすればよいですか。

観光振興により地域経済を活性化していくには、「お金を落としてもらう仕組み」を構築する必要があります。お金を落としてもらうためには「観光客を泊まらせる」ことになります（ただし「宿泊施設や宿泊場所がある」という前提です）。

各都道府県が発表している観光入込客統計を確認すると、日帰り客よりも宿泊客の方が3〜5倍ほどお金を落としていることがわかります。すなわち「観光客に泊まってもらう」ことが、地域経済を活性化していく近道と言えます。

一方で、日帰り客は多くのお金を落としません。観光入込客統計では、日帰りは「3千円とか4千円を消費している」というデータがあります（大体3千円前後が多くなっています）。一見すると「4千円も落としているのか」と思いますが、そうではありません。この4千円の中には、多くの場合は交通費も含まれます。そのため観光地に落ちるお金は千円～2千円程度となります。つまり、ランチを食べて終了という実態です。

宿泊になると消費額は2万円以上に上がります。そのため観光は宿泊戦略を基本とするべきでしょう。

また、日帰りを基調とした観光地域の大きな悩みが「観光公害」（オーバーツーリズム）です。押し寄せる観光客が地域のキャパシティを超えてしまい、交通渋滞、ゴミの散乱、自然破壊をはじめ、多くのデメリットが発生する状況を指します。観光を費用対効果で測るのはよくないかもしれませんが、日帰りの観光はトータルで捉えるとマイナスになることも多々あります。

自治体が「観光客を泊まらせる」ためにできることは、早い時間帯（早朝）にイベントを打つことです。朝8時とか9時の早い時間帯にイベントを実施することにより、観光客は前日に移動して来て、宿泊することになります。そうしなくてはイベントに参加できません。これが観光客にお金を落としてもらう一つの仕掛けになります。

一般的に自治体が実施するイベントは、午後に開催することが多くあります（参加者を増やすなどの理由から午後を選択していると思います）。この状態であると、観光客は当日の午前に移動して当該地域に入り、午後のイベントに参加して帰路につくという行動をとります。確かに、観光客がイベントに参加してくれるため「集客」という点ではイベント主催者の満足度は達成できたかもしれません。しかし、地域経済の活性化という観点では不発に終わる可能性があります。

自治体が早い時間帯にイベントを開催することにより、観光客は前日入りします。その結果、観光客は前日入りした後、多くの観光スポットをまわることでお金が落ちる傾向がより強まります（一般的にイベント前日の深夜に観光地に入る観光客は稀です）。そして宿泊することで、さらにお金が落ち（宿泊費が落ち）、翌日の午前のイベントに参加した後も、残りの時間で多くの観光スポットをまわり、帰路につきます。その結果、多くのお金を落とすという結果が見受けられます。

早朝にイベントを打たず、夜に実施することも一案です。ある自治体は20時以降にイベントを打つことにより、観光客の宿泊を促進していました。しかし、時間帯が遅すぎると、子どもが参加できない可能性もあります（自治体によっては青少年保護条例を制定し、子どもの夜間外出の禁止を明記している事例があります）。そこでファミリー層を狙った観光振興をする場合は、早い時間帯にイベントを打った方がよいような気もします。

いずれにしろ地域経済の活性化に結び付けるには「泊まらせる」ことが大事です。このような観点から観光振興を進めていくとよいでしょう。

Q4　観光客の消費を地域に落とす方法はありますか。

観光振興で望ましい一つの姿は、観光客一人当たりの消費額の拡大です。ここで記した「観光客一人当たりの消費額の拡大」は当たり前のように思われます。しかし、自治体は重要視していないようです。筆者がそのように考える理由は、自治体が実施している行政評価にあります。

いくつかの自治体の行政評価を確認すると、観光振興において設定している指標が観光客「数」になっていることが多いからです。消費額に設定している事例は少数です。その理由は「実際に計測できない」ということもあるのでしょう。

観光客数が前年比2倍になれば、地域に落ちる消費額も前年比2倍になるはずです。筆者の経験になりますか、観光客数が2倍になったが、観光客一人当たりの消費額が半分（1／2）になったため、地域に落ちるお金は昨年と同じだった……ということはありません。観光客数が増えれば、当然消費額も拡大するという循環が生まれます。

観光客数が増えることにより、地域経済は活性化する可能性は高まります。しかしながら、観光客数の増加は、必ずしもいいことばかりではありません。すでに例示していますが、交通渋滞の発生や大量に落とされるごみ問題などの外部不経済も登場します。

観光客が多く訪れることにより、その地域の財（商品）やサービスが高騰する傾向も見受けられます。これらの高騰は、そこで生活する地域住民にとっては望ましいことではありません。

交通渋滞やごみ問題の発生は、観光客に限らず、そこで生活をする地域住民に対して大きな負荷となります。そして、相次ぐ交通渋滞やいつも減らないごみの存在などは、観光地の価値を低下させることにもつながります。交通渋滞やごみ問題を発生させないためには、観光客数は、ある程度の水準から現状を維持しつつ、観光客一人当たりの消費額の拡大を目指すことが賢明でしょう。

ただし、観光客の財布の紐を緩くするのは、自治体の政策という話ではなく、基本は観光事業者の自助努力によるところが大きいでしょう。しかし、実際は観光事業者の多くは、現状に満足している傾向があり、改めて売上を拡大しようとアクションを起こすことは少ないように感じます。

売上を拡大する一つの手段は、店を開ける時間を長くすることです。そうすれば、売上は向上していきます。しかし、観光地と言われている地域で営業する観光事業者の多くは、意外に早い時間に店を閉めるという実態があります（過去、筆者が観光地に入り、観光消費額を拡大しようと政策の展開を試みましたが、観光事業者の協力を得られなかったという現状がありました）。もしかすると、観光事業者の中には個人事業が多く、現状の事業経営で目一杯という状況があるのかもしれません。

既存の観光事業者の売上を伸ばすという手法は、簡単そうで実は難しいと思っています。そこで次の政策展開として考えられるのは、新規の観光事業者を創出する手法です。観光地とは縁も所縁《ゆかり》もない、全く新しい経営者が観光事業を立ち上げることがあります。あるいは、既存の観光事業者であっても、親から子への事業継承の過程で、子が新しい事業を展開することも当てはまります。

観光地において、新規の観光事業者を創出することは、観光客にとっては消費の選択肢が広がることを意味します。その結果、観光客一人当たりの消費額が上昇していく傾向が見受けられます。観光振興は一人当たりの消費額の拡大を目指すことに重きを置いた方がよいでしょう。

Q5　観光動態を把握する上で、注意することはありますか。

観光動態を押さえて政策づくりを進める時に、注意すべきことは「観光客」の意味（定義）

です。読者は観光客の意味を理解しているかもしれませんが、改めて確認しておきます。

最初に、観光振興の主体となる「交流人口」の意味を明確にします。交流人口には「観光客」も含まれます。交流人口とは「当該自治体（地域）に訪れる（交流する）人」と定義されます。当該自治体を訪れる目的は、一般的には通勤や通学、買い物、観光など、特に内容を問いません。自治体が「交流人口の増加」と言う時の「交流人口」は、「観光客」を意図していることが多くあります。

次に、観光客の定義を明確にします。辞書には「観光のため旅行する人。観光地を訪れる人」とあります。そして観光とは「国や地方の風景・史跡・風物などを見物すること」とあります。しかし、都道府県等の行政が発表する観光客の数字は注意しなくてはいけません。

都道府県では、「観光入込客」という定義が使われています（「入込観光客」という表記もありますが同じ意味になります）。多くの都道府県に「観光入込客統計」があり、動向を発表しています。同統計は注意すべき点がいくつかあります。

都道府県の「観光入込客統計」には、次の脚注が記載されています。それには「観光入込客数は、観光地点及び行祭事・イベントの入込客数を施設の分類別に集計した数値で、延べ人数であり、観光地点等の重複を含む」と明記されています。後半の「……延べ人数であり、観光地点等の重複を含む」が重要です。すなわち、同一人物が同一日に、その自治体内のいくつかの観光地点を訪問することにより、ダブルカウントやトリプルカウントが含まれる可能性があります。

例えば、筆者が神奈川県相模原市を観光で訪れた時に、相模湖と観音寺をまわると、それぞれの場所でカウントされる可能性があるということです。筆者は1人ですが、統計上は2人と把握されます。その意味では、同統計が発表する観光入込客数は、実際の数字（実数）とは限りません。

また、観光客数に限らず、既存の統計の多くは「推計」です。推計とは「一部の事実や資料をもとにして、おおよその数量を算出すること」という意味です。この視点で捉えると、どのような調査であっても、推計である限りは、出てきた数字が実態と完全に合致しているとは限りません。そこで、得られた推計の結果を評価したり解釈したりする際は、何かしらのバイアスが含まれる可能性を常に考慮しておく必要があります。

もう一つ注意することがあります。観光入込客の中には「ビジネス目的で訪れた人」も含まれる点です。観光入込客統計は、自治体が自分の地域（行政区）を訪れた人を把握しています。そして、ここで言う観光とは「余暇、ビジネス、その他の目的のため、日常生活圏を離れ、継続して1年を超えない期間の旅行をし、また滞在する人々の諸活動」と定義されます。ビジネス目的で訪れた人もカウントされています。

観光入込客統計における観光入込客とは、単に「地域に訪れた来訪客」です。その意味で、当該地域に訪れた全員が純粋に観光目的ではない可能性もあります。

都道府県の観光入込客数を確認すると、東京都が圧倒的に多くなっています。東京都の観光入込客の中には、ビジネス目的での来訪客が多く含まれているでしょう。このように考えると、東京都に純粋に観光目的で来訪した人は意外に少ないかもしれません。

余談になりますが、北海道に限定すると「観光入込客」に加え、「来道観光客数」という用語もあります。観光入込客の定義は、すでに紹介しました。一方、来道観光客数は「交通機関（航空機、フェリー、鉄道）の下り便の輸送実績を基に『来道観光客動態調査』などにより推計した来道観光客の実人数」と記されています。そして2018年度は、観光入込客数（延べ人数）の総数は1億4588万7000人であり、来道観光客数は918万5000人となっています。同じ年度であるのに数字が大きく異なっています。観光動態を把握する際は、「何をもって観光客というのか」という定義の明確化が大事です。

繰り返しますが、観光入込客統計で明らかになる観光客は、同一の観光客が重複している可能性があります。また観光入込客はビジネス目的も多いかもしれません。これらの視点で考えると、都道府県が発表している数字が完全に正しいとは限りません。そこで可能ならば、市区町村は国や都道府県が発表している既存の統計に依存するだけではなく、独自に観光客を把握していくことが求められます。

独自に観光客を把握していくために、以前、筆者が取り組んだ事例を紹介します。ポイントは有効なデータを集めることです。まずはアンケート調査です。A市では、駅前で不特定多数を対象に街頭アンケート調査を行いました。この結果から観光動態をしっかり把握することができました。

次に既存のデータの入手です。B市では、ホテル等の宿泊施設からデータをいただきました。ホテルに宿泊すると、チェックイン時に宿泊名簿に氏名や住所を記入します。これは旅館業法で義務付けられているからです。ちなみに虚偽の氏名や住所を明記した場合は、同法に基づき罰則が適用されます（第12条）。

宿泊名簿のうち、宿泊者がどの地域から来たのかという部分のみデータとしていただきました（ホテルが加工したデータの提供）。これは観光客の動向を把握するのにとても役立ちました。さらにB市ではホテル等に協力していただき、宿泊者に対してアンケート調査も実施しています。

国や都道府県が発表している統計調査の結果を活用しつつ、市区町村は独自にデータを収集・分析していくことも大事でしょう。

Q6　イベントを実施した際に見られる「経済効果」の注意点は何ですか。

経済効果とは「ある出来事（何かしらのイベントやブーム等）が国や地域、企業・業種にどれほどの影響を与えるかを金額に換算したもの」と定義できます。国や地域、企業・業種が一時的に潤う利益の合計です。経済効果は、ある出来事がもたらす影響の大きさとも言えます。

自治体は経済効果をよく発表します。例えばA市は地域における祭の経済効果を推計しています。市内は約25億円、近隣市を含めた地域全体では約40億円という数字になっています。B市は大河ドラマの放送に伴う経済効果を発表しています。同ドラマによる経済効果は、市内が２０７億円であり、県内２４８億円と算出しています。その他、多くの自治体は経済効果を発表しています。

経済効果が発表されるため、地域経済は潤うような感じがします。しかし、必ずしもそうなっていない現状があります（経済効果が高くても地元企業の倒産が増加するなどの事例は多々あります）。

経済効果を見る際に注意すべき視点があります。議論を単純化して言及します。例えば、１人の収入が20万円だったとします。そのうち5万円をAイベントに活用した場合は、「Aイベントの経済効果は5万円」となります。しかし、収入が増加しない限りは、別の出費を抑えなくてはいけません。従って、従来行っていた別のBイベントの5万円を削ることになるかもしれません。その結果「Bイベントの経済効果はマイナス5万円」となります（Bイベントではなく、携帯電話代や食事代等を削減するかもしれません）。

つまり、人が何か新しい事象に経済行動をとれば、何か別の事象の経済活動を抑えなくてはいけなくなります。そのため、地域全体としては「効果はない」という結論になる可能性もあります。

以前、筆者はB級グルメの経済効果と税収の関係を調査しました。その結果、ほとんど関係がないことがわかりました。経済効果が高いからと言って、税収にダイレクトに影響することはないという結論です。

さらに言うと、経済効果が正しかったのか間違っていたのかという検証は、ほとんど行われていません。実際に経済効果があるのならば、可処分所得の拡大や税収の拡大等が見られると思われます。しかし、「経済効果のその後」を追った考察は見られません。

読者が地方議員であるならば、この観点で執行機関に質問してもらいたいと思います。経済効果という数字に振り回されることなく、冷静に見ることが大事です。

Q7 観光誘客を意図した条例はありますか。

観光庁の調査によると、31都道府県で観光振興基本条例が制定されています（2016年10月11日現在）。1979年に制定された「沖縄県観光振興条例」が都道府県では初となっています。

沖縄県条例の前文を一部抜粋すると、「我々は、長期的かつ総合的な視点に立つて本県の観光の進むべき方向と目標を明らかにし、その実現に努めなければならない。ここに、我々は、観光の意義と本県の特性を深く認識し、観光の振興によつて真に美しい豊かな郷土の創出に最善の努力を払うことを誓い、この条例を制定する」と記しています。沖縄県の観光立県に向けた気概が伝わってきます。

観光誘客を目的とした条例は、名称が親しみやすくなっています。例えば「いばらき観光おもてなし推進条例」（茨城県）や「群馬よいとこ観光振興条例」（群馬県）、「おいでませ山口観光振興条例」（山口県）などです。親近感があった方が「観光してみたい」と感じさせることができると思います（筆者だけの思いかもしれません）。

今日では、観光誘客を促進するための個別具体的なユニーク条例が相次いでいます。宇治市

（京都府）は「宇治茶の普及とおもてなしの心の醸成に関する条例」を制定しています。宇治茶の普及やおもてなしの心の醸成により、伝統・産業を守り、国内外に情報発信することで、市のさらなる発展を目指しています。同条例第6条の見出しは「宇治茶によるおもてなし」となっています。宇治市のキラーコンテンツ（圧倒的な魅力）は宇治茶です。それを振興することにより、観光誘客も促進しようという意図があります。

近隣自治体が一致団結して同じ条例の制定を目指している取り組みもあります。それは「只見線手をふろう条例」です。単一自治体だけの条例ではなく、福島県の只見町、柳津町、三島町、金山町、昭和村の5町村に加え、魚沼市（新潟県）の6市町村が共同で条例を制定しています。

同条例では、只見線を沿線住民の大切な生活路線であると位置づけ、奥会津地域や魚沼地域への観光誘客を図る重要な観光路線としています。住民の役割として、通勤・通学時や農作業中、散歩の時などのあらゆる場面で、通過する列車を見掛けた際に手を振ることを促しています。

只見線手をふろう条例の立法事実は、2011年7月の新潟・福島豪雨の被害により、会津川口駅（金山町）から只見駅（只見町）間の不通が続く只見線を応援することが趣旨となっています。一方で、昭和村には鉄道が通っていない。しかし、奥会津地域の町村が一丸となって全線復旧への機運を高めようと、昭和村は賛同しています。

地域のキラーコンテンツを再発見し、とことんまで強くすることが交流人口の増加につながります。それを条例という手段で担保することも一案です。

第4章 政策づくりの基本的概念

Q1 「政策形成」の意味は何ですか。

以前から、自治体において「政策形成」という4文字は見られました。地方分権が進み、地方創生の時代を迎えた今日においては、「政策形成」の言葉をますます目にする機会が増えています。

政策形成の意味は、結論から言うと「多様」です。多くの定義があります。政策形成の「形成」は、「一つのまとまったものに作り（創り）上げること。形づくること」と辞書にあります。そこで、ここでは政策の意味を考えます。

政策には「政府が、その環境諸条件またはその対象集団の行動に何らかの変更を加えようとする意図のもとに、これに向けて働きかける活動の案」という定義があります（西尾勝、1993、『行政学』有斐閣）。

また、「自治体の取り組みによって解決すべき問題は何か、自治体が解決（達成）しなければならない課題は何かを明確に示すことによって、具体的な行動プランである事業の方向性や狙いを表明したもの」と捉える学者もいます（真山達志、2001、『政策形成の本質』成文堂）。

その他、多くの定義があります。過去の学識者の定義を参考にしつつ、かつ筆者が実際に政策づくりに取り組んだ経験から、定義を紹介します。それは二段階に分けられます。

まずは、「国や自治体の地域が抱える問題の解決を図り、住民の福祉の増進を実現するために示された方向と対応」です。ここで言う「地域」は一定ではありません。可変です。市域全体であったり、市内の小学校区域であったりと、問題により地域の範囲は変化します。

また、この定義の前提は、主語が「首長」を想定しています（場合により地方議会も含まれます）。

さらに、地方自治法には、自治体が様々な行政サービスを提供する最終的な目的として「住民の福祉の増進」（地方自治法第1条の2）と明記されています。そこで政策（づくり）の最終的な目的は、「住民の福祉の増進」を実現することになります（そのため筆者の定義に「住民の福祉の増進」という文言を明記しています）。

次に「政策に求められることは、方向と対応を実現する、あるいは問題を解決するための複数の具体的な手段を提示すること」と捉えています。ここで言う「具体的な手段」のことは、一般的に「事業」と言われます。この定義の主語は首長ではなく、自治体職員や政策づくりに携わる人です。

政策づくりの重要なポイントは、「事業や施策を実施しない」という選択肢もあるということです。様々な事情により、政策を実施しないという判断もあるでしょう。すなわち「あえて根拠をもって問題を放置する」のです。問題を意図的に放置する理由は、大きく3点あります。

第1に、事業を実施することで、より大きな問題が発生すると予測したケースです。第2に、事業費に数百億円など多額な費用かかってしまい、そのような費用が用意できないと判断した場合です。第3に、そもそも事業実施の権限を持っていない場合もあるでしょう（民間企業が適切に対応する可能性があると判断したケースも、ここに入ります）。

筆者の考える政策とは、①目指すべき方向性や全体的な対応策を明確にし（政策レベル）、②①を達成するための具体的な手段を複数提示すること（事業、あるいは施策レベル）、です。この双方を意識することが大事です。

Q2　政策形成サイクルとは何ですか。

政策形成サイクルは、民間企業における経営活動のPDCAサイクルが土台となっています。PDCAサイクルとは、民間企業が経営を展開する際に、「①計画」(Plan)を立て、「②実行」(Do)し、実行した後、その「③評価」(Check)に基づいて、「④改善」(Action)を行うという工程を継続的に繰り返す一連の仕組みです。

しばしば「政策づくりにはPDCAが必要だ」と言う人がいます。筆者は「厳密に言うと、それは違う」と思っています。「①計画」(Plan)の前に重要な取り組みがあります。それは「データ分析」(Data Analysis)です。さらに言うと、データ分析の前には「データ収集」(Data Collection)が求められます。

必要なデータを的確に収集して、集めたデータをしっかり分析します。そして科学的根拠をもって計画を組み立てていきます。そうしなくては計画に実行性(実効性)は担保されません。既存のPDCAサイクルの中には、科学的根拠のない「①計画」(Plan)が少なくないような気がします。この点は注意しなくてはいけないでしょう。

話を戻します。政策形成サイクルは政策研究に始まり、政策立案、政策決定、政策実行、政

図表13　政策形成サイクル

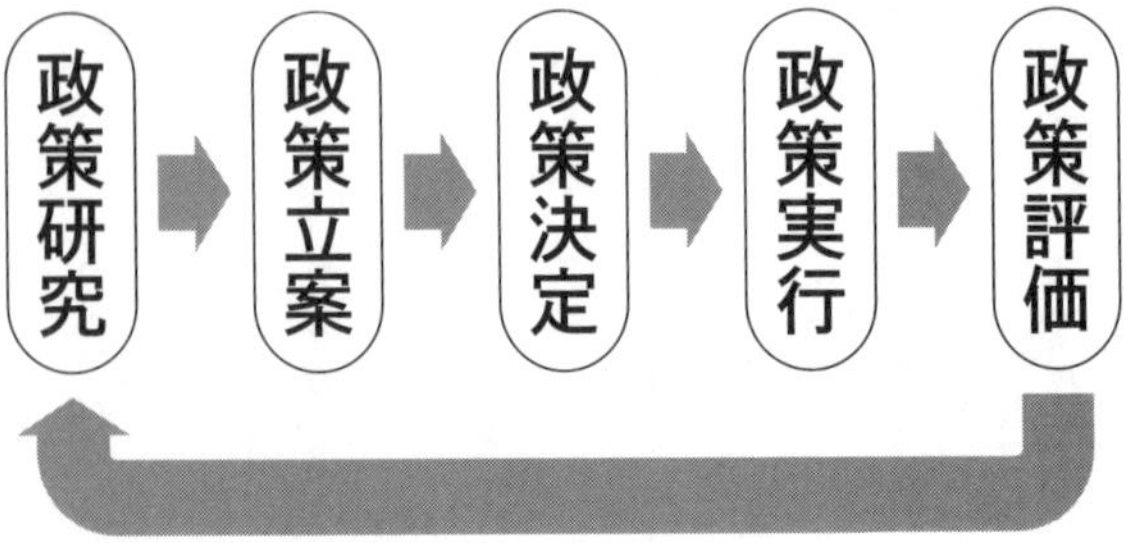

出典：筆者作成

策評価と続いていきます（図表13）。それぞれが相互に作用して政策形成サイクルは成立しています。

最初の「①政策研究」は、問題や課題を的確に把握することから始まります。この時点では地道なデータ収集や分析、検討という作業が主体となります。視察も政策研究の一つになります。得られた結果を考察することで、問題や課題を生じさせている原因を認識し、その背景や理由などを考察します。そして問題や課題に対して、どのような方向性で臨むか、あるいはどのような対応策で進めるかを検討する段階です。

政策研究を進めていくと、ある程度、問題や課題が明らかになります。それらの中から、対処すべきと認知された問題や課題ついて、方向性や対応策を具体化する段階が「②政策立案」です。具体的な政策案として提示される段階です。ここで政策案と称していますが、施策案や事業案と捉えてもよいでしょう。問題や課題を解決するための取り組みを複数考えることが大切です。

簡単に言葉を整理します。「政策」とは、自治体が目指すべきまちづくりの方向や目標を示すものになります。「施策」とは、政策を実現するための方策と捉えられます。そして「事業」とは、施策を実現させるための具体的な手段となります。すなわち、事業の集まりが施策になり、施策の集まりが政策になります。

そして「③政策決定」となります。「②政策立案」において議論され、提示された政策案（施策案や事業案も含む）について、決定権限を有する者が審査し、決定する段階です。また、この段階では「②政策立案」において検討された政策案に対し、利害関係者との調整が行われ、最終的な合意形成がなされます。教科書的に言いますと、決定権限を持っているのは首長ではありません。それは地方議会になります。

続いて「④政策実行」に移ります。「③政策決定」で決まった政策を実施する段階です。ここでは「①政策研究」→「②政策立案」→「③政策決定」という流れを経て、「④政策実行」として、具体的な政策活動となって体現されます。決定された政策を実行するのは自治体職員です。地方議会は執行権がないため、政策実行はできません。

最後は「⑤政策評価」になります。「④政策実行」で実施された政策について、その効果や必要性等が検証され、評価されます。この「⑤政策評価」は必要に応じて、実施した政策の拡充・継続・修正・転換・縮小・廃止等が決定されます。そして「⑤政策評価」が「①政策研究」にフィードバックされることにより、政策づくりが持続的に発展していくことになります。政策づくりのスパイラルアップ（好循環）が実現されます。

政策形成サイクルとは、①問題や課題の解決のためにデータ収集と分析を行うことで様々なアイデアを検討し（「政策研究」）、②複数の政策案の中から最適案を選択し（「政策立案」）、③政策案が妥当かどうかを決定する行動をとり（「政策決定」）、④決定された政策が実施に移され（「政策実行」）、⑤政策展開の結果、得られた成果を評価する（「政策評価」）、という一連の流れ（サイクル）です。そして⑤の政策効果を評価した結果を、再度①の現状分析に反映させることにより、政策づくりをより進化・深化させる能動的な取り組みになります。

Q3　アウトプットとアウトカムの違いを教えてください。

地方創生の進展とともに、自治体において「アウトプット」（Output）と「アウトカム」（Outcome）が、よく聞かれるようになってきました。しばしば、アウトプットは「結果」と言われ、アウトカムは「成果」と指摘されます。

双方の意味を定義します。アウトプットは、事業の実施によって行われる「自治体の直接的な対応の指標（取り組み）」を指します。アウトカムとは、自治体の直接的な対応によって「もたらされる地域住民や地域社会への指標（影響）」を意味します（すなわち「アウトプットの結果がアウトカムという成果になる」と考えてもよいでしょう）。

例えば、税収の減少に悩んでいる自治体があるとします。この場合は、施策や事業の目標値を決める時に「徴税訪問件数を20件増やす」と指標を設定します。そして20件の徴税訪問に回った結果により、もたらされる成果として「税収を500万円増加させる」は「アウトカム」になります。

あるいは、待機児童を解消するために「保育所を3施設増設する」は「アウトプット」になります。そして、その成果として「待機児童数が300人減少する」は「アウトカム」です。

実は、アウトプット指標とアウトカム指標の設定は難しいものです。A市は斎場（火葬施設）を運営していました。その火葬施設のアウトプット指標を「昨年度比、稼働率30％増」としていました。これがおかしいのはわかりますよね。つまり、住民が30％多く死亡しないと達成できません（住民が死ぬことを望んでいることになります）。これは実際にあった話です。それぞれの指標を設定したら、第三者に確認してもらうとよいでしょう。

多くの自治体が策定している「地方版総合戦略」では、重要業績評価指標（ＫＰＩ）が求められています。地方版総合戦略におけるＫＰＩとは、地方人口ビジョンにおける目標人口を達成するために実施する施策や事業の指標（数値）です。ＫＰＩとは「Key Performance Indicator」の略称です。

KPIは、原則として「アウトカム」で書き込むことが求められています。国の「地方版総合戦略策定のための手引き」には、「地方版総合戦略には、盛り込む政策分野ごとに5年後の基本目標を設定します。この基本目標には、行政活動そのものの結果（アウトプット）ではなく、その結果として住民にもたらされた便益（アウトカム）に関する数値目標を設定する必要があります」と記されています。

余談になりますが、民間企業には「重要目標達成指標」（KGI）という概念があります。KGIとは「Key Goal Indicator」の略称です。民間企業は売上額や経常利益などという観点から最終的な「目標」を定めています。この目標を評価するのが「重要目標達成指標」です。その目標を具体的に実現するための「手段」を検討してから、実施することになります。その手段がしっかりと遂行されているかどうかを定量的に測定することが、「重要業績評価指数」です。双方の観点から評価していくことは、民間企業における経営の持続性を担保する意味で重要とされています。

「重要目標達成指標」（KGI）と「重要業績評価指標」（KPI）の関係を言及すると、KGIは、目標に対する達成度合いを定量的に表す指標です。そして、KPIは目標達成の過程を計測するために、実行の度合いを定量的に示すことになります。

国の「地方版総合戦略策定のための手引き」等には、KPIの言及はあっても、KGIに関する指摘が見当たりません。そのため何とも言えませんが、議論を単純化すると、地方人口ビジョンにおける目標人口がＫＧＩであり（民間企業の売上額や経常利益に該当します）、それを達成するために実行する施策や事業の成果を測る指標がＫＰＩと言うことができそうです。

Ｑ４　ＮＰＭとは何ですか。

ＮＰＭとは、「New Public Management」の頭文字を用いたものです。新公共経営や新行政経営などと訳されます。ＮＰＭは２０００年前後から日本において活発になりました。その意味は、「民間部門の経営思想を公共部門に応用することにより、公共部門の運営方法を改善していこうとする新たなマネジメント手法」になります（当時は「新たな」という言葉が入っていましたが、今では当たり前の考えのような気がします）。

１９７０年代以降、海外において自治体運営の中から登場してきた取り組みであり、公共部門の現場で形成されたマネジメント論とも言えます。

ＮＰＭは主に４つの観点から成立します。それは、①成果主義、②競争原理、③顧客主義、④組織のフラット化、などです（「４つの観点」と称しておいて「など」としたことに矛盾があるように感じる読者がいると思います。「など」としたのは、学識者によって様々な考えがあるためです。ただし、ここで紹介した4視点は、多くの学識者が採用しています）。

第1の成果主義とは、地方自治体の実施する施策や事業が住民生活にどのように貢献し、達成度はどの程度か成果を測定することを意味します。そして、具体的な取り組みの一つに、行政評価制度があります。

第2の競争原理とは、市場原理を公共部門に導入し、行政の効率化・活性化を目指す取り組みです。多くの法整備が行われ、公共部門も市場の中に組み込まれ、多くの競争が発生しました。「市場化テスト」（官民競争入札制度）が始まり、国や自治体が運営してきた公共サービス（水道事業やハローワーク関連事業）を行政だけに任せるのではなく、民間事業者も公共サービスの担い手となれるようになりました。市場化テストにより、行政と民間事業者を競わせることで、①経費削減、②公共サービスの向上、が促進されると言われました。

第3の顧客主義とは、民間のように、住民や事業者等を行政サービスの顧客とみなし、顧客満足を追求する取り組みです。行政サービスの利用者である住民の満足度を最大にすることを目指す活動になります。具体的には、住民アンケート調査等を実施し、住民満足度の把握という形で現れます。住民満足度については、次の質問で取り扱います。

第4に組織のフラット化があります。この考えが庁内分権や地域分権という形で結実してきます。

庁内分権とは「庁内の各部門が、より主体性と自律性をもって行政を執行できるように、職員配置や予算編成等の権限の一部を移譲する（各部門が自主的に職員配置や予算編成等を進める）」ことを意味します。

地域分権とは「一定の区域（例えば自治会や小学校区など）を対象に、身近な地域のまちづくりを推進してもらうために、各区域に必要な資源（人・物・金等）を移譲する」と定義できます。なお、「移譲」であって「委譲」ではない点がポイントと思います。権限等を「移す」のであって、決して「委ねる」のではありません。

一つ私見を述べておきたいと思います。庁内分権や地域分権を成功させるためには、分権を受け止めるだけの受け皿がないといけないということです。受け皿とは「物事を引き継ぐための受け入れ態勢」です。受け皿が育っていないために、分権してもそのメリットを活かすことができない状況が多々あります。受け皿のない状態での分権は、現場にとって負荷が増えただけになります。

筆者は分権の前には一度集権が必要と思っています。一回集権をして、そこで人・物・金等といった資源をしっかりと創り上げます。そして分権とともに、一度集権して育て上げた人・物・金等を同時に現場に投げていくのです（特に人的資源の育成と移譲は大切です）。そうすることで、受け皿を確保していきます。

Q５　住民満足度とは何ですか。

民間企業は、自社の顧客層の喪失は倒産へ向かうことになります。そのため、多くの民間企業では顧客主義が徹底されています。この取り組みが顧客満足度です。一般的にはCS（Customer Satisfaction）と称されます。

顧客満足度（CS）とは、「顧客（消費者）が商品やサービスを購入した際、どの程度満足したかを定期的かつ定量的に評価する取り組み」と考えられます。簡単に紹介すると、商品を購入し、実際に使用した後で、図表14のようなアンケート調査を顧客に回答してもらいます。筆者の場合は、読者の満足度を高めるために図表14の4と5の回答が多くなるように執筆することが求められます。図表14の4と5を多く得ようとする取り組みが顧客満足度の向上につながります。

顧客は、期待したサービス、もしくは期待したレベル以上のサービスを受けることができた場合、満足度が上昇します。満足度という心理的なものを調査するため、民間企業は定期的に顧客に対するアンケート調査を実施します。そして、アンケート調査結果を元にデータ処理と分析を行い、定量的に顧客満足度を算出するのが一般的です。

図表14　顧客満足度アンケート調査票（例示）

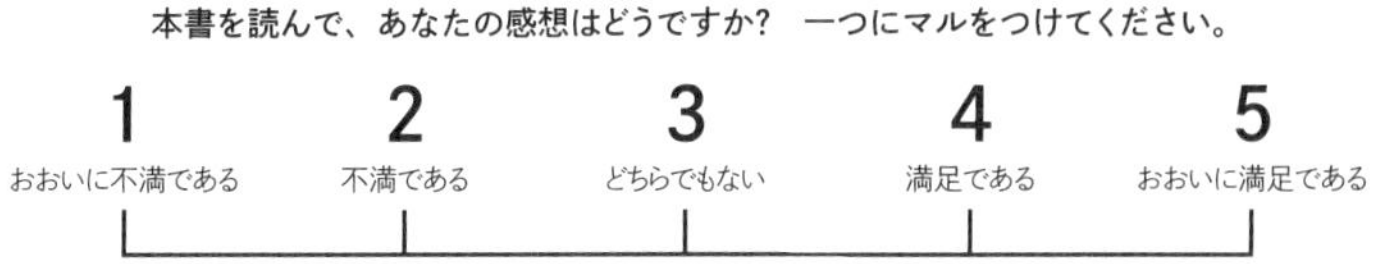

出典：筆者作成

民間企業が顧客満足度を把握し高めていこうと努力することは、ライバル企業との市場競争の中で、自社のブランド力を高め、顧客の囲い込み戦略を進めていく上で必要不可欠です。顧客満足度をしっかりと把握することにより、市場での自社の立ち位置が理解できます。なお、囲い込み戦略とは「自社の商品やサービスの利点や特長、特異性を顧客（消費者）に訴えることで、顧客に満足を提供し、顧客のリピート行動を喚起しようという考え方」です。

そして、顧客満足度の取り組みを自治体に適用したのが住民満足度になります。住民満足度もＣＳ（Citizen Satisfaction）と称されます。Ｃの意味が顧客ではなく住民（市民）と異なっています。自治体が提供する行政サービス等に対し、住民がどの程度満足と感じているか、あるいは、重要と感じているか等を把握します。そして、その結果を既存の行政サービス等に反映し、改善することが目的です。この住民満足度もアンケート調査等で把握していくことになります。

ここからは私見になります。多くの自治体が実施している住民満足度は、万能ではないと思います。その理由の一つは、住民が「もっともっと」という思考に陥ってしまうからです。その結果、住民満足度の指数がある時点で止まってしまい、なかなか90％台になりません。

例えば、住民にとって子ども手当の支給額は1万円より2万円がいいでしょう。医療費助成は中学生までよりも高校生までの方がいいでしょう。もし、自治体が住民満足度をより高めようとすると、子ども手当は1万ではなく2万円となり、3万円や4万円と「もっともっと」になってしまう傾向があります。医療費助成も同じことが言えます。

このように住民満足度を高めようとすると、行政サービスがますます拡充していくことになるかもしれません。このことを筆者は勝手に「住民満足度の罠」と称しています。その意味するところは「住民満足度を高めるために行政サービスを拡充していくと住民の要望が無限大となり、自治体政策の効力が低下すること」です。

そこで住民満足度に代わる取り組みとして、住民納得度があります。住民納得度はCCと称されます。その意味は「Citizen Consensus」です。住民に提供した行政サービスについて、施策や事業ごとに「使った金額」と「成果」を明示し、これらの情報を基に住民に回答を求める手法です。

住民納得度の調査を実施する場合は、次の手順で行います。例えば、①交通事故件数が10件あったとします。そこで自治体が交通事故を防止するために、新たに交通安全教室の開催や交通パトロールの人員を配置するなどの事業を実施しました。その費用は住民一人当たり1000円と算出しました。②そして事業の成果は交通事故件数が5件に減少しました。③すなわち、住民一人当たり1000円の費用をかけて、交通事故件数を5件減少させた成果に対して、「（あなたは事業実施にかかった費用と成果を見た上で）この事業について、納得しますか、納得しませんか」と聞くアンケート調査です。

このように住民納得度は、住民が自ら納める税金の使われ方を意識しながら、施策や事業の成果の妥当性を判断することができるという点で有意義なものです。ただし、住民納得度も難点があります。それは住民満足度と比較すると調査や分析のボリュームが多いということです。ボリュームが多いということは、調査を実施する自治体だけではなく、回答する住民にも大きな負荷がかかってしまいます。このようなデメリットがありつつも、筆者はこれからの時代は住民納得度の方がいいような気がしています。

Q6　公民連携（PPP）に関連して「新しい公共」が言われます。新しい公共の意味は何ですか。

公民連携（PPP）に関連して「新しい公共」（新たな公）という概念が使われることが多くあります。「新しい公共」があるということは、「古い公共」もあるということです。「古い公共」は図表15の通りです。今日、公共部門（公共サービス領域）は、教育・医療・交通・司法・消防・警察など多方面にわたっています。「古い公共」は、多岐にわたる公共部門の全てを自治体が単独で担う状態を意味します。

しかし、「古い公共」が限界に近付きつつあります。その理由は、権限移譲や住民ニーズの多発化に伴う事務量の増加や、職員数の減少や財政難などにより、全ての公共部門に対応できなくなりつつあるからです。そこで、「新しい公共」という概念がでてきました。

図表16が「新しい公共」のイメージになります。様々な公共部門の一部を自治体が担い、別の分野は住民、別の領域は民間企業等に担ってもらう状態です。すなわち、「新しい公共」とは、行政だけが公共の役割を担うのではなく、地域の様々な民間主体（住民や民間企業等）が公共の担い手の当事者として活動することを意味します。

ＰＰＰを含んだ「新しい公共」を進めることにより、行政サービスの質的向上、行政サービスの量的向上、地域経済の活性化、地域活動の活性化（住民自治の実現）、職員の事務負担の軽減（行政サービスの効率化）、歳出の縮小、歳入の拡大などのメリットがあると言われています。

図表15　「古い公共」のイメージ

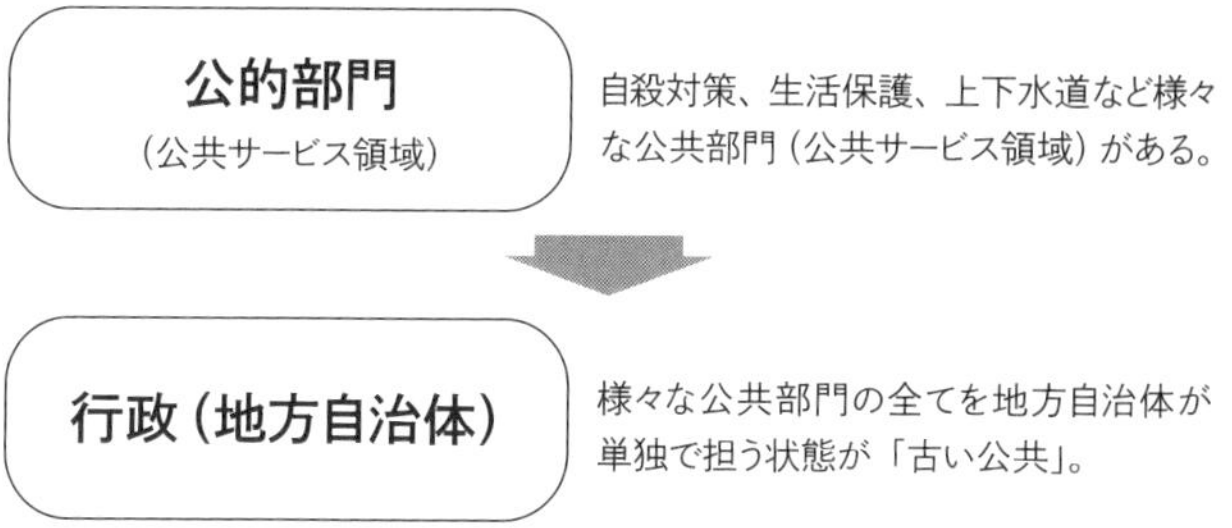
公的部門
（公共サービス領域）
自殺対策、生活保護、上下水道など様々な公共部門（公共サービス領域）がある。
行政（地方自治体）
様々な公共部門の全てを地方自治体が単独で担う状態が「古い公共」。

出典：筆者作成

図表16　「新しい公共」のイメージ

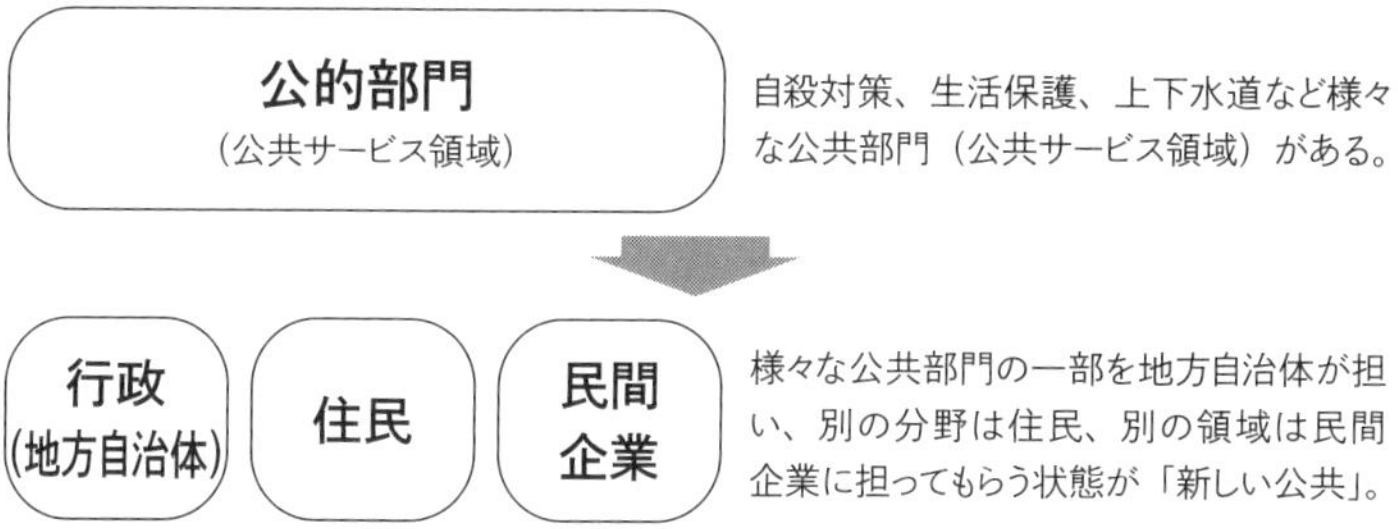
公的部門
（公共サービス領域）
自殺対策、生活保護、上下水道など様々な公共部門（公共サービス領域）がある。
行政
（地方自治体）
住民
民間
企業
様々な公共部門の一部を地方自治体が担い、別の分野は住民、別の領域は民間企業に担ってもらう状態が「新しい公共」。

出典：筆者作成

Q７　公民連携（ＰＰＰ）を進めていく具体的な取り組みは何ですか。

神戸市のＰＰＰの定義の中に、具体的な取り組みが明記されています。神戸市は「ＰＰＰ（公民連携）とは、Public-Private Partnership の頭文字で、行政と民間事業者が協働で住民サービスの向上や事業効率のアップ、地域経済の活性化などに取り組むことを言います。具体的には、ＰＦＩ事業をはじめ、指定管理者制度、公設民営、包括的民間委託、自治体業務のアウトソーシング、ネーミングライツ、定期借地活用など、民間の知恵・アイデア、資金や技術、ノウハウを取り入れる様々な手法があります」と記しています。

神戸市のＰＰＰの定義から、いくつか具体的な取り組みを紹介します。ＰＦＩ（Private Finance Initiative）とは、民間の資金や経営手法・技術力を活用して公共施設などの社会資本を整備することを意味します。公民の役割分担を事前に取り決め、公共施設の建築や維持管理を民間企業に任せ、効率的に良質な公共サービスを提供しようとする取り組みです。１９９０年代に英国で始まり、日本でも広がってきました。日本での初めての事例は、横須賀市の長井海の手公園と言われています。

指定管理者制度とは、２００３年9月施行の地方自治法の一部改正によって、公の施設（ス

図表17　自治体の連携（Partnership）の対象先

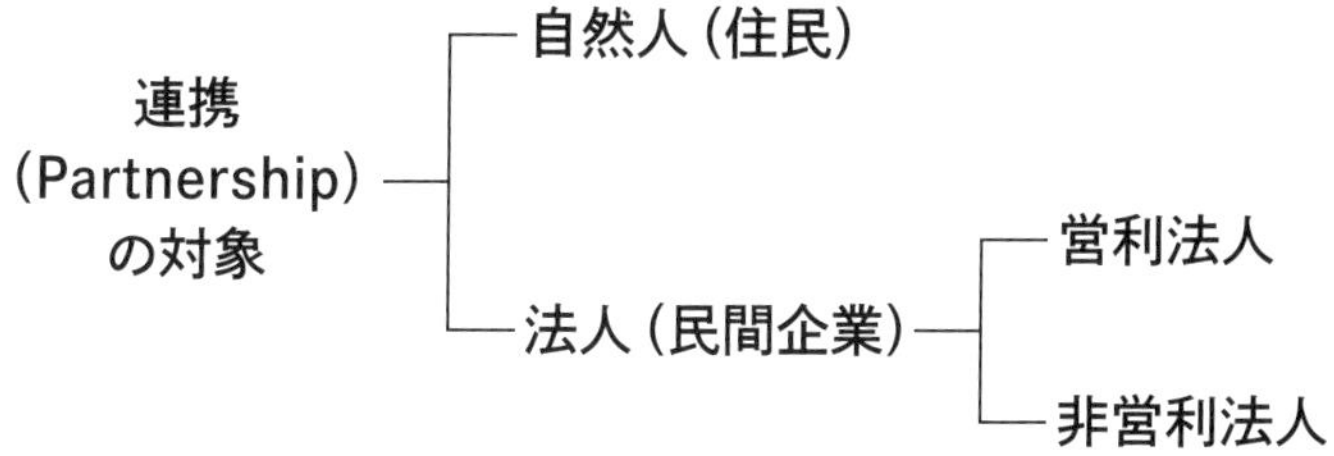

注）法人の中には、法人格のない任意団体も含む。

出典：筆者作成

ポーツ施設、都市公園、文化施設、社会福祉施設など）の管理方法が、管理委託制度から指定管理者制度に移行しました。従前は、公の施設の管理を外部に委託する場合は、公共的団体（外部団体）に限定されていたのを、民間事業者、NPO法人なども可能にしました。

公設民営とは、国や自治体が施設を設置し、その運営を民間事業者が行うことを意味します。例えば、美祢市（山口県）にある「美祢社会復帰促進センター」という刑務所は公設民営です。刑務所は国が設置し、運営は民間が担っています。同様な刑務所は、島根あさひ社会復帰促進センターなど4カ所あります。

サウンディング型市場調査もPPPと言えます。サウンディング型市場調査とは、「行政が保有する資産活用の検討にあたり、その活用方法について民間企業等と対話を通して広く意見や提案を求めることにより、市場の意向を把握する調査」です。サウンディング（sounding）とは、「打診する」や「ある事案に対する相手の意向や意見を確かめるために、前もって相手に働きかけ様子を窺う」を意味します。

今日、自治体だけの政策実施では独り善がりになってしまう可能性があります。そこで、事前に民間企業等の意向を把握してから政策を実施するという意図があります。横浜市は本牧市民プール及び横浜プールセンターの再整備の際に実施しました。茅ヶ崎市は市役所仮設庁舎跡地の活用の際に実施しています。

自治体がＰＰＰを考える時は、図表17の視点から検討していくとよいでしょう。自然人（住民）との連携はＰＰＰも該当しますが、市民参加や協働という観点から言及されることが多くなっています。

第５章

政策づくりの技法

Ｑ１　視察を進める上でのポイントを教えてください。

政策をつくるために視察は重要な取り組みです。現場に行くと、多くの発見があります。そのためできる限り視察は行った方がいいと思います。その視察で注意すべきことがあります。

視察の一つのポイントは、「過程を確認する」ことになります。一般論として、数ある成功事例の中から視察先を選定することになります（成功事例と先進事例は異なります）。視察に行くと、事例の「結果」だけに注目してしまう傾向が強くあります。しかし、実は「結果」の移転は難しい現状があります。

例えば、葉っぱビジネスで有名な徳島県の「上勝町」や、ＩＣＴ産業の集積で知名度を高めている同県の「神山町」など、視察先として人気のある事例は多々あります。年間、これらの成功事例に多くの視察者が訪れます。しかし、第二の上勝町や第二の神山町が誕生したということは聞きません。つまり、既存の成功事例という「結果」は、自分たちの地方自治体（地域）になかなか移転できないことを意味しています。

議会改革についても同様のことが言えます。栗山町議会（北海道）や会津若松市議会（福島県）などが成功事例として挙がってきます。双方の議会には多数の視察者が訪れます。しかし、栗山町議会や会津若松市議会を超える議会改革はなかなか登場しません。この事実も「結果」の移転は難しいことを意味しています。

視察のポイントは、成功事例の結果も把握しつつ、成功までに導いた「過程」をしっかりと把握することです。筆者が実感しているのは、視察で学んだ結果はなかなか移転できないが、成功事例にたどり着くまでの過程は比較的移転しやすいという事実です。

上勝町を視察して、葉っぱビジネスの歴史を学び、その「過程」を移転することが大事です。その結果、上勝町と全く同じ葉っぱビジネスは実現されないかもしれませんが、石ころビジネスが誕生する可能性があります。

視察は、「結果」に重きを置くのではなく、「過程」の一つひとつを確認することにより、移転可能性に向けた様々な知見を得ることができます。この過程に重きを置いた視察であるならば、同規模の自治体や類似団体でなくても、また民間企業に行っても、多くの知見を得て、政策づくりに活用することができます。

政策づくりは過程にこそ再現性があります（移転可能性が高いのです）。だからこそ、過程を把握するために視察に行くのです。しかし、既存の多くの視察は結果を知ることに重きが置かれています。多くの議会質問が「上勝町を目指したらどうか」や「神山町のような取り組みを実施すべき」という結果だけに注目した内容となっています。もちろん、結果も重要ですが、それ以上に過程が大切です。

読者が視察に行く時は、次回からは過程も把握することに注視したらどうでしょうか。

Q2　よりよい視察にするためのポイントはありますか。

筆者の考える視察とは、「政策づくりに貢献するために、現地・現場に行き、あるいは当事者の話を得ることにより、実情を把握する活動」と定義できます。

視察先の選定は、2つの視点を持つとよいでしょう。第1に、「ベストプラクティス」です。この意味は「最も効果的、効率的な実践の方法。または最優良の事例」です。簡単に言うと「よい事例」です。多くのよい事例を収集し、その中から共通項を見つけます。そして、共通

図表18　複数の事例から共通項を見出す（イメージ）

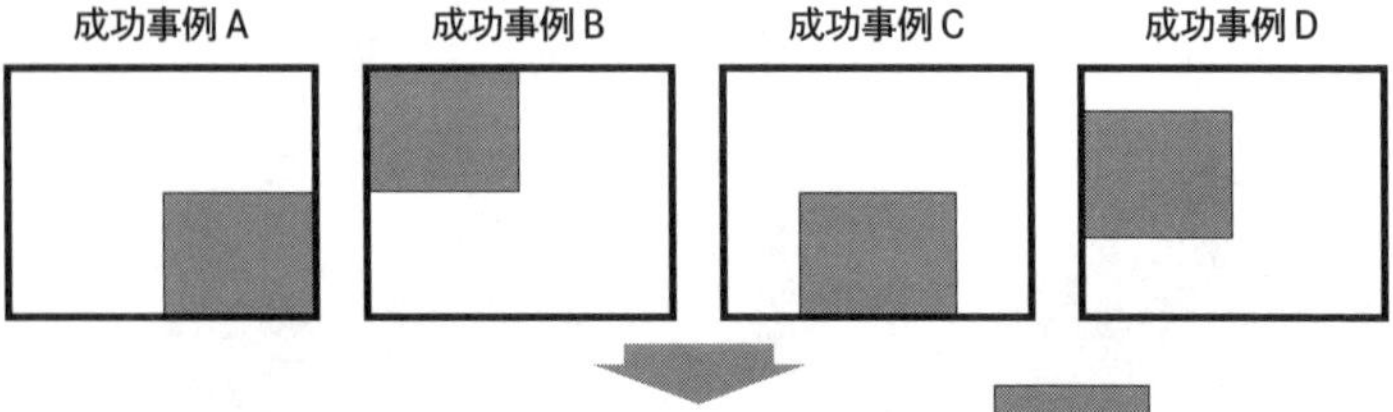

4つの成功事例（あるいは失敗事例）に、共通項として  がある。この共通点は、移転しやすく再現性が高い。
そのため複数の視察から、共通点を見出すことが視察のポイントである。

出典：筆者作成

項を自分たちの自治体に当てはめていくことが政策づくりの王道です。

第2に、「反面教師」です。反面教師とは「悪い見本として反省や戒めの材料となる物事」という意味です。すなわち「悪い点は決して真似しない」ことが重要です。

しばしば、視察先はベストプラクティスばかりが対象となります。よい事例も大切ですが、視察先として反面教師になる素材を選定してもよいでしょう。もちろん、視察先に面と向かって「反面教師とするために視察に来ました」とは言えないと思いますが……。実は、筆者は、政策の失敗を招かないために、反面教師として視察を実施しています。

成功事例でも失敗事例でも、それぞれに共通する要素が多くあります。この共通点をしっかりと把握することが視察では大切です。その意味で、視察は数事例あった方がよいです。たった一つの視察だけの知見で、政策づくりをするのは心もとないものです。複数の視察を実施し、その中から共通点を抽出することが求められます。

一般的に複数の視察に共通している要素は、再現性が高くなります（図表18）。それぞれの事例の共通点は、再現性が高いものです。すなわち、共通点は自分たちの自治体でも移転しやすい要素です。その意味で、参考となるよい事例や悪い事例は複数集め、視察に行くとよいでしょう。

Q3　視察を実施する際に注意すべき点を教えてください。

視察は様々な知見が得られます。そこで筆者は可能な限り、視察は実施した方がよいと思っています。筆者も、積極的に視察を実施しています。

視察を実施する際に注意すべき点は「先進事例は必ずしも成功事例ではない」という事実を知ることです。視察先を選定した理由を尋ねると「先進事例だから」という回答が多くあります。ここで注意してほしいのは、先進事例は必ずしも成功事例ではないということです。先進事例とは、あくまでも「他に先駆けて実施した事例」です。

言い方に語弊があるかもしれませんが、「たまたま先に実施しただけの事例」である場合も多くあります。「先進事例が本当に参考とすべき事例なのか」を客観的に検討する必要があるでしょう。その意味では視察は、実際に視察する以前から始まっていると言っても過言ではありません。

シティプロモーションを事例に考えてみます。近年ではシティプロモーションが注目を集めています。その中でA市はシティプロモーションの先進事例と称されています。確かにA市は2000年代半ばという早い時期からシティプロモーションに取り組んできました。しかし、A市の取り組みを冷静に捉える必要があります。この10年間で、A市は定住人口が大幅に減少し、交流人口も逓減の状態です。しかも、財政も悪化しています。すなわち、A市はシティプロモーションの先進事例と言えますが、成功事例とは言えないのです（むしろ失敗事例です）。

ところが、A市はシティプロモーションの先進事例と認知されているため、視察が相次いでいます。当然、議会視察も多くあります。A市を視察したB議員は、議会で「A市を参考にしてシティプロモーションを実施し、定住人口の増加を目指したらどうか」（趣旨）と執行部に質問しています。もしA市を参考にシティプロモーションを実施したら、様々な指標が悪化する可能性があるでしょう。繰り返しますが、先進事例が成功事例とは言えないのです。もし視察先を選定するのならば、その事例が本当に成功しているのか、しっかりと見極める必要があります。

先に紹介したB議員の議会質問を前後の文脈から把握すると、「A市はシティプロモーションの先進事例だから、きっと定住人口を増加させているだろう」と考えている様子が窺えます。Ｂ議員は「先進事例がイコール成功事例」と短絡的に考えている点に、視察先を選定する間違いがあります。よく考えれば気が付くことですが、シティプロモーションを実施すれば、絶対的に定住人口が増加するわけではありません。シティプロモーションを推進しても、定住人口が減少している地方自治体は多くあります。

Ｂ議員のように「定住人口を増加させたい」と考えるならば、シティプロモーションに取り組んでいる地方自治体に視察に行くべきではありません。視察に行くべきは、「定住人口が増加している地方自治体」なのです。このように書くと当たり前のことです。ところが、当たり前すぎて気が付かない現状があります。この点は注意しなくてはいけないでしょう。

Q４　これから政策課題として発生することを予測するには、どうすればよいですか。

視察を一工夫することにより、これから政策課題として発生することも予測できます。それは、自分の自治体の未来に視察に行けばよいわけです。「未来の自治体？」と不思議がる読者も多いと思います。

「未来の自治体に視察に行く」は、筆者がアドバイザーをしていた戸田市（埼玉県）等で行いました。未来の自治体に視察に行ったことにより、戸田市は多くの知見が得られました。悪い未来を回避するために、様々な政策を展開してきました。その結果、戸田市は政策づくりで先進的かつよい成果を出す自治体となりました。

未来への視察を含めた一連の研究は「急速な高齢化が戸田市へもたらす影響に関する研究」としてまとまっています（２００９年度に実施）。同研究は、戸田市が設置した自治体シンクタンクである「戸田市政策研究所」において実施されました。

前置きが長くなりましたが、未来の自治体に視察に行くノウハウを紹介します。同研究の目的は、２０３５年にかけて戸田市に発生するだろう課題を把握することでした。そこでまずは、①国立社会保障・人口問題研究所の将来人口推計の結果から、２０３５年における戸田市の将来人口推計と人口３区分を把握しました。次いで、②研究を実施した時点（２００９年度）において、その数字に近い自治体を探しました。するとＫ市をはじめ、いくつか該当する自治体がありました。すなわち、それらの自治体は、２０３５年の戸田市の状況に近いと予測されます。そこで、③戸田市はＫ市への視察を実施しました。これが「自分の自治体の未来に視察に行く」という意味です。

実際、Ｋ市での視察は多くの気づきがありました。特に２０３５年の戸田市の姿が、視察に行った職員の目の前に現実的に見えるインパクトは大きかったと思います。K市の様々な行政分野の担当者からヒアリングすることにより、今後戸田市において発生するであろう課題も、おおよそ予想できました。そして、その課題が発生しないように、先手で政策を打つことが可能となりました。まさに「備えあれば憂いなしの政策づくり」と言えます。

奥州市（岩手県）を事例に考えてみましょう。国立社会保障・人口問題研究所が「市町村将来人口推計２０４０」を発表しています。奥州市の２０４０年の人口３区分は、年少人口が９・８％、生産年齢人口が50・４％、老年人口が39・８％となっています。２０１５年国勢調査の結果から、２０４０年の奥州市に近い自治体は、鰺ヶ沢町（青森県）、大台町（三重県）、愛南町（愛媛県）など、いくつか該当します。これらの自治体に視察に行くことにより、今後奥州市において政策課題となる事象を予測することができます。

なお、ここでは人口３区分の割合のみを活用しています。同時に人口３区分の実数も近い自治体を抽出し、視察に行くとよいでしょう。そうすることにより、多面的に自分の未来の自治体が把握できます。ここまでが問いに対する回答です。次に、視察に取り組む姿勢について、私見を交えながら言及します。

筆者は、視察の意義は大きいと考えています。筆者は視察を多く実施することで、政策形成に役立つことを実感しています。格言に「百聞は一見に如《し》かず」（百聞不如一見）があります。中国の古典（漢書・趙充国伝）に出てくる言葉です。この言葉は「百回聞くよりも、たった一度でも自分の目で見た方が確かである」を意味しています。この格言は、ある意味、視察の重要性を示しているとも言えます。

「百聞は一見に如かず」の後に、創作して次のような格言があります。それは「百見は一考に如かず」（百見不如一考）です。その意味は「百回見るよりも、たった一度でも自分の頭で考えた方が確かだ」です。視察を経験して「行ったこと」に満足するのではいけません。その視察から得た知見や、現場を把握したり体験したりして、改めて「自分の頭で考える」ことの大切さを訴えています。

さらに「百考は一行に如かず」（百考不如一行）に続いていきます。この意味は「百回考えるよりも、たった一度でも自分が行動した方が確かだ」になります。視察等で得られた知見を政策づくりに活かしていくことになります。

この格言にはまだ続きが用意されており、「百行は一果にしかず」（百行不如一果）となります。これは「どんなに行動しても、一つでも成果を残さなければ意味がない」です。そして「百果は一幸に如かず」（百果不如一幸）となります。「百回成果をあげることは、一回の幸せを感じることにはかなわない」となります。

これらの格言から何を言いたかったかというと、住民の福祉の増進（地方自治法第1条の2）という「一幸」を目的においた視察や政策づくりを意識するということです。一幸を明確に意識してこそ、百果、百行、百考、百見、百聞にも意味が生まれてきます。

Q5　効率よく政策づくりを進めるポイントや、実際に使えるＷｅｂサイトを教えてください。

まず認識しなくてはいけないのは、「安易な手段でデータを収集することはできない」ということです。日ごろから、データの収集を意識しておく必要があります。常に意識していると、今まで見落としていたデータ（情報や資料などを含む）が目に留まることがあります。ポイントは、「常にデータを意識する」ということです。

同時に、Ｗｅｂサイトを活用していきます。Ｗｅｂサイトには、データを収集するために有益なＷｅｂページが多数あります。データを収集するためには、Ｗｅｂサイトを効果的に使うことが大切です。

特に、政策づくりに活用できると思ったＷｅｂページは「ブックマーク」しておくとよいでしょう。図表19は、筆者がしばしば活用するＷｅｂページになります（ブックマークしています）。ブックマークとは「しおり」の意味があります。そこから「頻繁に訪問するＷｅｂページのＵＲＬを登録しておく」と定義できます。

政策づくりにおけるデータ収集のポイントは「欲しい時にストレスなく入手する」ことで

図表19　政策づくりに活用できる主なデータ収集サイト

サイト名	内容	URL
地域経済分析システム（RESAS）	地方自治体の様々な取り組みを情報面 から支援するために、まち・ひと・しごと創生本部事務局が提供する、産業構造や人口動態、人の流れなどの官民ビッグデータを集約し、可視化するシステムである。	https://resas.go.jp/
EvaCva（エヴァシーヴァ）	オープンデータを活用して、地域の特性を見える化するツールである。国等の統計データを利用して、全国の地域の特徴を市区町村単位でグラフ化が可能である。	http://evacva.doc.kyushu-u.ac.jp/
生活ガイド.com	市区ごとの行政サービス及び人口など概要を検索できる。さらに「市区比較」を選択すると、2つの市区の行政サービス等を比較検索できる機能がある。	http://www.seikatsu-guide.com/
政府統計の総合窓口（e-Stat）	各府省等が登録した統計データ、公表予定、新着情報、調査票項目情報などの各種統計情報をインターネットを通して利用することができる。国が実施している調査の結果がエクセルで入手できる。	http://www.e-stat.go.jp/SG1/estat/
総務省統計局	日本統計年鑑や日本の長期統計系列などの基本的な統計データがある。「政府統計の総合窓口（e-Stat）」と一緒に確認するとよいと思う。	http://www.stat.go.jp/
地域食料自給率計算シート	農林水産省が製作した地域食料自給率を測るためのソフトである。	http://www.maff.go.jp/j/zyukyu/zikyu_ritu/chiiki_02.html
地域医療情報システム	日本医師会が製作したサイトである。医療介護需要予測などが見える。	http://jmap.jp/
未来カルテ	千葉大学が製作した未来予測ソフトである。未来の様々な予測が見える化されている。	http://opossum.jpn.org/
都市モニタリングシート	国土交通省が製作したソフトである。各自治体の状況を客観的に把握し、各自治体単位で横並び比較ができる。	http://www.mlit.go.jp/toshi/tosiko/toshi_tosiko_tk_000035.html

出典：筆者作成

す。データを収集するために、何日もかけてしまうのはストレスになり、ナンセンスです（時間がもったいないです）。そして、たくさんのデータを自分の頭の中に入れておく必要もありません（そんなことは多くの人にとって無理です）。重要な視点は、「どこにどんな情報があるかを知っておく」ということです。

例えば、「観光関係は観光庁のWebページにあるかな……」とか、「市町村の基礎データは県の統計課にあるかも……」という感じです。欲しいデータを欲しい時に集められることが大切です。あるいは「環境関係のデータはAさんに聞こう」とか、「福祉分野はBさんが詳しい」でもかまいません。

あと、注意してほしいのはデータの収集は終了がありません。いつまでも、ずっとデータを収集することができます。そこで、ある程度（筆者の場合は6割程度）のデータが収集できたと思ったのならば、次のステージに進むことが重要です。すなわち、政策づくりは「限られたデータから発想していく」ことを心がけた方がよいでしょう。

さらに言うと、落としどころ（仮の結論）を決めてからデータを収集した方が効率がよいです。そして、収集する過程で、当初設定した仮の結論を変えても、何も問題はありません。これも立派な政策づくりになります。なお、「落としどころ（仮の結論）を決めてからデータを収集する」ことを「仮説検証法」と言います。

仮説検証法とは仮説を持ってから検討を始める（仮説を立ててからデータの収集や分析を始

める）ということです。そして仮説とは「現時点での仮の結論」のことです。漠然と政策づくりに取り組むよりも、仮説を立ててから、データの収集・分析や思考の深化に取り組んだ方が効率がよいと言われます。

仮説検証法を実践すると、①問題解決のスピードが速くなる、②問題解決の精度や質が高まる、③早期に軌道修正できる、という3つの効果があると言われています。そして、よい仮説を立てるためには、①様々な観点から考える（複眼思考）、②常識、思い込みを捨てて考える（ゼロベース思考）、③広く深く考え抜く（思考の拡散修練）、の3つが求められます。漠然と網羅的に考えるよりも、仮説を置いて考える方が効率よく情報収集が可能となります。その結果、政策づくりの無駄が少なくなります。

読者も仮説を持ちつつ、図表19のようなＷｅｂサイトや既存のデータサイトを活用して、効率よく政策づくりに取り組んでみてください。

Q6 アンケート調査をしようと考えています。気を付けることを教えてください。

政策づくりに活用するアンケート調査の視点は多々あります。ここでは「アンケート調査とは何か」という基本的な考えを紹介します。アンケート調査は、社会調査の一手法です。社会調査とは「一定の社会または社会集団における社会事象に関して、科学的に、現地調査により直接的に、データを収集し、記述（かつ分析）する過程、およびその手法」を意味します（『社会学小辞典』有斐閣）。

社会調査の代表的なものに、国勢調査、世論調査、市場調査などがあります。そして社会調査には、アンケート調査も含まれます。アンケート調査の具体的な取り組みとして、訪問面接法、郵送調査法、留置調査法、街頭調査法、電話調査法、集合調査法、電子メールやインターネットの利用などがあります。

そもそもアンケートとは、フランス語で「調査（enquête）」を意味します。そこで「アンケート調査」と使うと、実は「調査調査」となってしまいます。ただし、多くの場合が「アンケート調査」と明記しているため、ここではアンケート調査に統一します。

まずは、「母集団」と「サンプル」の概念に言及します。読者は「そんなことは知っているよ」と思うかもしれません。その場合は読み飛ばしてください。しかし、とても重要な概念です。知っている読者も復習の意味で確認しておいても損はないと思います。

アンケート調査の対象全体のことを「母集団」と言います。母集団からデータを得るために選び出した一部分を「サンプル」と言います（あるいは「標本」と称します）。また母集団から標本を取り出すことをサンプリングや標本抽出と言います。

母集団の全てを対象にアンケート調査を実施することは、かなりの費用や労力がかかります。なお、母集団全てを対象に調査を実施することを「悉皆調査」や「全数調査」と言います。そこで母集団の中から、何人（何十人や何千人等）かをランダムに抽出してアンケート調査を実施することが一般的です。この場合を「サンプル調査」や「標本調査」と言います。

母集団とランダムに抽出したサンプルでは、回答結果が必ずしもイコールにはなりません。何％かの誤差がでます（誤差の意味を簡単に言うと「食い違い」です）。アンケート調査を実施する時は、事前に許容誤差を何％以内にするかを決めます。一般的に許容誤差が5％、信頼度95％で統計上は十分に意味があると判断されます。

アンケート調査は、前提として、母集団から抽出したサンプルが偏っていない必要があります。ところが、サンプルの取り方によって、調査を実施する者が期待する結論を導出することができます。このことは、政策づくりを進める時に注意すべき視点です。

アンケート調査の設問には、誘導質問が入ることがあります。この誘導質問に気を付けてください。誘導質問とは誘導尋問と同じであり、回答者の答えを、アンケート調査実施機関の都合のいい方向にもっていくようにバイアスをかけた設問です。アンケート調査は、自分が望むような（自分の意見を裏づけるような）結果が欲しい時には、この「誘導」のテクニックが有効と言われています。意図的に、設問の中に偏った印象を植えつける言葉をまぎれこませるテクニックです。読者は使わないでほしいと思います。

例えば、かつて某新聞社は次の設問を用意していました。それは「自衛隊の活動を続けるために、政府は新しい法案を国会に提出する考えですが、民主党は反対する姿勢です。あなたは、インド洋で自衛隊が活動をつづけることに賛成ですか。反対ですか」です。この設問にある「民主党は反対する姿勢です」という文章が誘導質問です。

民主党（当時）に共感を抱いている回答者は「民主党は反対する姿勢です」を基準にして判断するでしょう。実際、同設問による結果は、33％が賛成であり、44％が反対となりました。この反対の44％は、他アンケート実施機関が実施した同様のアンケート調査結果よりも高い結果でした。

なお、直接的な誘導質問ではありませんが、設問文を長くすることにより、質問にマイナスイメージを膨らませることが可能となります。その結果、回答者の心理に「面倒くさい話だ」や「ややこしい質問だ」というイメージを与えることができ、「Ｙｅｓ」という回答を阻害する傾向が強くなります。これも、ある意味、間接的な誘導質問と言えるでしょう。

ちなみに、この手法により、確かにＹｅｓが減ります。しかし、必ずしもＮｏが増えるというわけではありません。無回答やＹｅｓ以外の回答が増える傾向があります（余談ですが、誘導質問などをなくすために、アンケート調査の設問は１００字以内が妥当と言われています。１００字と限られた文字数では、誘導質問を挿し込む余地がありません）。

読者がアンケート調査を実施する時は、絶対に誘導質問は使わないでほしいと思います。

Ｑ７　政策づくりに「仮説検証法」が有効と聞きました。仮説検証の意味や進め方を教えてください。

効率的に政策（施策や事業を含む）を創出するためには、最初に「仮説」を用意してから検討を進めることが大事です。仮説とは「現時点での仮の結論」を意味します。政策立案に限らず、何かに取り組む時に、その時点で想定される「仮の結論」を置いて考えた方が効率がいいものです。この手法を「仮説検証法」（仮説思考法）と言います。

例えば、地域において刑法犯認知件数が増加しているとします。刑法犯認知件数を減少させるために、「防犯パトロールをすることが犯罪を減らすことになる」と仮説を設定してから検証を進めます。この仮説を用意してから政策立案を進めることが「仮説検証法」です。

当初「防犯パトロールがいいかも」という仮説を持って考察を進めていましたが、様々なデータを集めた結果、この「防犯パトロールがいい」という仮説は、実は違う（効果がない）ということがわかったりします。このように設定した仮説が間違っていたとしても、それは立派な政策立案になります（「間違っている政策を実際に運用しなくてよかった」と前向きに捉えることとします）。設定した仮説が間違っているとわかったら、新たな仮説を設定して、再度、検証を始めます。

仮説検証法とは、①まずは「現時点での仮の結論」（仮説）を設定します。②その仮説が正しいかどうか、データ等を分析して検証します。③当初設定した「現時点での仮の結論」（仮説）がデータ等の分析の結果、正しくないと判断したのならば、④新しく別の仮説を設定して、再検討を進めます。ここで記した①から④の流れを何度も繰り返していくことが「仮説検証法」となります。何度も繰り返すことにより、仮説の精度が上がり、正しい結論に近付いていきます。その意味では、一つの仮説に固執するのではなく、何度も仮説を設定し、繰り返し検証していく方がよいでしょう。

仮説検証法とは、結論から考えることで、問題の全体像を速く把握し、正しい解決を効率よく導き出せる考え方です。

仮説検証法に取り組む時の注意点は、「仮説に完璧を求めない」ことです。自治体職員や地方議員は（特に自治体職員は）、根が真面目であるため完璧を求める傾向があります（地方議員が不真面目と言っているのではありません、念のため）。個人的には、仮説は5割程度でよいと思っています。設定する仮説に完璧さを求めようとした時点で、それは結論になってしまいます。その結果、政策づくりに時間がかかってしまいます。これは仮説検証法ではありません。仮説とは、あくまでも「現時点での仮の結論」ということを認識する必要があるでしょう。「こんな政策を提案したらいいかな」や「こんなことが背景で問題が起きているのかな」と「こんな程度」という発想でよいと思います。

完璧主義であると、5割程度まで構築した仮説を7割や9割に高めていく傾向があります。これは仮説検証法においては、あまり意味がないと思っています。なぜならば、仮説を7割や9割の精度に高めるのは、多くの時間や労力がかかってしまうからです。

以下は余談ですが、仮説検証法において重要な内容なので言及しておきます。しばしば「仮説検証は個人の発想力に左右される」と言われます。このことは多くの文献が指摘しています。さらに付言すると、発想の幅は、個人の体験に左右されると言われます。発想を行う個人の体験の広さや深さが、結果的に仮説を強くしていくことになります。その意味では、意識的に発想の幅を広げていくことが大切です。

ただし、「発想の幅を広げていくために様々な体験を行う」と言っても、一人が体験できることは限られています。そこで疑似体験が重要となってきます。疑似体験の手段は多々あります。その一つが読書です。読書量を増やすことは、発想力を強化することになります。さらに言うと、テレビやラジオなどのマスメディアから得る情報や知見も、結果的に疑似体験を促進することになると考えます。

特に筆者が薦めているのは「耳学問」です。耳学問とは、人から聞いて耳に入って来た情報や知識を意味します。耳学問は誰にでもでき、かつ容易な手法です。そして得られる効果はとても大きいものがあります。そこで政策立案のためには、積極的に視察に行ったり、当事者にヒアリングしたりして、耳学問の機会を増やすとよいと思います。筆者自身、耳学問により、多くの情報や知見を得ています。そして、それらを組み合わせることにより、政策立案を進めている現状があります。

読者も積極的に仮説検証法を進め、その前段階として耳学問を含んだ疑似体験を多く積んでいただきたいと思います。

Q8　政策づくりにはSWOT分析が有効と聞きました。SWOT分析とは何ですか。

ＳＷＯＴ分析の「ＳＷＯＴ」とは、「強み＝Strengths」「弱み＝Weaknesses」「機会＝Opportunities」「脅威＝Threats」の４つの頭文字を取ったものです。民間企業が経営戦略を策定する時に活用される手法です。近年は自治体においても、政策立案を進める際に活用されるようになってきました。

民間企業が経営戦略を検討する際に、まずは自社内の分析である「強み」と「弱み」を把握します。同時に社外環境の分析である「機会」と「脅威」も明確にします。ＳＷＯＴ分析は「強み」「弱み」「機会」「脅威」を明らかにすることから始まります。そして4要素を見える化し、整理・分析することで、自社が参入している市場での優位点や問題点が一目瞭然となります。

ＳＷＯＴ分析の手順を簡単に紹介します。まずは、自らが勤務する自治体（自組織）の分析として、自組織内部の「強み」と「弱み」を明らかにします。次に自組織外の環境の分析として、自組織をとりまく外部環境（例えば、住民志向、国の動向、経済状況など）に関して、政

図表20　SWOT分析のマトリクス

内部環境／外部環境		強み（Strengths）	弱み（Weaknesses）
機会 （Opportunities）		**①推進戦略** 「強み」×「機会」 地方自治体の強みで取り込むことができる事業機会は何か。	**③改善戦略** 「弱み」×「機会」 地方自治体の弱みで事業機会を取りこぼさないためには何が必要か。
脅威 （Threats）		**②縮小（回避）戦略** 「強み」×「脅威」 地方自治体の強みで脅威を回避できないか。他自治体には脅威でも地方自治体の強みで事業機会にできないか。	**④撤退戦略** 「弱み」×「脅威」 脅威と弱みのはち合わせで、地方自治体にとって最悪の事態を招かないためにはどうすべきか。

①「灰色」の部分に、それぞれ思いついた「強み」「弱み」「機会」「脅威」を記入する。
②それぞれの組み合わせにより、今後の戦略を４つの視点から検討する。

出典：筆者作成

策立案に影響する「機会」と「脅威」を明確にしていきます。

　そして「強み」「弱み」「機会」「脅威」を、図表20の「SWOT分析のマトリクス」の灰色の部分に書き込みます。「強み」「弱み」「機会」「脅威」を書き込んだ後で、それぞれの組み合わせを検討することにより、政策の方向性を検討していきます。

　まずは、①推進戦略は「強み」×「機会」の組み合わせで考えます。機会という追い風を活用し、強みをさらに強化することで、自組織を発展させていく方向性です。次に、②縮小戦略は「強み」×「脅威」となります。強みを最大限に活かして、脅威を克服する取り組みです。

そして、③改善戦略は「弱み」×「機会」

です。機会を活用して自組織の弱みを改善していきます。最後に、④撤退戦略は「弱み」×「脅威」です。自組織にとって弱みが脅威にさらされると判断した時、民間企業の場合は市場からの撤退や、事業をアウトソーシング（外部委託）する選択をとります。

繰り返しになりますが、それぞれの組み合わせを検討することにより、次の4通りの戦略（方向性）が明らかになります。なお、戦略とは「戦争に勝つための総合的・長期的な計略。組織などを運営していくについて、将来を見通しての方策」と辞書にあります。その意味で、SWOT分析は中長期的な政策を考える際に有効です。事業を考えるのにはSWOT分析は適さないでしょう。

〈SWOT分析による4通りの戦略〉

①推進戦略　自組織の「強み」で取り込むことができる「機会」は何か。
②縮小戦略　自組織の「強み」を活用することにより、「脅威」を回避できないか。
③改善戦略　自組織は「弱み」を持つが、「機会」を取りこぼさないためには何が必要か。
④撤退戦略　自組織の「弱み」と「脅威」により、最悪の事態を招かないためにはどうすべきか。

ＳＷＯＴ分析の注意点に言及します。ＳＷＯＴ分析を実施する時はライバルを設定しなくてはいけません。そうでなくてはＳＷＯＴ分析の強みと弱みは不明確になります。例えば、東大和市（東京都）がＳＷＯＴ分析をする時、新宿区をライバルにすると、多摩湖という自然は強みになります。一方でライバルを富良野市（北海道）に設定すると、多摩湖という自然は強みになりません。このようにライバルにより、強みも弱みも異なります。

ところが自治体が実施するＳＷＯＴ分析の多くがライバルを設定しないＳＷＯＴ分析です。これでは明確な結果も導出されず、自己満足のＳＷＯＴ分析です。

読者に質問です。自治体は「撤退戦略」を採用してもよいのでしょうか。民間企業は自社を存続させていくために、撤退戦略を採らなくてはいけないことがあるでしょう。そうしなくては倒産するからです。

筆者の私見になりますが、原則として、自治体は撤退戦略を採用してはいけないと考えています。それは自治体が撤退した後、当該分野は誰が担当するのかという疑問が残るからです。自治体が撤退した後に、民間企業が参入するということはあまり考えられません。そうなるとＮＰＯ団体等が担うことになります。しかし、多くのＮＰＯ団体の経営基盤は弱く、継続的に事業を実施していくことは難しいでしょう。そのように考えると、自治体は「撤退戦略」は選択できないと思います。

これも筆者の個人的な見解になりますが、ＳＷＯＴ分析を活用して、自組織の強みをさらに強化することにより、他組織が追従できないレベルにまで引き上げることが重要と考えています。とことんまで強くして、コア・コンピタンス（中核能力）として確立することが大事です。そうすることにより、自治体間競争の中で優位に立てます。なお、コア・コンピタンスとは、民間企業の経営活動において「競合他社を圧倒的に上まわるレベルの能力」や「競合他社に真似できない核となる能力」を意味します。

政策づくりを進める際に、ＳＷＯＴ分析を活用したらどうでしょうか。

第6章 政策づくりの視点

Q1 自治体に政策が求められるようになった背景を教えてください。

自治体に政策が求められるようになった理由は多々あります。ここでは3点に絞り、言及します。

第1に、地方分権一括法をはじめとする、地方分権の潮流があるでしょう。地方創生も、地方分権の文脈の中で語ることができます。自治体に政策が求められるようになってきたのは、2000年4月に施行された「地方分権の推進を図るための関係法律の整備等に関する法律」（通称「地方分権一括法」）の影響が大きいと考えます。同法により、従来の国と自治体の関係が大きく変わりました。かつては国と自治体は「上下・主従」の関係でした。しかし、地方分権一括法により「対等・協力」の関係へと変化しました。その意味では、自治体は国なみの政策が求められるようになってきました。

先に「国と自治体の関係が大きく変わった」と明記しました。この中の「大きく変わる」という字は「大変」と読みます。まさに自治体にとっては大変な時代になりました。以前は、国の言う通りにやっていればよかったのに、2000年以降は自分で考え、行動しなくてはいけません。この大変な時代の中で大きく「善く」変えていくのも、大きく「悪く」変えていくのも、政策にかかっていると言っても過言ではありません。

地方分権一括法をはじめとする地方分権の進展により、自治体は国の政策に頼ることなく、自らの責任と判断で進むべき方向を決定し、自立した自治体運営を行うことが求められています。自治体は国から自立・自律し、自己責任のもとで自治体運営を進めていかなくてはいけなくなりました。その結果、自治体は自らの特徴に合致した地域創生を進めていかなくてはならず、必然と政策が求められています。

第2に、自治体の財政難も影響していると考えられます。自治体の財政は、全体的に厳しい状況にあります。一般的に、自治体の借金は「地方債残高＋公営企業債残高＋交付税特会借入金残高」で示されます。現在は200兆円前後で推移しています（総務省『地方財政の状況』）。また、不交付団体も少ない状態です。2018年度の不交付団体は78団体となっています（1都、77市町村）。不交付団体とは、国からの交付税を受けない自治体を意味します。

自治体の財政が厳しい状況では、経営感覚を持ち、効率的で、かつ効果的な自治体運営を展開しなくてはいけません。そのためには政策が重要になってきます。なお、地方自治法には「地方公共団体は、その事務を処理するに当っては、住民の福祉の増進に努めるとともに、最少の経費で最大の効果を挙げるようにしなければならない」（第2条第14項）と明記されています。最少の経費で最大の効果を実現するためにも、自治体関係者の一人ひとりの政策の確立は必要です。

第3に、住民ニーズの多様化と多発化も、政策が求められる背景と考えられます。住民ニーズが多様化し多発化することは、自治体の役割が増していることを意味しています。その意味では、歓迎されるべきです。しかし、効率よく進めていかなくては、自治体運営は行き詰まってしまいます（職員が鬱になってしまいます）。住民ニーズの多様化と多発化に対応していくために、自治体関係者は政策を高めていかなくてはいけません。

その他、様々な理由がありますが、今回は3点に限定し言及しました。特に地方分権が進む限りは、政策がますます必要となってきます。しばしば「自分は企画部門に所属していないため政策は必要ない」と言う自治体職員がいます。これは大きな勘違いです。どのような自治体職員であっても、最低限の政策力を高めていかなくてはいけません。そうすることで、自治体全体の政策力が高まっていきます。

Q2　近年、行政サービスの幅が広がりすぎて、規模の小さな自治体では、事務執行が厳しくなりつつあります。何かいい手はありますか。

結論から言うと、一つの選択肢として民間活力を活用することです。ここで言う民間活力とは、民間団体（法人格の有無は問わない）と地域住民（自然人）に大きく分けることができます。ここでは、前者の民間団体に限定して紹介します。

地方創生の一つのキーワードとして、「産学官金労言士」があります。産学官金労言士の意味は、産業界（民間企業等）、学校（教育・研究機関等）、官公庁（国・地方自治体等）、金融（都市銀行・地方銀行・信用金庫等）、労働界（労働組合等）、言論界（マスコミ等）、士業（弁護士や中小企業診断士等）になります。地域を構成する様々な主体と協力・連携することにより、地方創生を実現していこうとしています。

これからの時代は、自治体単独で公共部門を担っていくことは難しくなります（都道府県や政令市などの規模の大きな自治体は可能かもしれませんが、町村等の小規模自治体では難しくなっていくでしょう）。自治体は多様な主体と協力・連携して公共部門を担当していく時代でもあります（そのことを「新たな公」とか「新しい公共」と称しています）。それはある意味、自治体単独だけの「行政運営」から、地域を構成する様々な主体と連携した「地域運営」への変化とも言えます。

昨今では、自治体は様々な主体と協力・連携を進めつつあります。そこで、いくつか事例を紹介します。

読者はリコージャパン株式会社という民間企業を知っているでしょう。そして同社のイメージは「複写機・ファクシミリ・レーザープリンター・複合機・デジタルカメラなどの販売及び保守などを行う企業」と思います。ところが、リコージャパンは現在、様々な自治体との「地方創生」に関して連携協定を進めています。徳島県、宮崎県をはじめ、宮津市（京都府）、坂東市（茨城県）などです。同協定の内容は、相互に連携を図り、双方の保有する資源の有効活用による地方創生を推進することが目的となっています。

同社が自治体との協定を積極的に進める理由として、「全国に支社を設置し、地域密着で事業を展開しています。顧客の経営課題、業務課題を解決するための様々なソリューションをワンストップで提供することに加え、オフィス領域で培った課題解決力をもとに、産学官金労言の連携・協力を強化して、地方創生に取組む」という趣旨がホームページに明記されています。

読者の自治体も、自治体だけで地方創生を進めようとせず、民間団体と協力・連携を進めてはどうでしょうか。そして民間団体に事務執行を代替してもらえば、自治体の負担は軽くなっていくのではないでしょうか。

Q3　近年は、地方自治体が進める政策の効果が、想定したよりも上がっていないように感じます。どうすれば政策の効果は上がりますか。

政策の効果を高めていく手段はいろいろあります。例えば、民間団体との協力・連携があります。自治体が担当するよりも、民間団体が実施した方が、政策の効果が高まることが多々あります。

しばしば「自治体は総合行政である」と言われます。確かに総合行政ではありますが、万能ではありません。諺《ことわざ》に「餅は餅屋」とあるように、自治体が苦手な行政分野は、自治体よりも比較優位のある民間団体にお願いすることがベストということもあります。ここで言及した民間団体に期待するのは、自治体の「外部」を活用した視点になります。

一方で、自治体の「内部」の観点からも、改善すべきことがあります。筆者が思うのは、適材適所の人事異動です。適材適所とは「自治体職員の能力や特性などを正しく評価して、ふさわしい地位や仕事に配置すること」と定義できます。私見かもしれませんが、人事異動において適材適所ができていないケースが多いような気がします。

ある自治体は職員を2年間経済産業省に出向させていました。同省に出向した職員は中小企業関係の部署に配属となりました。同部署で2年間中小企業政策を担当しました。そして出向期間が終わり、出向元の人事異動の内示がでると、都市計画関係の部署への異動でした。この事実は適材適所の人事異動をしているとは思えません。もちろん、理事者（首長等）はその職員を都市計画関係に配置させる意図があるのでしょう。しかし、筆者には「おかしいのではないか？」という感情が拭えません（念のために言及しますと、筆者は都市計画関係の業務がいけないと言いたいのではありません。適材適所の人事異動の重要性を指摘しています）。

このような事例は、職員のモチベーションを下げてしまうことにつながります。筆者が言いたいのは「適材適所の人事異動をしていけば、政策の効果は上がってくる」ということです。なぜならば、政策は自治体職員という「人」により実施されるからです。適材適所の人事異動を行い、職員一人ひとりのモチベーションを上げていくことが大切です。

政策の効果を高めるために、もう一つ強調したいことがあります。それは、「政策を減らす」ことに集約されます。昨今は事業や施策を含んだ政策の数が多すぎるように思います。筆者が様々な自治体のアドバイザーとして現場に入り、実感することは、「自治体職員が疲労している」という事実です。特に「権限移譲」と「住民ニーズ」という美麗賛辞には注意しなくてはいけないと思います。

今日、頻繁に耳にするフレーズに「国や都道府県からの権限移譲」があります。この言葉の聞こえはいいのですが、実は一方的な仕事の押し付けの場合が少なくありません。趨勢的に自治体職員数が減少している中で、権限という名の仕事の増加は、自治体職員を疲労させます。

宮城県のホームページに「県から市町村への権限移譲について」があります。同ページを確認すると、２００８年から２０１７年の10年間に約３００の事業が移譲されていることがわかります。町村のような小規模の自治体は職員数も限られており、移譲された事業に対応できないかもしれません。

また、「住民ニーズ」の言葉も錦の御旗《みはた》のように使われることがあります。しかし、実は住民ニーズがないのに事業を実施している場合もあります。マスコミで、しばしば「これだけ事業費をつけているのに、ほとんど使われなかった」ということが話題になります。その結果「何をやっているのだ」と怒られてしまいます。

ところが違う視点に立てば、そこには住民ニーズがなかったと解することも可能です。住民ニーズがないため事業費が使われなかったのかもしれません。すなわち、住民ニーズの有無を冷静に判断することが大切です。

多すぎる政策が、公害化していると感じています。この観点から、筆者は「政策公害」という概念を勝手に提唱しています。政策公害とは「自治体の政策づくりと政策実施によって、自治体職員や地域住民に、外部不経済をもたらすこと」と定義しています。ここで言う外部不経済とは、自治体職員の療養休暇の増加や自治体職員のモチベーションの低下、当初意図した政策効果が現れないなどです。政策が多すぎるため、住民ニーズが的確につかめないと言うこともできそうです。

政策公害は、政策が多すぎることに要因があります。政策公害の状況下では、多くの政策が成果を上げることができません。そのため、政策の所期の目的を達成するためには「政策を減らす」ことが必要です。これからは意識的に政策を削減していくことが求められるでしょう。

今日、多くの自治体で政策公害が発生しています。実は、政策がなくても住民生活は困らないことが多々あります。すなわち、不要な政策が多いと考えられます。ぜひとも、政策公害をなくす取り組みをしてほしいと願います。そうすることが政策の効果を高めることにつながっていくはずです。

今年は「政策（施策や事業を含む）を減らす」ことを目標に置いたらどうでしょうか。自治体職員は、現在実施している政策を顧みて、少しでも必要ないと考えたのならば、廃止したらどうでしょうか（改善や縮小という発想ではなく「廃止」を選択します）。

Q4　効果をあげている政策の共通点はありますか。

筆者の経験の範囲ですが、成功の軌道に乗った政策には、いくつか共通点があります。今回は、その一つを紹介します。端的に言うと「政策（づくり）にストーリーがある」に集約されます。例えば、筆者が政策立案者と意見交換をすると、「今考えている政策がこうなって、こんな感じで発展して、そしてこういうメリットが出てきて、政策目標である定住人口に結び付く……。とてもおもしろいでしょう！」という発言を何度となく聞きます。政策が成功するまでのストーリーが描けているのです。

ここで言う政策立案者とは首長をはじめ、部長、課長、係長、担当職員までを意味します。入庁して間もない担当職員であっても、目を輝かせて政策にストーリーを持って述べることが多々あります。これらの経験から導き出した結論は、成功の軌道に乗せるためには「政策（づくり）にストーリーを持たせる」ことの重要性です。

また、成功した政策の経緯を聞くと「こんな観点からスタートしたけれど、それがここに結び付き、こんな関係性も生まれて、そして今日の政策に結び付いた！」と、嬉しそうに話す自治体職員が多くいます。このように政策づくりにストーリーを持たせることは極めて重要です。

これは議員にも当てはまるでしょう。議員が執行部へ政策提言をしたり、何かしら質問したりする場合に、その背景にストーリーが確固としてあるでしょうか。また、そのストーリーは第三者にとって、夢や希望を持たせるものでしょうか。ストーリーがなくては、執行部は前向きに動いてくれません。

政策（づくり）にストーリー性を持つメリットは5点あるように感じています。

第1に、ストーリーを描くことにより、そのストーリーから外れそうになると、軌道修正が容易にできることが挙げられます。すなわち、ストーリーを確固として持っていると、どのような変化にも柔軟に対応することが可能となります。

第2に、政策立案者がストーリーを考える時に、実は頭の中では様々なシミュレーションをしているとも言えます。シミュレーションとはリスク管理やリスク回避でもあります。

第3に、一般的にストーリーはワクワクし、楽しい内容で、考えることが多くあります。もちろん、あえて悲観的なストーリーを描くこともありますが、それは少ないようです。すなわち、ストーリーそのものに夢や希望が内包されているとも言えます。そのようなストーリーであれば、当事者や第三者を勇気づけることになります。この「勇気づける」ことは、政策の推進力を高めることにつながります。政策立案者と話す時、多くが目を輝かせて語ってくれます。

第4に、政策（づくり）をストーリーとしてまとめることで、覚えやすいということもあります。覚えやすいということは、当事者をはじめとする第三者の記憶に残ります。記憶に残ることは、政策の実効性を高めることにつながっていきます。また、ストーリー化することで、誰かに話したくなります。その結果、ストーリーとしてまとめた政策は、口コミなどにより広がり、浸透していきます。政策が広がり浸透していけば、当然、政策の推進力も高まっていくでしょう。

第5として、ストーリーにより政策を差別化することができます。政策という結果（政策そのもの）の差別化は難しい現状があります。しかし、政策づくりという過程は千差万別であり、様々なストーリーを形成できます。これが差別化につながります。差別化は、自治体間競争に勝ち残るための一つの秘訣と考えます。

これからは、夢や希望の結晶としての「政策（づくり）」に価値を見出す必要があると思います。そして、夢や希望を実現していくためには、ストーリーは必須です。政策づくりを進める時は、ストーリーを意識するとよいと思います。

Q5　事業を考える視点、あるいは執行機関が提案する事業に対する質問のポイントはありますか。

事業提案の視点は「行政資源」から考えることができます。行政資源とは「行政運営を進める上で必要とされる要素」と定義されます。行政資源を具体的に指摘すると、人・物・金・情報・時間・組織などです。

例えば、提案しようとする事業の人的資源（人）はどのように用意すればいいのか。あるいは、提案する事業の財務的資源（金）はどうなのか、などの観点から事業を考えていきます。

また「6W4H」で考えることも有用です（図表21）。読者は「5W1H」を聞いたことがあると思います。5W1Hは他者に説明する時に使われる視点です。すなわち、いつ（When）→どこで（Where）→誰が（Who）→何を（What）→なぜ（Why）→どうやって（How）という順番で説明していきます。そうすることで他者の理解が進みます。この5W1Hは事業を考える時にも有用です。

事業を考える時は、5W1Hに1W3Hを加えた方がよいと考えています。1Wは「Whom（対象、誰に）」です。事業には具体的なターゲットが求められます。事業の対象者を「あの人

図表21　6W4Hという考え方

整理のポイント	視点
Why	なぜその事業が必要なのか
What	どんな事業を提案するのか
Where	どこで事業を実施するのか
When	いつ事業を実施するのか
Who	誰が事業を実施するのか
Whom	誰を対象とした事業なのか
How	どのように事業を実施するのか
How Many	事業の数量はどうするのか
How Much	事業はいくらの予算で実施するのか
How long	事業の実施期間はどうするのか

出典：筆者作成

もこの人も」ではなく「あの人かこの人か」と考えなくては、明確な成果はあらわれません。

さらに3Hも重要です。この3Hとは「How Many（数量、いくらで）」「How Much（予算、いくらで）」「How Long（期間、いつまでに）」です。

事業には「How Many」という思考が求められます。全ての住民に対して事業を実施する時代ではありません。むしろ、様々な制約が自治体に降りかかってきています。その結果、事業が実施できなくなる可能性もあります。そこで本当に必要としている住民に対して、事業を展開していくべきです。これからの事業はメイン・ターゲットを設定して実施していくことが必須となります。

また、自治体の財源は無限ではありません。事業を実施する予算には限界があります。その意味では「How Much」も明確にする必要があるでしょう。民間企業では「How Much」が明確になっていますが、自治体では曖昧なことが多くあります。このことは改善すべきです。なお、「How Much」は「How Many」が決まってこそ明確になります。そして「How Many」は「Whom」が明らかになってこそ明示されます。

例えば、Whomとして母子家庭や父子家庭のシングルペアレンツに事業を実施すると考えます。そして、シングルペアレンツが、当該自治体には1万世帯あるということがわかります。この場合は、1万世帯全てを対象とする場合もあるでしょうし、所得制限を設けて年収300万円以下を対象とするかもしれません。すなわち、根拠を持って、対象者の10／10に実施するのか、5／10にするのかなどを決めていきます。

対象者（Whom）が明確になってこそ、事業の「How Many」が決まります。さらにHow Manyにより事業数が明確になれば、必然と「How Much」という事業費が導出されます。そのためWhom→How Many→How Muchという流れになります。ところが、自治体の現場に行くと、そういう流れになっていないことが意外に多くあります。

過去、筆者は自治体の行政評価の委員を担当してきました。その委員会で「この事業費が決まっているので、事業数はどれだけ実施するのですか」や「事業数の根拠は何ですか」、さらに「事業の対象者は誰なのですか」と尋ねると、回答が曖昧なことが多くありました。

つまり、担当職員は、Whom→How Many→How Muchという流れを意識していないのです。この傾向はよくないです。何よりも、事業の明快な成果が導出されることはありません。

しっかりとWhom→How Many→How Muchを順序立てて考えていく必要があるでしょう。

How ManyとHow Muchに加え、もう一つのHは「How Long」になります。事業は、永続的には実施できません。しっかりと期限を決めて、その中で集中的に行政資源を投下して事業を実施していくことが大切です。この期限が明確にならなければ、事業は惰性でずるずると実施されてしまうかもしれません。

例えば、「この事業は3年間実施して見直しをかける」とか、「5年後に終了する」「2020年3月に終了する」と期限を決めておくとよいでしょう。なお、終了期日を決めておくことを「サンセット方式」と言います。事業の「日没」、つまり終わりの日を決めておくことを意味します。

もう少し付言すると、6W4Hに加えて、メリットとデメリットも明確にしておくとよいと思います。その事業を実施するメリットは何か。そして、どんな事業も必ずデメリットが発生します。そこでデメリットもしっかりと考えておきます。例えば、観光振興を進めれば、観光客が増加しますから、地域の賑わいが創出されます。これは一つのメリットです。一方で、交通渋滞やゴミの捨て去りなどのデメリットも発生します。このように、どんな事業もメリットとデメリットが生じます。

デメリットを想定したのならば、デメリットをなくす手段や縮小する方法も検討しておくべきです。観光客の増加による交通渋滞は、パーク・アンド・ライド（park and ride）で改善を促すという提案などです。事業を考える視点（執行機関の事業に質問する観点）は、行政資源や6W4Hに加え、メリットとデメリットから検討するとよいでしょう。

Q6　しばしば「行政経営」という言葉を耳にします。行政経営の経緯やその内容は何ですか。

自治体のホームページから、行政経営の定義を抽出します。富士市（静岡県）は「行政経営とは、今までの行政運営を『管理』から『経営』に転換し、民間の優れた経営理念や経営手法を積極的に取り入れながら、市民の満足度が向上するよう、市民の視点に立ち、成果を重視した行政活動を展開していくこと」と定義しています。

南相馬市（福島県）は「これまでの『管理型』行政運営から、NPMといわれる民間の持つ経営手法を取り入れた『経営型』行政運営への転換を図るものです。行政運営に成果を求められる時代であることから、行政評価システムによるPDCAサイクルを回しながら、徹底した事務事業の改善を図るもの」と捉えています。

自治体のホームページを確認すると、行政経営の意味は多様です。一方で共通しているの

図表22　主要４紙における１年間の「行政経営」の記事の推移

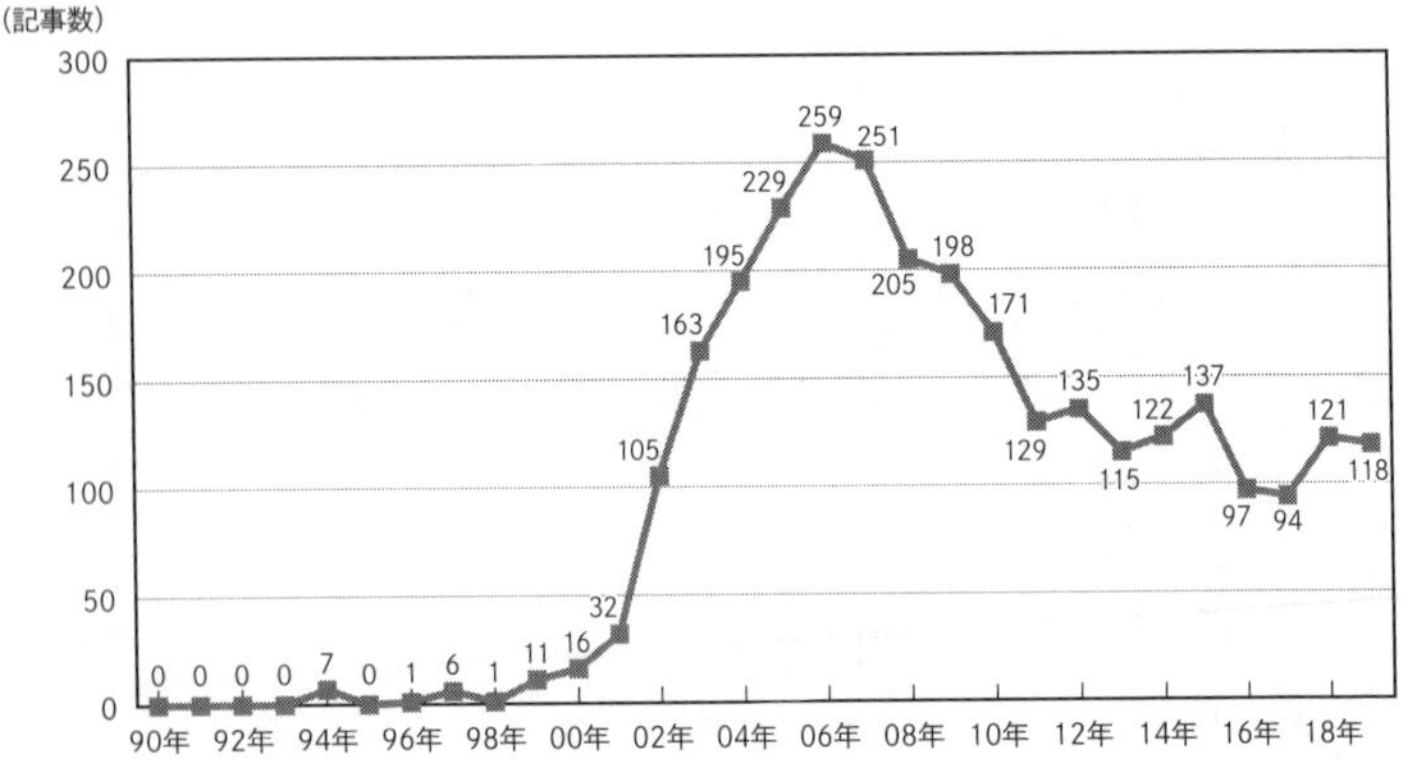

注）主要4紙とは、朝日新聞、産経新聞、毎日新聞、読売新聞である。新聞・雑誌記事横断検索を活用した。完全に全ての記事を把握できているわけではない。傾向をつかむという意味がある。

出典：@nifty「新聞・雑誌記事横断検索」を活用し筆者作成

は、「管理から経営」というフレーズや「成果主義」「PDCA」などが該当します。図表22は、主要4紙（朝日・産経・毎日・読売の各紙）における、1年間に「行政経営」の記事が登場した推移になります。2000年代半ばにピークを迎え、近年は停滞傾向にあります。

　1990年代半ば以降にNPMの考え方が日本に入り、行政経営が広がっていきました。2001年4月に小泉内閣が誕生し、行政経営の観点から様々な改革が進められました。その結果、行政経営が浸透していくことになります。

　NPMの成果主義の考えから、1990年代後半に三重県において事務事業評価システムが導入されました。また、市場メカニズムの活用は、市場原理を公共部門に導入し、行政の効率化・活性化が目指されました。多くの法整備が行われ、公共部門も市場の中に組み込まれ、多くの競争が発生しました。指定管理者制度が始まったのも、この時期です。従来は公の施設の管理を外部に委ねる場合は、公共的団体（外部団体）に限定されていました。地方自治法の改正により、民間事業者、NPO法人なども可能としました。

顧客主義の徹底により、公共サービスの受け手である住民を顧客として位置付けるようになりました。その結果「住民満足度」を重視する行政運営に変化しました。住民の意向を把握するため、アンケート調査を実施したり、ワークショップを開催したりするようになりました。住民とのコミュニケーションが活発になる一つの契機になりました。

組織のフラット化に関して言うと、かつての行政組織は集権化されたヒエラルキー組織構造でしたが、それを分権化された組織構造（組織のフラット化）へと転換させるという内容です。多くの自治体は係長制を廃止したり、業務単位に合わせたマネジメントの容易な小単位化・フラット化した組織を形成したり、企画部門と執行部門の分離などがありました。

以上が経緯になります。ここからは私見です。NPMが浸透し約20年が経過しています。このNPMもやや時代に合わなくなりつつあります。今、改めて行政経営の在り方について検討してもよいと考えます。

第7章 人・組織のあり方

Q1 鬱等による職員の療養休暇が増加しています。これに対応する方法はありますか。

療養休暇とは「職員が負傷または疾病のために勤務できない場合、医師の証明書等に基づき療養のために必要最小限度の期間、勤務することが免除される」という制度です。各自治体は「職員の勤務時間、休暇等に関する条例」や「職員の休日及び休暇に関する規則」などという名称で、療養休暇制度を定めています。療養休暇は鬱だけに限定しませんが、増加傾向にあるようです。なお、民間では病気休暇と言うことが多いようです。

療養休暇を防ぐために、政策的な見地から回答します。まずは、療養休暇の実状を把握しま

図表23　職員数の減少と事務量の増加

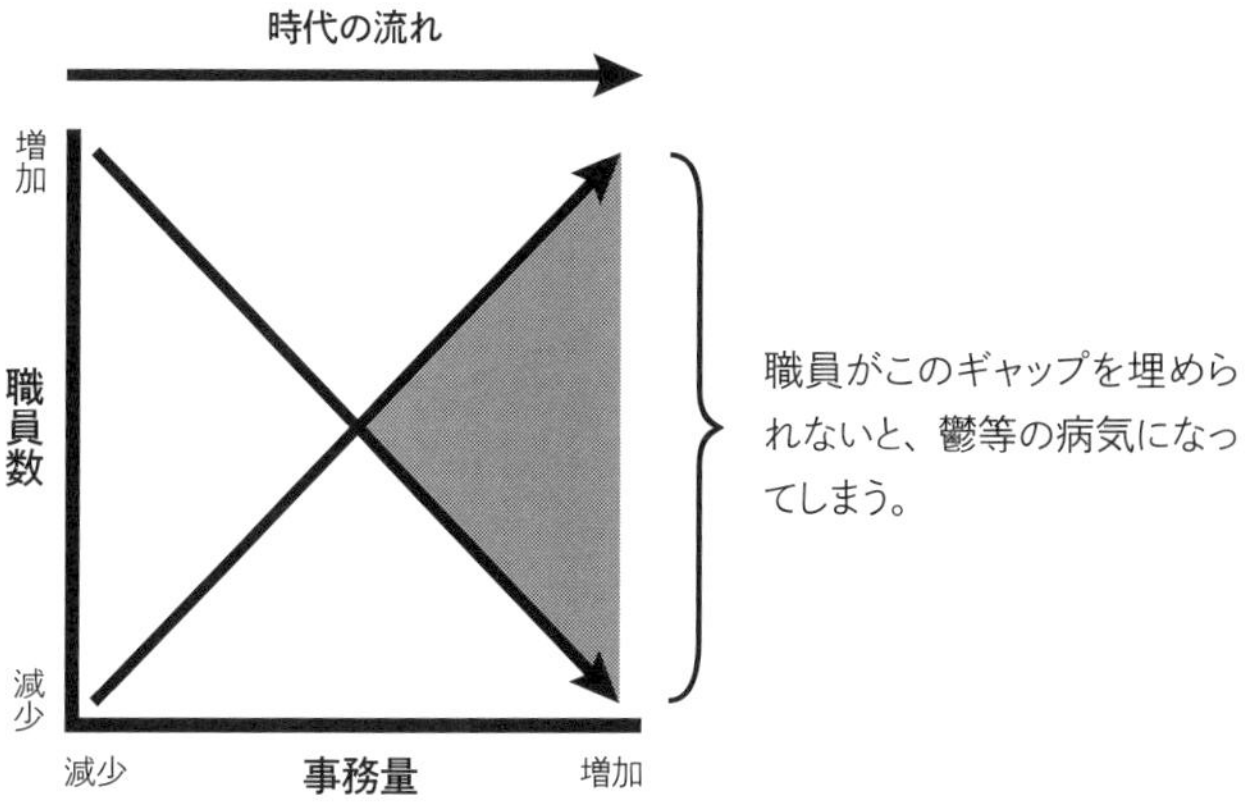

出典：筆者作成

す。地方自治体は、毎年度「人事行政の運営等に関する状況」を公表しています（名称は自治体により異なります）。ここから療養休暇を取得した現状が確認できます。２０１６年度において、Ａ市は１６５０人の職員がいて、１０４人が療養休暇を取得しています（取得率６・３％）。Ｂ市は２８４７人の職員がいて、１１８人が取得しています（取得率４・１％）。そしてＣ市は１３５６人の職員がいて、２１５人が取得しています（取得率は驚異の15・８％！）。筆者は全自治体の療養休暇を取得した状況を把握したわけでありませんが、近年は全体的に増加傾向か、高止まりにあるようです（人口規模20万人以上の自治体から30事例を抽出しました）。

療養休暇が増える一つの要因として、職員数の減少と事務量の増大があると推察されます。その様子を示したのが、図表23です。図表23の縦軸は自治体の職員数の増減を示しています。そして横軸は事務量の増減を意味しています。そして、図表23は時代の流れが左から右に進むことを意味します。

今まで、職員数は時代の経過とともに減少してきました。一方で事務量は増加してきました。この傾向は中長期的に捉えると、ますます強くなっていくと考えられます。財政難などの理由により職員数が減少し、住民ニーズの多様化や国等からの権限移譲により事務量が増加していくと、図表23の右側にある「網掛け」の三角形の部分がギャップとして生じます。このギャップを埋めることができないと、職員は鬱等の病気になってしまう可能性があります。その結果、療養休暇が増えていくことになります。

それでは、どのような方法で図表23のギャップを埋めていけばよいのでしょうか。それは、大きく7点あります。次に示す手段が、冒頭にある質問の「鬱等による職員の療養休暇が増加していますます。これに対応する方法はありますか」に対する回答になります。

第1に、職員数を増やすことが考えられます。しかし、実際には職員を大幅に増やすことは難しいと思われます。その理由は財政難だからです。なお、この職員は正規職員に限らず、非正規職員も入ります。

そこで、今までは実質的には非正規職員を増やすことで対応してきました。例えば、日本経済新聞社の調査によると、全自治体の中で非正規職員が占める割合は2割近くに達しているそうです。特に潟上市（秋田県）は非正規職員率が62・1%であり、佐々町（長崎県）は66%とのことです（日本経済新聞、2017年7月17日）。非正規職員は拡大傾向にあります。

なぜならば、一つの理由として正規職員と比較して非正規職員の労働は安価だからです。同調査によると、一般事務職の平均時給が814円であり、社会保険未加入や、通勤手当が支給されない市町村もあるとのことです。ところが、この状況が一変するかもしれません。2020年4月1日以降は、非正規職員にも期末手当（ボーナス）を支給できるようになります。その他、様々な改善が予定されています。その結果、財政が厳しい自治体では、非正規職員も増やすことは難しくなるでしょう（財政が厳しい自治体は、正規職員に加え非正規職員の削減も増えていくはずです）。

第2に、超過勤務時間（時間外勤務であり、「残業」です）を増やすことが考えられます。現在多くの自治体は、職員の労働時間を増やすことで図表23のギャップに対応しています。

2012年のマスコミ報道によると、埼玉県の40代男性主査の年間の時間外勤務は1916時間であり、別の40代男性主査は2017時間の超過勤務でした。当時大きく報道されたため、記憶に残っている読者も多いでしょう。当時の県職員1人当たりの平均年間総労働時間は1874時間とされるため、2職員は通常勤務時間の倍も仕事をしていたことになります。

当時、議会において、執行機関に対して「当該職員は県庁に住んでいるのか」という趣旨の質問がありました。確かに県庁に寝泊まりしなくては、この数字の達成は難しいでしょう。同時期には、さいたま市においても年間で1000時間を超える時間外勤務をしたのが79人いたことが明らかになりました。最も多く働いた職員は1925時間でした。埼玉県やさいたま市に限らず、超過勤務を増やすことで図表23のギャップに対応しようとする傾向が強くあります。しかし、超過勤務の増加もいずれ限界がきます。

第3に、職員の能力開発を進めることが考えられます。筆者は、ここに可能性を感じています。この手法を推奨しています。例えば、「1職員＝1事業」という能力を、職員研修等を実施することにより、能力開発をして、「1職員＝2事業」にしていくのです。そうすることにより、図表23のギャップはある程度解消することができます。ところが、多くの自治体は財政が厳しくなると、職員研修関連費を縮小するという傾向があります。本来は、財政が厳しくなったのならば、必要ないと判断される事業を縮小や廃止すべきです。ところが、そのような事業は残しつつ、なぜか職員研修を縮小していくのです。これでは職員の療養休暇は増えてしまうでしょう。

第4に、そもそも論として、優秀な職員を採用することが考えられます。何をもって「優秀か」は、様々な検討の余地があると思います。ただし、昨今では優秀な職員を採用しようと、多種多様な形態の採用試験が登場しています。例えば、霧島市（鹿児島県）は「ふるさと創生枠」を設定しています。吉川市（埼玉県）は民間経験者採用年齢を59歳まで拡大し、さらに「スポーツ経験枠」を用意しています。

春日部市（埼玉県）は「情熱枠」を用意していました。情熱枠とは「春日部が大好き」や「どうしても春日部で働きたい」という、春日部市に対する熱い思いをもった人材を募集する採用試験です。同試験は、1次試験が書類審査であり、2次試験がグループディスカッションとプレゼンテーション面接になっています。そして、3次試験が面接試験です。つまり、筆記試験がないという特徴があります。

これらの特徴的な採用試験を実施することもよいですが、筆者は、職員を多めに採用し、問題のある職員は条件付採用の時点で「採用しない」という判断にすればよいと思います（これは厳しいでしょうか）。地方公務員法第22条には「職員の採用は、全て条件付のものとし、その職員がその職において6月を勤務し、その間その職務を良好な成績で遂行したときに正式採用になるものとする」と明記しています。そこで「良好な成績を遂行しなかった職員」は採用しなければよいわけです。そうすることで、優秀な職員を残していけばよいと考えています（条件付採用を経て「正規職員としない」という判断はほとんどありません）。

第5に、住民ニーズの多様化や国等からの権限移譲にともない発生する事業を、外部主体に担ってもらうことも考えられます。つまり、市民協働や民間団体への業務委託等になります。

第6に、国等からの権限移譲を断るという選択肢もあるでしょう。市区町村にとって「権限移譲」と言うと聞こえはよいかもしれません。しかし、実質的に権限移譲は「仕事の押しつけ」と捉えられます。住民から見れば、行政サービスは国や都道府県が実施しようと、市区町村が担当しようと関係ないはずです。しっかりと行政サービスが提供されればよいのです。特に町村のような小規模自治体は、職員数が少なく日々大変な状況にあると推察されます。そこで、国や都道府県からの権限移譲を断ることも必要でしょう。

都道府県が持つ権限を、条例によって市町村に移譲する「事務処理特例制度」（地方自治法252条の17の2）に関しては、県と市町村の協議が調うことが前提ですから（同条第2項）、市町村が拒否できるはずです。都道府県の中には、全市町村に一律に権限を移譲する例もあるようです。特に町村は、職員の体制や能力などを検討して「断るべき時には断る」ということもあってもよいでしょう。

また、逆に町村から都道府県に対する権限移譲も可能です。それは、小規模自治体（例えば町村）の事務を一定規模自治体（例えば都道府県）が肩代わりする「代替執行制度」になります（地方自治法252条の16の2）。例えば、町は県に対して「この行政サービスは町が実施するよりも、県が担当した方が、……という理由により望ましいと考えるため、事務の代替執行をお願いしたい」と説明していきます。カッコ内の「……」は、しっかりと政策研究を行い、合理性を担保して県に訴えていく必要があります。

ただし、総務省の説明によると「代替執行事務に要する経費は、すべて、事務を任せた普通地方公共団体が事務の代替執行をする普通地方公共団体に対する負担金として予算に計上」とあるため、財政難だから代替執行制度を活用し、都道府県にお願いするという説明は通らないと思われます。

また、住民要望も拡大しつつあります。住民からの全ての要望を受け入れるのではなく自治体が「実施すべきではない」と判断した行政サービスについては断っていく必要もあるでしょう。自治体が「できない」ことや「すべきではない」ことは、住民にしっかりと説明し、行政サービスの量的拡大の呪縛から解放されるべきです。そして、これからは行政サービスの質的拡大を目指していくことが求められます。

第7に、次のルールを徹底することが大事です。それは、「一事業創出したら一事業廃止する」です。このルールは、実は行政評価がしっかり機能していれば、実現しやすいものです。

Q2　自治体職員の政策力を高めていく手段は何ですか。

自治体職員が政策力を高めていくための手段について、筆者の結論は「政策づくりのOJTの機会を増やすこと」に集約されます。OJTとは「On-the-Job Training」の頭文字をとったものです。この意味は「実際の業務現場において、日々の仕事を通して上司や先輩が部下の指導を行う教育訓練」と定義できます。ところが、近年は仕事量の増大等の理由によりOJTをする余裕がなくなりつつあります。そこで、OJTの機会を意識的に研修に位置付けるとよいと思います。ただし、普通の自治体研修ではありません。

筆者がおすすめしているのは、自治体研修に政策提言の要素を持たせることです。この形態の研修は、1日や数日程度の期間で終えることは不可能です。どうしても中長期間にわたる研修となります。自治体職員の政策力を高めていくためには、研修という形態をとりながら、政策提言の要素もある実践的な取り組みが求められます。昨今では、このような「自治体研修＋政策提言＝職員の政策力の向上」が増えつつあります。この取り組みは「政策づくりのOJT」とも換言できます。

筆者は、「政策提言型職員研修」と称しています。これは字のごとく政策提言を伴った自治体研修です。磐田市（約17万人、静岡県）の「草莽塾」や三芳町（約3万8千人、埼玉県）の「未来創造みよし塾」、小山町（約2万人、静岡県）の「鉞創塾」などがあります。三芳町や小山町の事例から理解できるように、小規模自治体においても実現は可能です。

東大和市（東京都）は地方創生を実現する組織として、「個別事案検討チーム」（通称「政策集団PDG」）という政策提言型職員研修を実施しています。政策提言型職員研修は数カ月に及びます。チームに分かれて、政策提言のための調査・研究を進めていくことになります。研修生は月に1回程度集まり、基本的に午前中は講義が実施され、午後は政策提言に向けて、チーム毎に分かれて政策を練ります。そして最終日には、参加する職員が市長や副市長、教育長などに対して、直接、政策提言を行い、市長がよい政策提言と判断した場合は、次年度から事業化されることになります。

政策提言型職員研修は、実は政策づくりのＯＪＴと指摘できます。数カ月にわたる研修は、参加する職員にとっては通常業務と兼ねるため、負担にはなります。しかし、同時に大きな糧にもなるでしょう。また、間違いなく研修に参加した職員の政策力は向上しているはずです。そして何よりも、この経験は自治体職員として生きていくにあたり、必ずプラスの効用として働くと思います。

読者の自治体でも、政策提言型職員研修を実施したらどうでしょうか。

Ｑ３　プロジェクト・チームの意味と注意点を教えてください。

自治体が政策づくりを進める時、しばしばプロジェクト・チーム（ＰＴ）が設置されます。ＰＴの意味を考えます。南丹市（京都府）の「プロジェクトチーム設置要綱」には、「市長が決定する特定の行政施策について、効率的に処理する」とあります（第１条）。

行橋市（福岡県）の「プロジェクトチーム設置要綱」には、「市行政の適切な運営及び新たな計画の策定について、必要事項の企画、調整等の協議を行う」と役割が明記されています

（第1条）。

遠野市（岩手県）は「プロジェクト・チーム組織規則」と「規則」で定めています。同規則によれば、「プロジェクト・チームは、市の重要な事項で、部に置く課、室、事務所及び担当のうち2以上の部課等に関係し、現行の組織で処理することが適当でないと認められる事務であって、短期間に解決することを要するものの総合的な企画、調査又は研究を行わせるための組織」と定義しています（第2条）。なお、南丹市や行橋市は「プロジェクトチーム」と称し、プロジェクトとチームの間にナカポツ（・）はありません。一方で遠野市は「プロジェクト・チーム」と明記しておりナカポツがあります。

既存事例からPTを定義すると、「自らが所属している組織の枠を飛び越え、横のつながりを基調とし、当該問題を解決するために必要な事項を、調査・分析・考察等の過程を通して、その後、政策立案と場合によっては政策実施を行う時限的な組織」となります。

参考として、民間企業の事例も紹介します。民間企業には「クロス・ファンクショナル・チーム」（CFT）があります。これは自治体が活用するPTと基本的に同じ形態と思われます。CFTとは「企画部門、営業部門、製造部門、開発部門、そして人事、経理、財務の各部門など、仕事の種類ごとに縦割りになっている組織の枠を超え、クロス・ファンクショナル（部門横断的）に人材を集め、チームとして課題を探すことが目的の組織」です。

プロジェクト・チームを構成する妥当な人数に言及します。活発に意見交換できる人数は限られます。個人的な感覚から言うと「6～8人」が望ましいと考えます。6～8人とする理由は、いくつかあります。例えば、意見交換を2時間程度とすると、6～8人であれば1人当たりの発言時間は15～20分となります。15～20分ほど発言できれば、「積極的にPTに参加した」という感想を持つようです。その結果、PTに参加している者が主体性を持つことができます。PTを成功させるには、参加者全員の主体性の持続が重要です。

6人にした理由を述べます。PTに参加する者は、自分の本来の業務を持った状態で参加することが多いと思います。そうなると、本来の業務の都合によっては、突然PTの参加を見送る回も出てきます。つまりドタキャンです（ドタキャンとは「土壇場のキャンセル」が語源です。「直前になって約束を取りやめること」を意味します）。

PTにドタキャンはつきものです。しかし、全員がドタキャンすることはありません。ドタキャンの人数は最大3人というのが筆者の実感です。そこで、最少の人数でも意見交換できるようにするために「6人」としています。6人の場合はドタキャンが3人であっても、残りの3人で意見交換することは可能です。

上限を8人にした理由も明快です。それは日程調整があるからです。10人を超えてしまうと、全員が集まることができる日は限られてしまいます。全員が集まれるように、日程調整を考えると8人が限界であると認識しています。

しばしば、欠席者も想定してPTの参加者を20人とする場合があります。この場合は、欠席者が毎回10人出ても、まだ10人もいるためPTは活発化すると思われるかもしれません。しかし、実はそうではありません。欠席者数が多いほどPTの活発さは失われていきます。参加者のやる気も下がっていきます。その結果、PTの成果も悪いものとなってしまいます。そうならないように、確実に集まれる人数（6～8人）を確保することが大事と考えます。政策立案にPTをもっと活用してもよいでしょう。

Q4 自治体シンクタンクとは何ですか。

自治体シンクタンクは、「地方自治体の政策創出において徹底的な調査・研究を行い、当該問題を解決するための提言を行うために組織された機関（団体）」と定義できます。過去には、財団法人や第3セクターなど様々な形態の自治体シンクタンクが存在していました。しかし、最近では自治体の一組織（課や係）として設置される傾向が強まっています。

徹底的な調査・研究をするためには、データの収集と分析は欠かせません。近年は、DX（Digital Transformation）が自治体にも浸透しつつありますから、DXと自治体シンクタンクを関連させてもいいかもしれません。

具体的には、かすかべ未来研究所（春日部市総合政策部）や新宿区新宿自治創造研究所（新宿区総合政策部）などがあります。自治体シンクタンクを設置しているのは、規模の大きな自治体だけではありません。4万人弱の三芳町（埼玉県）においても三芳町政策研究所（三芳町政策秘書室）が設置されています。現在では、約40自治体において設置されています。

西条市（愛媛県）には「西条市自治政策研究所」があります。経営戦略部政策企画課に設置されています。2020年度は「若者世代のUターン戦略に向けた調査研究」と、「西条市版SDGsのあり方と実現に向けた戦略」の調査研究を実施しました。

西条市は同研究所の一機能であるEBPM（Evidence Based Policy Making）に基づいた行政運営（地域運営）を進めています。その結果、多くの善の効果が見られます。

自治体シンクタンクを設置する傾向は、爆発的に広がることはありません。その動きは小さなものですが、少しずつ広がりを見せています。その理由は、自治体シンクタンクは企画部門を強化した一形態だからです。

国等からの権限移譲が進み、地方創生の波も大きくなる中で、ますます地方分権が加速しつつあります。そのような時代において、企画部門の重要性はますます大きくなります。そこで自治体シンクタンクを設置し、企画機能の強化を図っていると理解することができます。

自治体シンクタンクという形態を採用しなくても、これからの時代は企画部門の強化は必須です。しかし、多くの既存の企画部門は調整役や行司役になってしまっています。これでは自治体間競争の中で埋没してしまうため、注意が必要でしょう。

Q5 「議会シンクタンク」について教えてください。

自治体シンクタンクに加え、筆者は議会シンクタンクの必要性も感じています。都道府県議会制度研究会が発表した『都道府県議会制度研究会報告書』（２０２０年）に、「議会の調査研究・政策立案機能を支援するような機構（シンクタンク）を設置する」という記述がありま す。

同報告書は「各議会が費用を分担する等の方法を講じて、議会を支援する機構（シンクタンク）を全国またはブロック単位で共同設置することを提言する」とあります。同報告書にある共同設置も一案ですが、筆者は各議会にシンクタンクを設置した方がよいと考えています。

議会シンクタンクが必要となる背景は、まず、首長の権限が議会よりも大きい事実がありま す。それに対応していくためには議会の政策力の底上げは必須ということです。

次に、議会事務局の職員の出向に頼っていると、議会独自の政策が実現されない可能性があるからです。最後に、執行機関には「自治体シンクタンク」を設置する傾向があります。自治

図表24　議会シンクタンクのイメージ

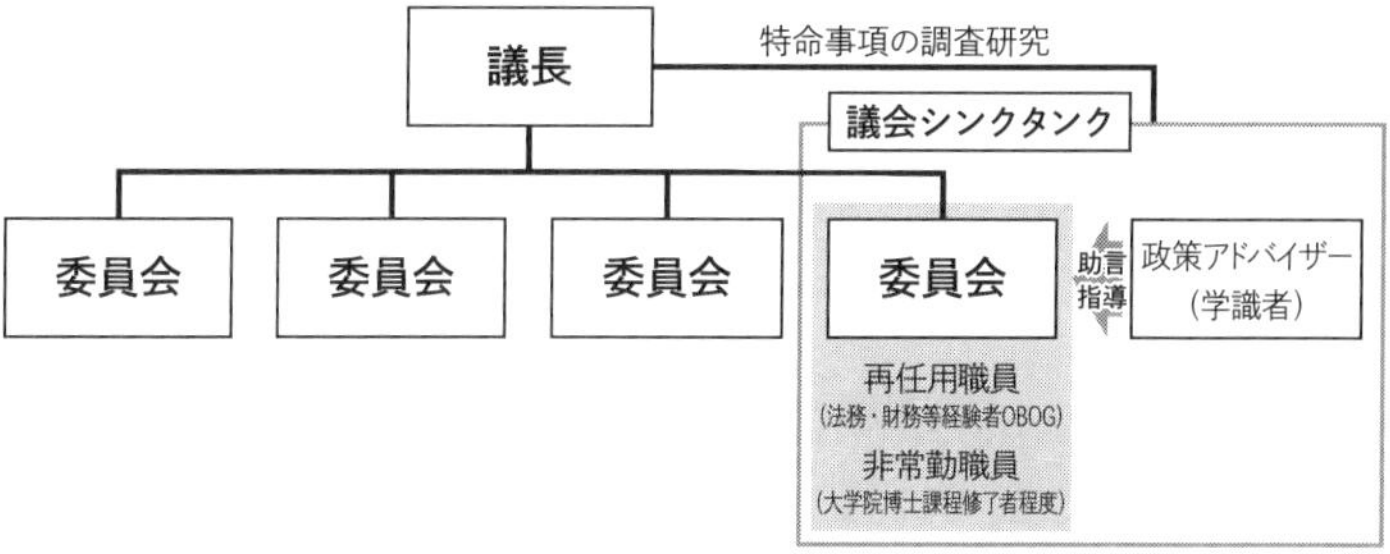

・法務や財務等を経験した定年退職者を再任用として雇用する。執行機関に戻ることがないため、議会独自の政策づくりに集中できる。
・大学院博士課程修了者程度を研究員（非常勤職員）として採用する。週3～4日程度の勤務を想定する。
・議長からの特命事項（テーマ）を設定し、委員会を立ち上げ、そこに議員・職員・政策アドバイザーを巻き込み、調査・研究を行う。
・政策アドバイザーは2～3人程度とする。政策や法務に長けている学識者を想定する。
・名称は「議会改革××委員会」とし、通称として「××市議会政策研究所」などとする。通称名は要綱などに書き込むことも一案である。
・議員や職員は「研究員」という発令をする。所長を議長とするか別とするか（大学教員等の学識者）は検討する。

出典：筆者作成

体シンクタンクがあるのならば、議会にも「議会シンクタンク」があってもよいのではないかという単純な発想です。

議会シンクタンクの類型は、いくつか考えられます。①議員が費用を出し合い（同一議会、違う議会などは問わない）、NPO法人や一般財団法人等を設立する形態があります。②議会を共同設置することによる議会のシンクタンク化も想定できます。③議会と大学が包括協定を結ぶことにより、大学を議会のシンクタンクという位置づけにもできます（大学に限らず議会外の多様な主体と包括協定を結んでもいいでしょう）。④各都道府県に存在する市議会議長会や町村議会議長会などをシンクタンク化することも一案です。

①から④は、いずれも議会外に置かれます。筆者は、⑤議会内設置型シンクタンクを提案します（図表24）。それは議会全体をシンクタンク化するのではなく、一つの委員会をシンクタンク化することです。

議会基本条例の一つの見出しに、「議会シンクタンクの設置」を用意します。条文は「第●条　議会の機能を強化し、住民の福祉の増進に寄与するため、○○市議会政策研究所を議会に置く」と明記します。そうすることで、法的根拠として議会シンクタンクが担保できます。

第2項は、「議会シンクタンクを設置するときは、事前に市長と協議する」や「市長は、議会シンクタンクについて財政上の措置を講じなければならない」と書き込みます。これにより議会シンクタンクの予算が確保されます。

第3項は、「議会シンクタンクに関し必要な事項は、別に定める」と記し、対象事務や組織体制などの詳細は要綱や規程等に委任すればよいでしょう。

議会もしっかりとシンクタンク機能を保持し、執行機関に対峙していかないと、地方創生や地方分権は乗り切れないと思います。特に、行政をマネジメントしていく意味でも、議会シンクタンクの必要性は増してくると考えています。

第8章

財政の視点

Q1　執行機関に財政規律を求めるにはどうすればよいですか。

財政規律とは、「財政を放漫に運営するのではなく、秩序正しく運営するための規準」と定義できます。執行機関に財政規律を求める手段は多々あると思います。その中で、ある意味、強制的な観点を持たせるためには条例化が望ましいと考えます。

2007年に多治見市（岐阜県）は「多治見市健全な財政に関する条例」を制定しました。多治見市条例は、「財政運営の指針並びに基本的な原則及び制度を定めることにより、市民自治に基づく健全な財政に資する」ことを目的とします（第1条）。

2011年には、大阪府が「大阪府財政運営基本条例」を制定しています。大阪府条例は、

「府が社会経済情勢の変化や府域の実情に応じた必要な施策を自主的かつ総合的に実施するため、府の財政運営に関し、基本となる事項を定めることにより、健全で規律ある財政運営の確保を図り、もって府民の福祉の維持向上に資する」ことが目的です（第1条）。

多治見市や大阪府に限らず、滑川市（富山県）の「滑川市健全な財政に関する条例」（2011年）、和光市（埼玉県）の「和光市健全な財政運営に関する条例」（2012年）など、少しずつ同様な条例が登場しつつあります。これらの条例は「財政健全化条例」と称することができます。財政規律を求めるために、財政健全化条例を制定することは一案です。

財政健全化条例は、執行機関から提案されることがほとんどです。しかし、横浜市会は議会から財政健全化条例を提案しました。つまり、議員提案政策条例になります。それは「横浜市将来にわたる責任ある財政運営の推進に関する条例」です。通称「財政責任条例」と言われています。

横浜市条例は「市の財政運営に関する基本原則、市長、議会及び市民の責務その他財政運営に必要な事項を定めることにより、市民の受益と負担の均衡を図りつつ、必要な施策の推進と財政の健全性の維持との両立を図り、もって将来にわたる責任ある財政運営の推進に資する」ことを目的としています（第1条）。

横浜市条例は、執行機関（市長）に健全化の目標や取り組みを定めるよう義務づけた議員提案政策条例としては全国初です。ちなみに、執行機関の予算編成権は侵害していません。同条例の主語は、基本的に市長や市になっています。議会はあくまで「予算を議決し、予算の執行を監視し、及び決算を認定」することを明記しているだけです（第3条第2項）。

財政責任条例は全8条から成立しています。財政運営の基本原則（第2条）や責務（第3条）を明記しており、持続可能な財政運営のため、目標の設定を求めています（第4条）。第5条の見出しが「取組」となっていますが、これは財政健全化に向けた取り組みの進行状況を議会報告する内容です。そして、財政の健全性に関する比率の推計（第6条）、財務書類の作成（第7条）、財政運営の配慮事項（第8条）となっています。

筆者は、財政健全化条例を制定し、拡大していく財政（支出）に歯止めをかけ、財政の健全化を図っていく必要はあると考えています。そのため、このような条例の存在は評価できます。

個人的に「おもしろい」と思った条例案があるため、紹介します。それは湖南市（滋賀県）の「市社会保障の充実と財源確保を一体的に図るための改革の推進に関する条例（案）」です。条例に「案」がついていることから、現時点では存在していません。

新聞報道等によると、湖南市の経常収支比率は94・7％（2015年度決算）と、県内市町でも悪いそうです。そこで、子どもの医療費や学校給食無料化など、今後求められる社会保障施策やその財源の確保策について、執行機関が市議会に情報提供し、市議会は期限以内に執行機関に助言を行うことなどを定めた条例案だったようです。

市議会のホームページによると、同条例案の趣旨は「今後求められる湖南市の社会保障の充実と必要な財源の確保について、その全体像と進め方を明らかにし、市民が安心して生活できる持続可能な社会の実現を図るため、条例を制定するもの」と明記してあります。

しかし、同条例案は議会の反発を受け、否決されています。なお、同条例案は時限条例を想定していたようで、2018年度末で廃止を想定していました。

繰り返しになりますが、執行機関の財政規律を担保するために、財政健全化条例の意義は大きいと思います。

Q2　財政健全化条例があると聞きました。それは何ですか。

前の質問・回答と少し重複しますが、言及します。

まずは、「健全」の言葉の意味を確認します。健全とは「元気なさま」や「堅実で安心できるさま」です。また、「化」という文字には「影響を他に及ぼすこと」や「そのような状態に変える、向かわせる」という意味があります。

そこで財政健全化条例とは、字のごとく「財政を健全に向かわせる条例」です。これが質問の回答になります。しばしば財政規律条例とも言われます。規律とは「掟」や「決まり」という意味です。

具体的な事例を紹介します。筆者が調べた範囲ですと、財政健全化条例は20程度しかありません（２０１８年時点）。「意外と少ない」というのが感想です。ただし、財政健全化条例がないからと言って、自治体は放漫財政をしているわけではありません。

２００７年に、国は「地方公共団体の財政の健全化に関する法律」を制定しました。同法は自治体の財政の健全化を促しています。

また、自治基本条例やまちづくり条例に「財政健全」を規定する場合があります。神奈川県自治基本条例（２００９年）の第21条は、「財政運営」という見出しです。条文は「県は、総合計画等に定める方針に沿って、財源の確保及び効率的かつ効果的な活用を図ることにより、財政の健全な運営に努めなければならない」とあります。

春日部市自治基本条例（２００９年）では、第19条に「財政運営」を用意し、条文は「執行機関は、財源及び地域における資源を効率的かつ効果的に活用し、長期的かつ安定的な財政運営に努めます」と記しています。

財政健全化条例は、関市（岐阜県）の「関市健全な財政運営に関する条例」や、草津市（滋賀県）の「草津市健全で持続可能な財政運営および財政規律に関する条例」、流山市（千葉県）の「流山市健全財政維持条例」など、様々な名称があります。図表25は、財政健全化条例の目

図表25　主な財政健全化条例の目的・趣旨規定

名称	目的・趣旨規定	制定年
多治見市健全な財政に関する条例	この条例は、財政運営の指針並びに基本的な原則及び制度を定めることにより、市民自治に基づく健全な財政に資することを目的とします。	2007年
本宮市自主的財政健全化に関する条例	1　本市は、財政の健全化を達成するため、平成19年度より市民サービスを維持継続しつつ、全会計における債務について、早期に適正額まで低減を図る自主的健全化の取り組みを推進する。 2　市財政の自主的健全化にあたっては、市長、市議会議員及びその他職員が一体となり、市民の理解と協力を得ながら推進しなければならない。	2008年
富士見市健全な財政運営に関する条例	この条例は、行政需要の高度化及び多様化その他の社会経済情勢の変化に適確に対応しつつ、市民自治に基づくまちづくりを推進するため、財政運営に関する施策の基本となる事項等を定めることにより、財政規律の維持及び向上を図り、もって健全な財政運営に資することを目的とする。	2011年
横浜市将来にわたる責任ある財政運営の推進に関する条例	この条例は、横浜市が行政需要の高度化及び多様化その他の社会経済情勢の変化に的確に対応しつつ、柔軟で持続可能な財政構造を構築し、自主的かつ総合的な施策を実施するため、市の財政運営に関する基本原則、市長、議会及び市民の責務その他財政運営に必要な事項を定めることにより、市民の受益と負担の均衡を図りつつ、必要な施策の推進と財政の健全性の維持との両立を図り、もって将来にわたる責任ある財政運営の推進に資することを目的とする。	2014年
南足柄市健全な財政に関する条例	この条例は、本市の財政運営に関し基本的な事項を定めることにより、将来にわたって健全な財政運営の確保を図り、もって市民の福祉の維持及び向上に寄与することを目的とする。	2018年

出典：筆者作成

的・趣旨規定です。

既存条例の目的規定をまとめると、「自治体の財政運営に関する基本的な原則や事項を定めることにより、健全な財政運営の確保と持続的な財政運営を図ることにより、住民の福祉の増進に資することを目的とした条例」と定義できそうです。

既述していますが、財政健全化条例の先鞭《せんべん》をつけたのは多治見市（岐阜県）です。２００７年に「多治見市健全な財政に関する条例」を制定しました。多治見市条例は全35条あります。第1条の目的規定の後に、「財政運営の指針」（第２条）を用意しています。そこには「市の財政は、市民の厳粛な信託及び負担に基づくものであり、市は、財政を健全に運営しなければなりません」（第1項）と明記しています。これは特徴的な規定でしょう。その他、多くの特徴的な規定があります。

例えば、第18条の見出しは「中期財政計画」です。同規定を根拠として、多治見市は毎年度「中期財政計画」を策定しています。また、第22条は「財政向上指針」です。条文は「市長は、財政状況の継続的な維持及び向上のための指針を策定しなければなりません」とあります。同規定により、目標年度までの各年度の財政判断指数の見込みを明記した「財政向上指針」を策定しています。財政判断指数は第15条にあります。同指数は、償還可能年数、経常硬直率、財政調整基金充足率、経常収支比率、実態収支です。

本宮市（福島県）の「本宮市自主的財政健全化に関する条例」は、全３条です（２００８

年）。一時期、財政危機に陥った富津市（千葉県）も「富津市健全な財政運営に関する条例」を制定しています（2017年）。富津市条例は、全13条です。

議員提案政策条例では、横浜市の「横浜市将来にわたる責任ある財政運営の推進に関する条例」（2014年）や、南足柄市（神奈川県）の「南足柄市健全な財政に関する条例」（2018年）などがあります。

財政健全化条例における条文の書き方を観察すると、ありがちな「〜努めるものとする」が少ないことに気が付きます。語尾の「〜ものとする」は「〜する」よりもやや曖昧な表現であり、そこには「原則的には」という意味が内包されていると解されます。そのため、敢えて後ろ向きの視点で捉えると、「〜ものとする」は、結局は「何もしなくても問題はない」や「しなくてもいい」と解釈することも可能です。すなわち、「条例制定時はやる気はあったんだけど、諸事情によりできなかった」と言えるのです。

そして、「〜努めるものとする」よりも一歩踏み込んで「〜に努めなければならない」という努力義務規定が多くなっています。さらに「〜しなければならない」という義務規定も見られます。義務規定であれば、その違反者に対して、命令や罰金、過料等の罰則や公表等のペナルティを与えることができます。しかし、財政健全化条例に具体的なペナルティを明記した事例はないようです。そのため、条例に明記した内容ができなかった場合は、あくまでも道義的責任を問うだけにとどまります。

自治体は少子化を原因とした人口減少により、歳入が縮小していきます。同時に高齢社会の進展により、歳出が拡大していきます。そういう状況下において、「財政健全化条例」は必要になってくるかもしれません。

Q3 「税外収入」とは何ですか。

歳入は大きく分けて、「税収」と「税外収入」があります。税収とは、個人住民税や法人住民税、固定資産税等になります。そして、税外収入とは「税金によらない収入」を意味します。

ここでは税外収入を紹介しますが、まずは税収の拡大に取り組むことが大事です。税収の拡大に取り組まず、税外収入に走るのは、本末転倒です。注意してください。

話はそれますが、税外収入以外の稼ぐ歳入に言及します。多くの自治体の徴税率は100％ではありません。この徴税率を高めていくことが考えられます（確実に税金を回収することです）。昨今は「債権管理条例」が増えています。同条例を根拠として、市税や保険料をはじめ、保育料、手数料、使用料、貸付金の返還金等（自治体が所有している債権）を確実に回収しようとしています。

また、歳入拡大の一手段として、法定外税の条例もあります。東京都は「東京都宿泊税条例」を制定しています。都内に宿泊する際、宿泊料金が1万以上の場合は100円の税金がかかります。1万5千円以上の場合は200円が課税されます。

さて、税外収入は、意外に多くあります。例えば「手数料」や「使用料」があります。手数料とは「特定の者のためにする事務への対価」という意味があります（地方自治法第227条）。具体的には、住民票や戸籍抄本の写し等、各種証明書の取得、粗大ごみの回収等が該当します。使用料とは「行政財産の使用又は公の施設の使用への対価」になります（地方自治法第225条）。その内容は、体育館や駐輪場等の公共施設の利用等です。

また、「過料」も税外収入になります。過料は行政罰であり、罰金や科料と異なります。刑罰ではありません。地方自治体が条例により設定できる罰則です。過料を有名にしたのは、「千代田区生活環境条例」です。千代田区条例は路上喫煙を禁止しており、違反者には2000円の過料を科しています。

「ふるさと納税制度」も税外収入です。同制度は「納税」という2文字があります。しかし、実際は「寄付」です。当初、国が想定していたふるさと納税制度の趣旨とはやや異なる方向に進みつつありますが、税外収入の一手段として注目を集めています。

また、「命名権」（ネーミングライツ）も税外収入になります。命名権とは「企業の社名や商品ブランド名を公共施設等に名称として付与する権利」と定義できます。公共施設等の所有者である地方自治体が命名権を企業に提供し（売り）、その売却益を受ける仕組みです。

企業にとっては公共施設の壁面やイベントのパンフレットなどに社名や自社の商品ブランド名を掲載することにより、認知度の向上といったアピール効果を狙っています。川崎市は、川崎富士見球技場のネーミングライツパートナーに富士通株式会社を認定しました。命名権の契約期間は、２０１５年４月から５年としています。命名権料は年額１０００万円となっています。

その他、「クラウドファンディング」や「ライセンス使用料」で稼ぐ自治体もあります。税外収入は、地方自治体の創意工夫次第で大きく広がっていきます。今まで以上に税外収入に注目してもよいでしょう。

第9章 議会のあり方

Q1 議会改革を進めるにあたり注意すべき点はありますか。

議会改革を進めるにあたり、注意すべきことは多々あると思います。その中で、筆者が考えている「気を付けるべき点」を述べます。

それは、議会改革の最終的な着地点になります。つまり、「『何のために』議会改革をするのか」という問いに対する回答です。このことは明確でしょうか。議会改革は「手段」です。決して「目的」ではありません。議会改革という手段を進めることで、最終的な目的を達成するのです。その目的は何でしょうか。

この回答は明快です。答えは「住民の福祉の増進」になります。議会の法的根拠は地方自治法になります（もちろん憲法も外せません）。地方自治法の第1条の2に「地方公共団体は、住民の福祉の増進を図ることを基本として、地域における行政を自主的かつ総合的に実施する役割を広く担うものとする」と記されています。つまり、議会を含む地方自治体の目的は「住民の福祉の増進」になります。

議会の目的は住民の福祉を増進することです。その目的を達成するために、手段として議会改革を進めていくことになります。

ところが、昨今の事例を観察すると「議会改革が目的化」している傾向が少なからずあります。議会改革が目的化していると、中長期的には住民の福祉が減退していくことになるでしょう。手段と目的をはき違えないことが大切です。

議会改革の目的を明確にした後、次に考えることは「『何を』対象とするのか」です。この回答も明快です。一般に議会の役割は、①政策立案機能、②行政監視機能、の2点があると言われています。すなわち、「何を対象に改革するのか」という回答は、「政策立案機能を強くするために改革する」と「行政監視機能を強化するために改革する」になります。議会改革を推進することで、政策立案機能や行政監視機能が強化されなくては意味がないわけです。議会は政策立案機能と行政監視機能を強くすることで、最終的に住民の福祉を増進させていくことが求められます（図表26）。

以前、ある議員さんたちと飲みました。その時、議員さんが「わが議会は議会改革の一環と

図表26　議会の目的

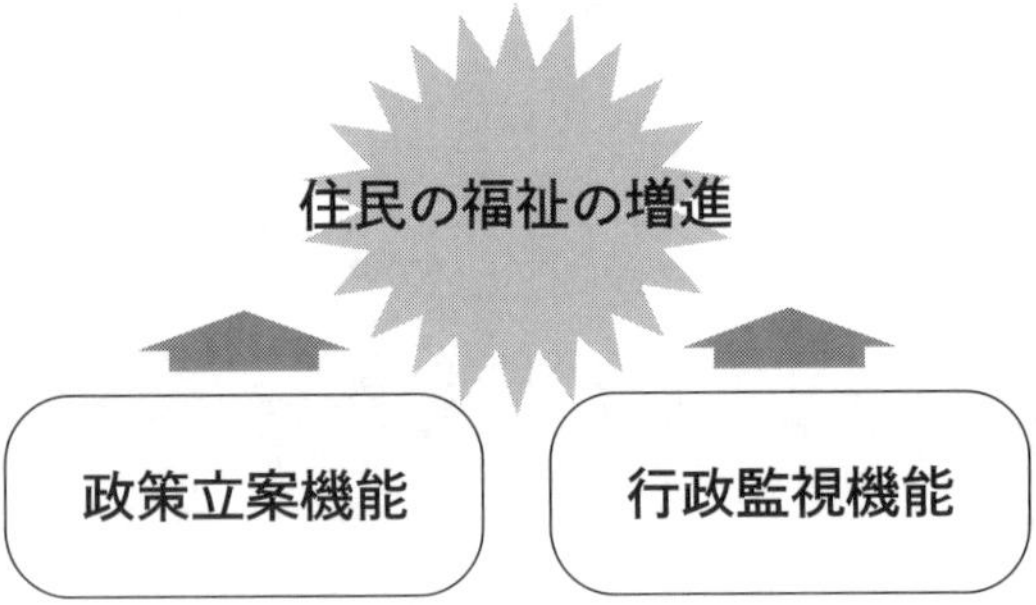

出典：筆者作成

図表27　議会改革のポイント

①何のために　→　住民の福祉の増進

②何を　→　政策立案機能
行政監視機能

③どのように　→　具体的な取り組み

出典：筆者作成

してタブレット端末を導入しました。すごいでしょう」（趣旨）と発言されていました。今日、議会のＩＣＴ化を目指しタブレット端末を入れることは、時代の潮流と思います。そこで私が「議会活動にタブレット端末を入れることで、政策立案機能と行政監視機能のどちらを強化したのですか」と確認すると、回答が曖昧でした。この場合は「タブレット端末を導入すること」が目的化していると言わざるを得ません。本当は、このような議会改革ではよくないと思います（目的が明確ならば、筆者は議会活動にタブレット端末を入れるべきと思います）。

議会改革は、政策立案機能と行政監視機能を強化することです。そのためには具体的な取り組みが求められます。例えば、大学との連携は政策立案機能の強化につながるかもしれません。一問一答方式の導入は行政監視機能を強くすることになるかもしれません。このように「行政監視機能と政策立案機能を強くするために改革する」という発想が重要と考えます（図表27）。

ここで記した内容は、あくまでも筆者の考えになります。読者なりに考えていただけたら幸いです。

Q2　議会改革は議員定数を削減した方がよいのでしょうか。

一時期と比較すると、その傾向は少なくなりましたが、依然として、議会改革と言うと「議員定数の削減」と捉える議員がいます。当たり前ですが、「議会改革」がイコール「議員定数の削減」ではありません。今日、議員定数については多様な議論があります。その中で筆者は、「議員定数を削減する前にすべきことがある」と考えています。つまり、「すぐに議員定数の削減に走らなくていい」と思っています。

議員定数の削減については、いくつか論点があります。ここでは問題提起を込めて、その論点を紹介します。

まずは、「改革」の意味を確認します。辞書で調べると、改革とは「従来の制度などを改めてよりよいものにすること」とあります。どこにも「削減」や「縮小」という言葉は入っていません。改革イコール削減（縮小）と安易に捉えてしまう思考には注意しなくてはいけません（「従来の制度などを改めた結果、議員定数の削減になった」のならばよいと思います。しかし、最近は「議員定数の削減ありきの議会改革」になっている気がします）。

次に、地方自治法を確認します。同法第2条第14項には「地方公共団体は、その事務を処理するに当っては、住民の福祉の増進に努めるとともに、最少の経費で最大の効果を挙げるようにしなければならない」とあります。

この観点から考えると、人口1000人あたりの議員数は、少ない方がいいかもしれません。その理由は、数字だけの議論になりますが「最少の経費で最大の効果」が達成される可能性が高まるからです。しかしながら、議員数は少ないけれども、1人あたりの報酬が高いと、結果として総報酬費が多くなることにより「最少の経費で最大の効果」に反するかもしれません。重要なことは、議員数で捉えるのではなく、トータルとしての議会費の削減を考えることです。

このように「最少の経費で最大の効果」の観点に立ち、議員報酬や議員の政務活動費などの個別の費用を対象とするのではなく、議会費という全体の費用を捉えることが大切です。

議員定数の削減のみによる最少の経費で最大の効果を目指していくよりも、議会費全体としての観点から、最少の費用で最大の効果を達成していくことが求められます。議会に係る費用を洗い出し、その中で削減できる費用を対象とする必要があるでしょう。

最後に、議員定数の削減を検討する前に、正しい議員定数について言及します。図表28の問題を解いてください。

回答を記します。問1は「10議員」になります。問2は「5議員」になります。そして問3は「20議員」となります。すなわち、議員の能力により、正しい議員定数も変化します。

図表28　議員定数の考え方の例題

【問1】1議員で1仕事を担当している平均の場合、10仕事は何人の議員が必要でしょうか。

【問2】能力の高い議員が多く、1議員で2仕事を処理できる場合は、10仕事は何人の議員が必要でしょうか。

【問3】ちょっと問題のある議員が多く、1議員で0.5仕事しかできない場合は、10仕事は何人の議員が必要でしょうか。

出典：筆者作成

議員定数の削減を検討する前に、まずは議員一人ひとりの能力開発が求められます。順番としては、まずは議員の能力開発をした上で、次に議員定数の削減を考えていくことになります（「どうしても議員定数の削減を検討したいならば」です）。しかし、議員の能力開発の議論は置いておいて、いきなり議員定数の削減に入る議会が少なくありません。これは自らの存在意義を否定しているものです。

議員の能力により、正しい議員定数も異なってきます。その意味では、①議員の能力開発は重要です。議員研修や視察等を充実させることが考えられます。筆者は、議員の能力の向上を達成する手段として一番よいのは、議員提案政策条例に取り組むことと考えています。また、②能力の高い議員を採用すべき（当選させるべき）です。しかし、これは住民の投票行動にかかっているため、議員としてできることは限られます。さらに、③専門的人材の育成も大切です。例えば、ある議員は福祉関係では0・5人分しか能力を発揮できませんが、環境関係では3人分能力を発揮するという感じです。つまり、議員同士の役割分担が大事になります。

地方創生は、議会の役割が強く求められます。その結果、議員一人当たりの仕事量も増加してきます。その中において、安易な議員定数の削減は、議会の存在意義を希薄化させる可能性があります。

そうではなく、まずは議員の能力開発に取り組むべきと筆者は考えています（しかし、実際は議員の能力開発を第一に捉えている議会はほとんどありません）。

Q3　議会事務局の職員数が少ないため、議員として政策立案がかないません。どうすればよいでしょうか。

議会事務局は、議会の運営に必要な事務を円滑に処理し、議会の補佐機関としての意味があります。とても重要な役割を担っています。昨今は、議会基本条例の中で議会事務局の存在意義を明確に書き込むことも増えています。

多くの議会は執行機関と比較すると、圧倒的に行政資源（人・物・金など）が不足しています。例えば「人」に関して言及すると、相模原市は執行機関に属する職員は３３３２人であるのに対し、議会事務局の職員は23人となっています（相模原市職員定数条例）。23人という数字は執行機関の職員の約140分の1になります（もちろん対象とする事務量は異なります）。しかし、読者が町村の議員だと「市議会事務局職員が23人もいる」と羨ましがる人もいるかもしれません。

都道府県や政令市の議会事務局は、ある程度の職員数が確保されています。一方で、一般市や町村の議会においては、議会事務局の職員数は少ない現状があります。町村議会の場合は数人ということが多くなっています。

そこで議会事務局の職員が少ないために、議会の政策づくりに限界を感じてしまう議員が多くいます。そこで一つの解決策として、「議会外の様々な主体と連携していくこと」が考えられます。これが、質問の回答になります。そうすることで執行機関に対峙していくという発想です（「対峙」と書いていますが、無意味にケンカする必要はありません）。

今日では、執行機関と大学が連携協定を締結する事例が増加しています。この執行機関と大学の連携協定は、議会とは直接的に関係のないところで起きています。そこで、議会も執行機関と同様に大学と連携協定を結び、大学の持つ「知」を議会の政策立案に活用することが考えられます。

2008年に昭和町議会（山梨県）は、公共政策を調査・研究する山梨学院大学の「ローカル・ガバナンス研究センター」と連携協定を締結しています。同協定に基づき昭和町議会は、同大学で政治学や行政学を専門とする教授陣による議員研修や学生による模擬議会などを実施しています。当時としては全国初の取り組みでした。徳島県議会は徳島文理大学と、さいたま市議会は埼玉大学と連携協定を締結しています。

大津市議会は政策立案機能向上を目的とし、龍谷大学図書館の図書資料とレファレンス機能を、同市議会議員と議会事務局が利用する連携を実施しています。議会で議会図書室の機能強化のために、大学図書館と連携するのは全国初の事例です。

また、近隣議会と協力して政策づくりに取り組んでもよいでしょう。湯河原町議会基本条例の第10条は、「広域政策への取組」という見出しがあります。条文は「議会は、隣接市町と共通する課題の解決を図るため、互いに連携し、広域政策への取組の強化に努めなければならない」と明記されています。湯河原町条例のように、近隣議会との連携を条例の活用により担保する方法もあります。

もう一歩踏み込んだ取り組みとして、近隣議会が共同で議会事務局を設置することも考えられます。そうすることで、議会事務局の職員数を増加させることも可能となります。共同設置の法的根拠は、地方自治法の第252条の7になります。同規定は「機関等の共同設置」という見出しであり、議会事務局に加え、長の内部組織、委員会又は委員の事務局などの共同設置を明記しています。

実際に近隣議会と連携しているのは、相模原市議会（神奈川県）と町田市議会（東京都）の事例があります。2016年2月に、両市議会は議員交流や議会事務局職員の相互派遣などの

3項目で協力する包括連携協定を結びました。同協定に基づき、両市の議会事務局からそれぞれ職員1人を1年間派遣し、研修事業を実施する予定となっています。また、小田急多摩線延伸など、両市共通の課題について勉強会を開催していくとのことです。

議会が連携する対象は、大学や近隣議会だけに留まりません。筆者は民間団体と連携してもよいと思っています。これからの時代は、議会も執行機関と同様に様々な民間団体と連携していくことが求められます。そうすることにより、議会の行政資源の限界を補完していくことが可能となります。議会が様々な主体と協定を結ぶハードルが高いのならば、委員会単位で締結していくことも考えられるでしょう。

Q4　議会事務局の強化をどのように図ればよいですか。

今日、多くの議会基本条例の中には、「議会事務局」という見出しが用意されています。条文は「議会は、議会の政策立案能力を向上させ、議会活動を円滑かつ効率的に行うため、議会事務局の機能の強化及び組織体制の整備に努めるものとする」という内容になっています。

この条文からは、議会事務局を強化しようとする意図は伝わってきますが、具体的な手段は明記されていません（筆者は、条文は抽象的に書いた方がよいという立場をとっています）。

結論から言うと、「再任用職員を活用する」に集約されます。議員提案政策条例を検討する時、法制チェックは必要になります。そこで、議会事務局に法制担当を置く事例が増加しつつあります。その法制担当は、一般的には執行機関からの出向（人事異動）になります。そうなると出向してきた法制担当者は、心理的には、議会（議長）の顔を見て条例を検討するというよりも、もしかすると首長の意向を考えて議員提案政策条例を考えるかもしれません。

なぜならば、いつかは執行機関に戻るからです。これでは議会独自の条例は立案できません（もちろん、出向してきたほとんどの職員が議会に染まって業務を実施しています）。

法制担当を経験し、定年退職した職員を議会事務局で再任用職員として雇用すれば、その職員は執行機関に戻ることはありません。そのため、基本的に議会（議長）の顔を見て条例を立案することになります。

また、再任用職員であるため、費用も多くかかりません。法制担当に限らず、財務担当や企画担当を再任用職員として議会事務局に配置してもいいかもしれません。この再任用職員を活用することが、議会事務局を強化する一つの視点です。

一番いいのは、議会事務局として独自の職員を採用することです。三重県議会基本条例には「議会は、専門的な知識経験等を有する者を任期を定めて議会事務局職員として採用する等議会事務局体制の充実を図ることができる」（第25条第２項）の規定があります。同条文は議会が独自に職員を採用できることを謳《うた》っています。実際には採用していませんが、このチャレンジングな規定は評価されるべきと思います。

Q5　議会改革はいつから始まったのでしょうか。

今日の議会改革の起源はいつなのか――。最近、よくこの質問をされます。そこで、過去の新聞記事から議会改革の移り変わりを調べてみました。

その前に、筆者の考える議会改革の意味を明確にします。それは、字のごとく「議会を改革すること」と捉えます。すなわち、議会改革とは「議会における従来のやり方や決まりなどを改め、良くすること」と定義します。

図表29は、1984年6月以降の朝日新聞、産経新聞、毎日新聞、読売新聞において、1年間に「議会改革」の記事が掲載された回数になります。

1985年6月28日の朝日新聞（東京夕刊）に「議会改革」の4文字が初めて登場しています。新聞記事は元参議院議員の紀平悌子氏が、「今度の選挙は都議会改革のチャンスにすべきだと思います。過去4年間（以下略）」とコメントしています。この発言の中に「議会改革」

図表29　全国紙における１年間に「議会改革」が登場した回数

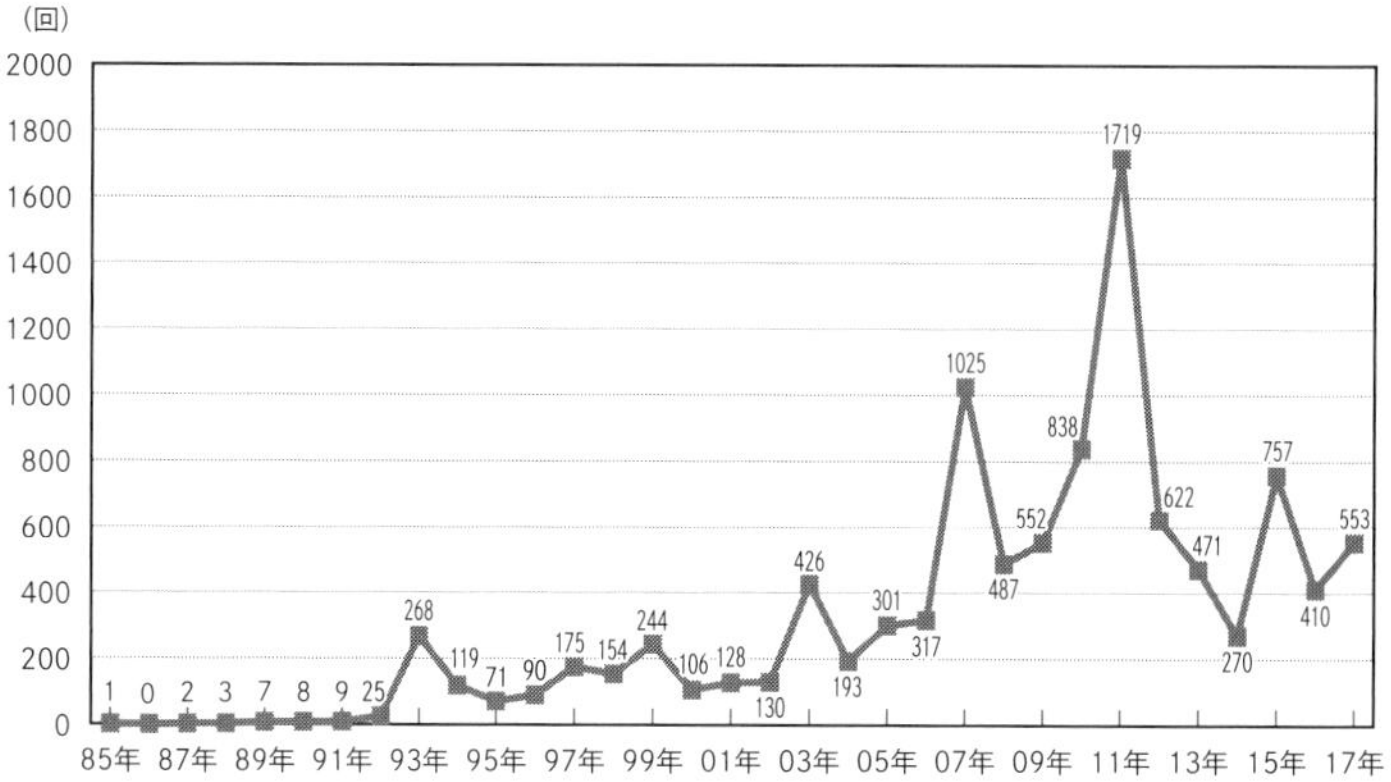

注）全国紙とは朝日新聞、産経新聞、毎日新聞、読売新聞である。新聞・雑誌記事横断検索を活用した。1984年6月以降の新聞記事である。完全に全ての記事を把握できているわけではない。傾向をつかむという意味がある。

出典：@nifty「新聞・雑誌記事横断検索」を活用し筆者作成

という言葉があります。あくまでも発言だけの記事であり、その後議会改革が実施されたことは確認できませんでした。

１９８０年代は、議会改革に関する記事は少しあります。しかし、この時代の議会改革は、海外や国レベルの議会改革が中心です。その意味で、地方議会レベルでの具体的な取り組みは実施されていません。そのため１９８０年代は「まだ議会改革は始まっていない」と言えます。

図表29を確認すると、「議会改革」の記事は１９９０年代から拡大しています。特に１９９２年が25回と増加しています。１９９３年は２６８回と飛躍的に増えています。この理由は、議会の不正が明らかになったからです。

１９９２年９月30日に尼崎市議会におい

て、議員が行政視察出張旅費を不正受給した後、返却していた事実が明らかになりました。辞職勧告を受けた同議員は、議会全体にわたって不正出張が事実上の慣行となっていた実態をマスコミに暴露しました。そのことにより、全国的に尼崎市議会のカラ出張問題が報道されることとなりました。

尼崎市議会に端を発したカラ出張問題は、全国の議会に波及していきます。特に議員の高額な海外行政視察や国内の行政視察のあり方が問われました。さらに、旅行業者が議員視察を代筆する報告書の実態も明らかになりました。

１９９２年は様々な議会（議員）の不正が明らかになり、「議会改革は必須」という雰囲気が全国的に生まれました。特に、市民オンブズマンなどの議会への厳しい非難もあり、多くの議会が改革を断行しています。具体的には、個人視察や海外視察の中止、タクシーチケットの廃止、視察報告書をはじめとする議会が持つ情報の全面公開の徹底等が増えました。その意味で、「１９９２年を議会改革元年」と言うことができるでしょう。この「１９９２年」が、この問いへの回答になります。

現在は２０２１年です。つまり、議会は「29年間も改革をしている」と言えます。筆者が個人的に思うことは「29年間も議会改革を進めてきて、よく疲れないなぁ……」です。普通に考えれば、29年間も議会改革を断行し続けることはできないと思います。

このような状況から危惧されることは、「議会改革の日常化」という現象が発生しているということです。そもそも、何を達成したら議会改革は終わるのでしょうか。実は、この「何を達成したら」が明確に言えない議会が多くあります。さらに厳しいことを言うと、29年間も議会改革を続けている事実は、その間に目に見える成果が現れていないことの裏返しともとれます。これらは読者に対する問題提起です。

図表29を見ると、前後の年よりも議会改革の記事が多くなっているのは1999年、2003年、2007年、2011年、2015年です。この西暦を見て、あることに気が付く読者は多いと思います。これらの年は「統一地方選挙」の年に該当します。すなわち、統一地方選挙が実施される時は、マスコミ報道が増え、必然と議会にも注目が集まります。

その観点から考えると、議会改革を促す一要因に統一地方選挙もあると考えられます。しかし、統一地方選挙が終わると、マスコミや住民の議会への関心の度合いが低下していきます。これは気運に流された議会改革であり、決してよいとは言えません。

近年の議会改革に関して言うと、よくも悪くも「議会ランキング」が影響しているように感じます。筆者は議員と懇談する機会が多くあります。その中で必ず話題になるのが、議会ランキングです。議会ランキングを契機として、議会改革に取り組むことは、決して悪いことではないでしょう。どのような理由であれ「議会をよくしていこう」と改革に取り組む姿勢は評価できます。しかし、ランキングだけに躍起になることは避けるべきです。議員と話していると、議会改革はランキングが目当てであり、住民に視線がいっていないと感じることもあります。

問題提起の意味を込めて指摘すると、議会ランキングが上昇することにより、住民にとって何がよくなるのでしょうか。筆者の調べた範囲では、議会ランキング上位の議会の投票率が高いわけではありません。ランキング上位の議会でも、継続的に投票率を下げている事例もあります。また、財政が健全化しているわけでもありません。その他、様々な観点から数値を取り出して検討を進めてみました。

しかし、議会改革をして「○○がよくなった」という明快な数値は得られませんでした（もちろん、全ての議会を調べたわけではありません。あくまでも議会ランキング上位に限定しています）。

繰り返しますが、1992年から議会改革が本格的に始まり、今日では「議会改革の日常化」という現象が起きているように感じます。改めて、議会改革の成果を考える時に来ていると思います。

Q6　議会における住民参加の手法を教えてください。

議会における住民参加の手法は、議会報告会、公聴会・参考人制度などがあります。議会報告会と公聴会・参考人制度は、議会基本条例に規定されることが多くなっています。その他の手法を紹介する前に、簡単に住民参加の概要に言及します。

住民参加は多様な概念を持っています。その中で、住民参加に関する基本的な概念を紹介します。米国の社会学者のシェリー・アーンスタインが「住民参加の梯子《はしご》」を提唱しています（図表30）。住民の参加の梯子は、８段から成立します。

梯子の最下段は「世論操作」の段階と位置付けられています。ここは「住民参加」の名を借りた、権力者による支配と統制の状態です。その１段上の「（市民の）不満をそらす操作」とともに、実質的には住民参加の不在となります。

中位には「一方的な情報提供」と「形式的な意見聴取」などがあります。６段目の「官民の共同作業」から「部分的な権限移譲」へと続く段階で、ようやく住民の権利として参加が認められます。

最上段は、住民が主体となって主導する段階としています。アーンスタインは、住民参加に

図表30　住民参加の梯子

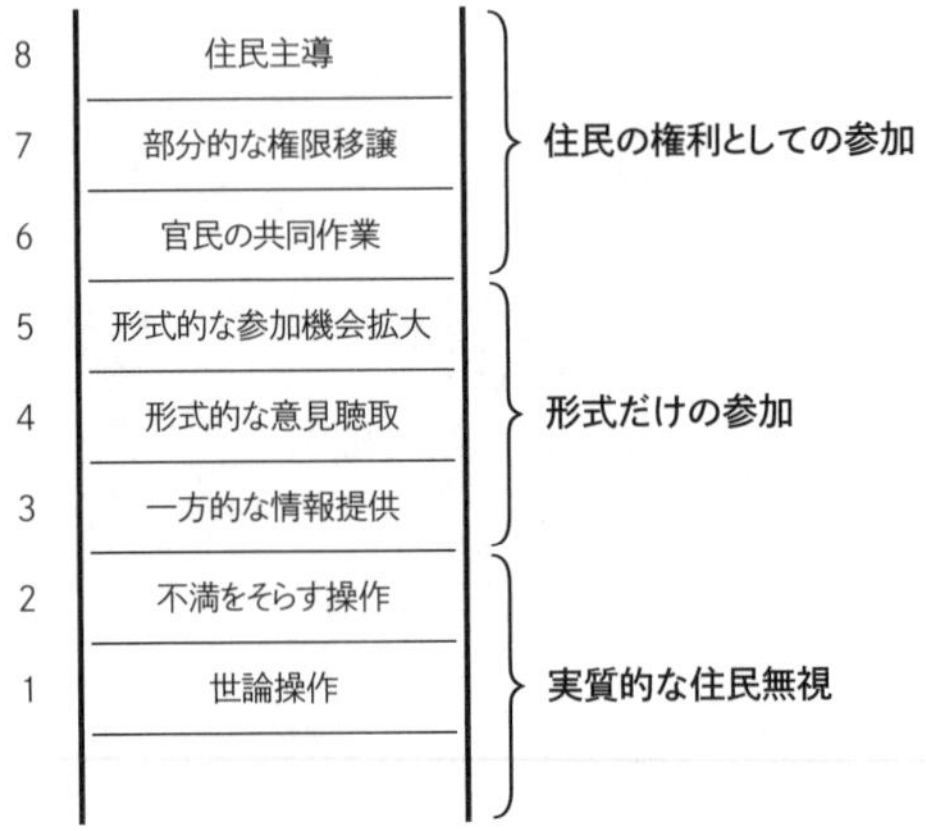

出典：Arnstein, S.R. 1969 “A Ladder of Citizen Participation” Journal of the American Planning Association, 35(4), 216-224.

ついて「住民に対して目標を達成できる権力を与えること」と定義しています。

読者が生活する自治体は、住民参加の梯子の中で、どの段階に位置しているでしょうか。現在は、さすがに「世論操作」や「不満をそらす操作」はないと思います。しかし、「一方的な情報提供」や「形式的な意見聴取」というレベルは見受けられるかもしれません。

個人的に思うことは、アーンスタインが言う「住民に対して目標を達成できる権力を与える」ことは、場合により議会軽視と捉えられかねません。このことは現在の地方自治法では想定していないため、難しいかもしれません（しかし、地方自治法の改正により、「住民に対して目標を達成できる権力を与える」時代が来るかもしれません）。住民参加の梯子は、基本的な概念であるため、理解しておく必要はあるでしょう。

続いて、議会における住民参加の現状を確認します。現在、議会基本条例は９００議会を超えました。これらの議会基本条例の中で「住民参加」（市民参加・町民参加等も含む）を明記しているのは多くあります。例えば、「議会は、住民の代表機関として、常に透明性を確保し、公正性及び信頼性を重んじた、住民に開かれた議会の運営並びに住民参加を積極的に推進し、住民本位の議会活動に努めるものとする」という内容です。

このように（一例ですが）住民参加が議会基本条例で保障されています。しかし、住民参加を進めるための、具体的な規定（手法）は議会報告会と公聴会・参考人制度が中心であり、その他を用意している議会基本条例は多くありません（もしかすると議会基本条例では規定していませんが、別に要綱や規程で住民参加の具体的手法を担保しているのかもしれません）。

住民参加の具体的な手法とは、不特定多数の住民に対して行うアンケート調査があります。特定の住民や団体等を対象に実施するグループインタビュー調査も該当します。行政からの依頼に応じて希望した住民が登録するモニター制度をはじめ、シンポジウム・フォーラム、ワークショップ、パブリックインボルブメント、パブリックコメントなど、多々あります。

アンケート調査に限定すると、議会基本条例の中で規定しているのは20程度しかありません。八王子市議会基本条例の第４条が「市民参加及び意見の把握」となっています。条文は、「議会は、議会活動への市民参加の機会を広げ、市民の多様な意見を把握するため、必要に応じて次に掲げる手法を用いるものとする」とあります。そして、第3号が「パブリックコメント、アンケート調査等を実施すること」と明記されています。ちなみに第1号は「議会の活動を市民へ報告し、意見を交換する機会を設けること」であり、第2号は「市民による政策提案として、請願等を審査すること」となっています。

一方でモニター制度を採用している議会基本条例も少ない現状です。戸田市議会基本条例は、第10条が「議会モニター制度」であり、条文は「議会は、市民の意見を広く聴取し、議会活動、委員会活動及び議員活動に反映させるため、議会モニター制度を設けることができる」とあります。

さらに言うと、議会基本条例にパブリックコメントを規定している事例も多くありません。日光市議会基本条例は、第11条が「パブリックコメント手続」となっています。条文は「議会は、基本的な政策の策定に当たり、パブリックコメント手続を行うことができる」と明記されています。議会基本条例にパブリックコメントの規定が少ない理由は、執行機関の用意しているパブリックコメントを活用している可能性があります。あるいは、別に要綱や規程でルール化されている可能性もあります。

そういえば、執行機関では「市長への手紙」を採用する自治体は多くあります。しかし「議長への手紙」という制度を実施している議会は聞いたことがありません（きっと住民は市長への手紙と議長への手紙を同時に書くことになると思われます。そうであっても議長への手紙はあってもよいと考えます）。議会基本条例で、「議長への手紙」を用意してもおもしろいかもしれません。

おわりに

本書の執筆を決めたきっかけを記します。本書がテーマとしてきた「地域づくり」とは直接的に関係はありません（間接的には関係があります）。関心のない読者は、読み飛ばしてください（「だったら書くな！」と言われそうです。けれども私は記しておきたいのです。すみません）。

本書の執筆のきっかけとなった3人を紹介します。

まずは大山浩司さんです。大山さんは、川崎市に本社がある株式会社大山組の代表取締役社長を務めていました。15年ほど前に、大山さんと私は、川崎信用金庫が運営する「かわしん創発塾」で知り合いました。同塾は、地元中小企業の後継者育成を目的とした勉強会になります。当時、私は事務局の一員として関わっていました。

同塾の活動の一つに箱根での合宿があります。大山さんは、泥酔して（?）消火器を振り回すなど、はちゃめちゃなところがありました。機会があるごとに、大山さんの言動から、「経営者」としての思考を学びました（経営者としての疑似経験をすることができました）。

大山さんは川崎市の中小建設業を盛り立てようと、勉強会を立ち上げました。毎月1回程度のペースで開催され、私が講師をしていました。私には、とてもいい思い出です。

大山さんは、まさに「ノブレス・オブリージュ」の気概を持っている人でした。ノブレス・オブリージュとは、「身分の高い者はそれに応じて果たさねばならぬ社会的責任と義務がある」という意味で使われます。大山さんは、川崎市に拠点を置く企業の経営者の責務として、自社の利益拡大に加え、「いかに地域に貢献するか」を常に考えている人でした。その観点から、企業経営に加え、実践的に地域づくりを進めていました。

私が地域づくりを専門としていることもあり、私の研究に関心を持っていただきました。かつて、私は下北半島（青森県）の地域づくりに取り組んだ経験があります。大山さんは、条件不利地の地域づくりにとても興味を抱いていました。大山さんは、何度か「下北半島に行ってみたい」と話していました。

私がかわしん創発塾の事務局を離れた後も、定期的に連絡をとりあっていました。大山さんと、下北半島に行く話をしていました。下北半島に行けば、大山さんの地域貢献への熱はますます強くなったと思います。

次に杉尾正則さんです。杉尾さんは、直方市人事課長を務めていました。杉尾さんとの出会いは、私が横須賀市に勤務している時なので、20年ほど前になります。杉尾さんをはじめ、九州地域の数自治体の職員が相模原市に視察に来ました。そのあと、懇親会がありました。その懇親会に、なぜか横須賀市職員の私も呼ばれまして、杉尾さんと知り合いました。それ以降、杉尾さんとは定期的にやりとりさせていただきました。

杉尾さんには、私が非常勤講師をしていた大学の講義にゲスト講師としていらしていただきました（わざわざ、福岡県から東京までいらした！）。私が福岡に行った際に何度か飲んだり、私が編著を担当した図書に寄稿していただいたりして、いい思い出を刻んできました。

杉尾さんと福岡で飲んだ時、筋トレの価値を教えてもらいました。市職員の前は起業の経験があるそうで、その時の苦労話など、私にとっては大変に勉強になりました。特に印象に残っているのは、杉尾さんの「地域をよくしたい」という熱い思いです。その前段階として、地方自治体を変革したいという気持ちが強かったように思います。杉尾さんが自ら率先して動き、よい事例を創り上げ、地域づくりの実践的な図書を出そうと話していました。杉尾さんとの図書は、きっと自治体に対して新しい展望を提供することになったと思います。

最後に、日光市長の大嶋一生さんです。大嶋市長は15票差で当選しました。私は日光市の専門委員として、大嶋市長にお会いする機会が何度かありました。

また、私が担当している「地域リーダー育成演習２」という科目のフィールドが日光市でした。その関係で市長に大変にお世話になりました。履修した学生は、最終的に大嶋市長に政策提言をするという科目です。

大嶋市長のおちゃらけた雰囲気は、学生の緊張をほぐしてくださいました（きっと、部下には厳しいと思いますが……）。大嶋市長の学生に対する温かい眼差しを感じていました。学生は、かけがえのない思い出を得ることができたと思います。

大嶋市長の公約の一つが、「日光プライド」でした。日光プライドとは、大嶋市長のホームページに「伝統・文化・歴史・誇り・自信を次世代につなぎ、持続可能なまちづくり」とあります。プライドとは、地域づくりの根底にある思想と捉えています。今、少しずつ日光プライドが浸透しつつあるように思います。


3人との関係性は、普段は会えなくても、「連絡すればつながれる」というものでした。しかし、「そこに行けば会える」ということがなくなりました。その事実が、とても悲しいです。大山さん、杉尾さん、大嶋市長は故人となってしまいました。私ができることは何かと機会あるごとに考えていました。その結論の一つが、「地域づくりに貢献すること」です。そして、私は一応研究者であるため、「地域づくりの図書を出版すること」にたどり着きました。図書を世に問うことで、多くの地域づくりの人材を創出したいと思いました。

そこで、本書の「はじめに」にも書きましたが、急遽、図書を出版しようと思い執筆を始めました。

同時に、大山さん、杉尾さん、大嶋市長に対する供養は何か……も、いろいろと考えました（「供養」という言葉は「いない」事実を認めるので、あまり使いたくない気持ちもあります）。私は、大山さん、杉尾さん、大嶋市長を「思い出すこと」が供養と結論付けました。

そこで、読者には申し訳ないのですが、大山さん、杉尾さん、大嶋市長を「思い出す」ために、また、大山さん、杉尾さん、大嶋市長の生きた証を知ってもらいたいために、「おわりに」に記させていただきました。

読者の中には不快な思いをされた方もいらっしゃるかもしれません。その点はお許しいただきたいと思います。

大山さん、杉尾さん、大嶋市長から、改めて地域づくりの意義や価値、そして重要性を気付かせてもらいました。記して感謝いたします。

人は、いつかは死にます。私は、あと何年生きられるかわかりません。このように書くと暗くなってしまいますが、私はまだまだ頑張ります。とりあえずは、ゼミ生が4年14人、3年19人、2年22人強いますので、彼ら彼女らの自己実現を手助けします。

ゼミ生の自己実現の後方支援をしつつ、それ以前に、長男・雄一くんと長女・美紀さんが大学を卒業するまでは、何がなんでも生き続けると固く決めています。そして、私が生き続ける間は、地域づくりに貢献していきたいと決めています。

２０２１年７月
牧瀬稔

著者プロフィール

牧瀬 稔（まきせ みのる）

社会情報大学院大学特任教授
関東学院大学法学部地域創生学科准教授

法政大学大学院人間社会研究科博士課程修了。専門は自治体政策学、地域政策、地域創生、行政学。民間シンクタンク、横須賀市役所（都市政策研究所)、財団法人日本都市センター研究室、財団法人地域開発研究所等を経て現職。

2021年度は、北上市、日光市、春日部市、東大和市、新宿区、西条市、美郷町などの政策アドバイザーとして関わっている。

公的活動は、相模原市緑区区民会議委員（会長)、相模原市シビックプライドの推進に関する検討委員会（会長)、厚木市自治基本条例推進委員会委員(会長)、スポーツ庁参事官付技術審査委員会技術審査専門員などの委員に就いている。

最近の関心事は「自治体の事務を減らすにはどうすればよいか」である。そんなことを考えながら、市区町村の地域創生、まちづくりや政策形成に広くかかわっている。

ホームページ：https://www.makise.biz

地域づくりのヒント
地域創生を進めるためのガイドブック

発行日　　2021年9月10日　初版第1刷発行

著　者　　牧瀬 稔
発行者　　東 英弥
発　行　　学校法人先端教育機構 社会情報大学院大学出版部
〒169-8518　東京都新宿区高田馬場1-25-30
編集部　03-3478-8402
販売部　03-6273-8500
https://www.mics.ac.jp/
発　売　　学校法人先端教育機構
印刷・製本　株式会社暁印刷
DTP　　株式会社鷗来堂

ISBN 978-4-910255-07-1

学校法人先端教育機構
事業構想大学院大学、社会情報大学院大学のご紹介

◆事業構想大学院大学について◆

2012年4月に東京・南青山に開学した、事業構想と構想計画を構築する社会人向け大学院。事業の根本からアイデアを発想し、事業の理想となる構想を考え、実現するためのアイデアを紡ぎ、構想計画を構築することを対象とした多様なカリキュラムを提供。多彩な業界で活躍する教員・院生と議論を重ね、2年間で事業構想計画書の提出を経て、専門職学位の「事業構想修士（専門職）」（MPD：Master of Project Design）が授与されます。拠点は東京、大阪、福岡、名古屋、仙台（2022年4月開設予定）。
また、附属研究機関「事業構想研究所」では、企業・事業のプロジェクトベースでの研究を活発に実施。直近ではSDGsを専門に研究する「SDGs総研」や、「脱炭素プロジェクト」を発足させ、事業活動を通じた社会課題の解決に向けて様々な分野で活動しています。

◆社会情報大学院大学について◆

社会情報大学院大学は、学校法人先端教育機構の「知の実践研究・教育で、社会の一翼を担う」の理念に基づき、組織の理念を基軸に広報・コミュニケーション戦略を立案・実行する人材の育成を目指し、広報・情報研究科を設置しています。また、リカレント教育をはじめとしたこれからの社会にふさわしい教育を探究し、それを担う「実践知」のプロフェッショナルを育成する実務教育研究科を2021年度に設置しました。

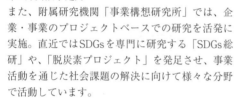